山西省高等学校哲学社会科学研究项目资助（2016

U0608120

山西煤基低碳技术评估
产业链视角的实证研究

Evaluation on Coal Based Low Carbon
Technology in Shanxi Province:
Empirical Research from Views of Industry Chain

段庆锋◎著

经济管理出版社
ECONOMY & MANAGEMENT PUBLISHING HOUSE

图书在版编目（CIP）数据

山西煤基低碳技术评估：产业链视角的实证研究/段庆锋著 . —北京：经济管理出版社，2018.11

ISBN 978-7-5096-6167-3

Ⅰ . ①山… Ⅱ . ①段… Ⅲ . ①低碳经济—产业链—技术革新—研究—山西 Ⅳ . ①F127.25

中国版本图书馆 CIP 数据核字（2018）第 261499 号

组稿编辑：侯春霞
责任编辑：梁植睿
责任印制：黄章平
责任校对：赵天宇

出版发行：经济管理出版社
　　　　　（北京市海淀区北蜂窝 8 号中雅大厦 A 座 11 层　100038）
网　　址：www. E-mp. com. cn
电　　话：（010）51915602
印　　刷：北京玺诚印务有限公司
经　　销：新华书店
开　　本：720mm×1000mm/16
印　　张：14.75
字　　数：220 千字
版　　次：2018 年 11 月第 1 版　2018 年 11 月第 1 次印刷
书　　号：ISBN 978-7-5096-6167-3
定　　价：49.00 元

前言
Preface

创新驱动资源型经济转型是近年来山西经济社会发展与治理的核心逻辑与关键路径。山西拥有典型的煤基型产业结构，"资源诅咒"现象已经日益凸显，高污染、高排放、高碳化的产业发展模式极大地制约了山西可持续发展，也不符合国家及世界的能源变革、绿色经济潮流。在2017年国家颁布的《国务院关于支持山西省进一步深化改革促进资源型经济转型发展的意见》中明确提出"深入实施创新驱动发展战略，促进新旧动能接续转换"。在《山西省"十三五"科技创新规划》中明确提出"围绕煤基低碳……等重点产业优先部署一批创新链，在制约发展的关键技术和共性技术方面取得重大突破"。从山西的现实来看，由于路径依赖的制约，转型的关键实质上取决于传统的资源型产业和企业，因为它们占据了山西经济成分的主体与根基，其经营模式、盈利水平直接决定和影响着山西的经济格局，只有煤基产业焕发出新的内生动力，形成煤基低碳技术创新的"高地"，才能有望实现山西经济整体升级的战略目标。因此，在山西转型处于关键发力阶段，重点关注于煤基技术的低碳创新问题，具有重要现实意义。

虽然，煤基产业的技术创新问题已经成为山西转型发展的基本共识和践行理念，但是在实践中依然面临诸多障碍与风险。一是技术本身的不确定性带来的创新风险。历史经验足以证明技术未来发展的方向、热点及市场前景存在诸多不确定因素，尤其在能源革命背景下，新一代新能源技术整体上还不成熟、关键性技术有待突破，给相关产业的技术战略制定、技术研发路径选择带来决策困境。二是山西具有独特的经济社会发展背景，技术战略与山西产业结构、社会形态、环境保护的匹配性往往被忽视，一味追求高新尖技术，忽略山西产业发展的基础与潜力也会导致技术战略与政策的失配。因此，山西煤基低碳技术的创新潜力在哪里？哪些新兴的前沿技术是能够更好地适应并服务于山西转型发展的宏观战略？这些基本问题是山西制定技术创新战略时需要重点考虑的现实问题，也是笔者研究切入的初衷与考量。

全书从山西煤基低碳技术创新战略选择的基本问题出发，聚焦于六大煤基产业链，包括煤层气产业、煤化工产业、煤机装备产业、煤电产业、煤焦化产业、新材料产业，在相关概念、理论的探讨和界定基础上，构建煤基低碳技术评估框架，尤其借助专利大数据分析与挖掘的手段工具来支撑和提高评估结果的客观性与可靠性，最终在多维分析、多点证据的基础上，面对山西煤基低碳创新的未来技术方向与路径，给出兼具技术前瞻性、产业本地化的技术创新发展战略建议与政策参考。

研究的独特之处在于从产业链视角开展了系统性技术评估。大多数技术评估只是单单针对技术个体本身，而并没有考虑技术体系的内在耦合性，更不用提与产业链的有机融合，这种基于单点评估的模式，往往缺乏整体的宏观价值判断，容易导致技术政策的碎片化。因此，参考"围绕产业链部署创新链"的国家宏观战略要求，从产业链的有机组成与结构出发，分析产业链特征，通过解析产业链中观领域、微观环节的技术特征，发现制约煤基低碳产业链的创新瓶颈、关键技术，进而识别创新链的技术潜力与优势，形成面向产业链的技术创新评估与分析理论框架与方法体系。结合产业链的技术评估研究将传统的技术评估与产业组织理论相结合，是评估理论在山西技术创新本地化应用的体现，也是评估理论的丰富和发展。

全书按照总分的结构展开。第一章导言给出研究的整体背景及概况；第二章在相关概念界定基础上，提出了研究的方法、思路及数据来源与处理；后面六个章节分别针对选定的六个煤基产业链开展技术评估及政策研究，重点从宏观和微观两个视角分析技术特征，评估技术发展的方向、潜力及瓶颈，并提出针对性技术研发方式和创新政策，给出建议和参考。

　　本书在撰写过程中受到山西省教育厅、山西省科技厅等单位领导的大力支持和帮助，在此表示衷心的感谢！此外，本书参考了近年来国内外煤基低碳技术创新方面的最新研究成果，因篇幅所限，在此不一一列举，谨向有关专家和学者深致谢意！由于作者水平有限，书中难免存在疏漏和不足，恳请专家和读者批评指正。

段庆锋

2018 年 10 月

目录
Contents

第一章 导言

第一节 研究背景及意义

我国是一个富煤、贫油、少气的国家。经济增长方式的转型是建设和谐社会的必然要求，传统的煤炭经济首当其冲需要创新发展。煤炭是我国重要的能源和工业原料，是我国能源安全的基石。煤炭产业是关系国计民生的重要基础产业。煤炭产业的健康和长期稳定发展是保障我国国民经济持续健康及快速发展的重要前提条件。从我国当前煤炭生产过程来看，多项步骤存在资源浪费现象。我国要通过改善各个煤炭生产步骤中的技术，建立煤基低碳创新链，发展煤炭多元化产业，实现煤炭产业的成功转型，进行煤炭行业的可持续发展。

山西省（后文简称山西）是典型的以煤为主的资源型经济区域，高碳能源产业结构使山西成为全国碳排放量最高的省份。基于低碳经济时代的要求，山西迫切需要煤基低碳经济的发展，转变传统经济发展方式，着力发展新能源经济。根据国家能源战略，在未来二十年的首要工作是在解决清洁煤问题的基础上合成液体燃料，以改善环境条件，减少国家对石油进口的依赖。为了抢占煤基低碳制高点，凝练和实施产业创新链重大科技攻关，山西需要在煤炭开采方式、煤炭产品开发与产业链发展、煤矿生态环境修复治理等关键领域取得重大技术突破，进而取得山西经济的根本性转型。

2014 年，山西省制订了国家创新驱动发展战略山西行动计划、山西省低碳创新行动计划，成立了低碳创新发展领导机构，组建了低碳发展专家咨询委员会，形成了全省上下共同推动低碳发展的组织体系。同时，启动建设山西科技创新城，编制了煤电、煤层气、煤焦化、煤化工、煤机装备、煤基新材料和富碳农业等煤基低碳产业的创新链，提出了首批 76 个低碳重大科技项目。

山西从 2014 年开始实行煤基低碳科技重大专项，每年拿出 5 亿元，连续 3 年，总共投资 15 亿元来支持煤基低碳相关技术的研发。与此同时，我们与国家自然科学基金委共同出资设立"煤基低碳联合基金"，联合基金首期实施期限为 5 年（2015~2019 年），每年经费总额 5000 万元。基金将聚焦煤炭开采、煤层气、煤化工、煤电、煤机装备、新材料、新能源、节能环保等山西煤基低碳重点领域，着力研究解决相关重大科学问题及共性关键技术基础与工程基础问题。此外，一些大型煤炭企业也成立了联合基金，主要是用于解决煤炭清洁利用从研发到开发的问题，例如晋煤、潞安分别建立了煤基低碳基金。

山西若要实现控制资源型经济转型目标，现有的和前瞻性低碳技术的部署与应用至关重要。因此，合理规划技术路线图，包括明确重要技术领域、识别关键技术发展路径、探索技术创新的政策保障，是成就山西特色煤基低碳之路的重要保障。

因此，以山西公布的煤基低碳产业创新链内容为参考依据，选取主要关键技术创新领域，运用技术创新理论、技术评估理论、技术预测理论、区域经济发展理论等相关理论，开展综合技术评估及预测。从技术成熟度、经济效益和环境效益、社会效益层面揭示关键技术的先进性、可行性、生态性、商业性，评估并识别关键技术演进路径，并预测技术创新链的中长期技术趋势。面向山西创新驱动转型发展重点技术需求，将技术创新理论与技术预测方法充分结合，运用大数据分析手段及工具，提出煤基低碳产业创新链未来的技术方向及政策。

第二节　研究现状

一、技术评估

自从熊彼特提出"创造性毁灭"理论以来，人们对于创新与社会经济发展之间的关系日益关注，尤其随着内生经济增长理论的出现进一步证实了经济增长的根源是对于创新的认识。以 Arrow、Romer 等为代表的经济学家通过对"干中学"、内生性知识溢出、人力资本积累等问题的研究，深化了对于技术创新内在机制的理解，也明确了内生性的创新行为是经济持续增长的根本动力。

为了有效识别、跟踪及预测技术创新活动的轨迹及模式，可进行技术监测。技术监测（Technology Monitoring）的概念最早是由 A. L. Porter 等（1991）提出的，并将其描述为在特定的环境中寻找相关的信息，以得到技术发展的历史信息、当前的技术现状及未来的发展方向。朱东华和袁军鹏（2003）将其定义为以科学技术信息、数据分析为基础，以数据挖掘（DM）、信息萃取（IE）、知识发现（KDD）、数据可视化技术（DV）等信息科学前沿技术为手段，对科学技术活动进行动态监测、分析及评估的方法。

与技术监测相类似的，还有几个常见的术语，如技术智能（Technology Intelligence）、技术机会分析（Technology Opportunity Analysis）、技术预测（Technology Forecasting）。虽然它们的内容及目标各有侧重，但是其基本的概念范畴以及研究方法是相近的，其研究的思路具有共同的特征：通过智能信息处理的方法及工具，对于科技创新开展搜寻、识别及评价的过程。技术监测拥有广泛的应用，包括：选择科学研究资助的优先领域；制定技术发展体系及制度；新技术发展的商业机会战略制定；寻找潜在市场及竞争分析；设计国家科技战略等（Porter and Detampel，1995）。很多学者也利用其对于海量技术信息的处理分析能力，开展了不同的研究，如项目评价、国防文献情报、奥运产出分析、高新产业技术分析等（谢菲等，2006；孙宏元等，2002；郭颖等，2008；张诚等，2008）。

起源于日本的专利地图是在技术监测及分析中常用的工具，近二十年日本政府收集分析各技术领域的专利信息制作专利地图（张丽玮，2009）。从20世纪90年代以来，有许多研究者从事基于专利地图的技术创新研究，通过动态监测产业中竞争者专利技术发展的变化，进行信息的系统化分析与评估，结合企业的技术管理和专利战略，提高企业技术能力，加强战略决策的成功性（Ernst，1998）。专利地图已经成为研究技术创新主体特征及活动状态的有效途径，通过对专利数据的统计、挖掘及分析可以实现各种研究目的，可用于竞争对手［国家地区（谭思明，2005）、科研机构（雷迪，2011）、公司企业（瞿丽曼，2010）等］技术动态监测。

通过专利地图分析可以实现对技术创新能力及状况的深入研究，从产业及地区层面对技术发展的状况及趋势进行分析及预测，是专利分析的重要内容。从我国科技产业的实际情况出发，瞄准世界发展趋势，选取具有相对比较优势及未来发展潜力的行业及产业，通过相关专利数据特征的挖掘分析为企业选择技术创新机会、为政府制定宏观科技产业发展政策提供了有益的参考。通常具有高科技含量及产业发展前景的行业技术成为专利挖掘分析的热点，如电动汽车（杨吉生，2010；于晓勇等，2011）、纳米技术（汪雪锋等，2006）、燃料电池（顾震宇等，2010）、新能源（潘雄锋等，2010）等。

从相关的研究中可以看出专利挖掘的相关理论及方法已经日益成熟，在新兴技术产业发展、企业技术竞争、国家及地区产业发展规划中发挥重要作用。我国不少学者也针对不同层面及领域的技术创新监测及分析开展了积极研究，但大多数研究以某个特定技术领域为研究对象，分析方法主要建立在专利数据的简单统计分析之上，而针对地区层面的技术创新监测及科技战略政策研究及实践还较少。

尽管有关创新的研究汗牛充栋，但是能够有效揭示及指导中国国情背景下创新系统行为的研究还不够深入，亟须将国情特征嵌入现有理论体系，在实践中形成更加有效的本土化创新战略及实施路径。技术创新知识图谱的相关理论及方法已经日益成熟，在新兴技术产业发展、企业技术竞争、国家及地区产业发展规划中发挥重要作用。我国不少学者也针对不同层面及领域的技术创新监测及分析开展了积极研究，但大多数研究以某个特定技术领域为研究对象，分析方法主要建立在专利数据的简单统计分析之上，而针对地区层面的技术创新监测及科技战略政策研究及实践还较少。

二、煤基低碳技术

国外学者对煤基低碳技术研究主要集中在煤炭的高效清洁利用方面。例如：Bugge 等（2006）提出超超临界值发电标志着粉状煤炭燃烧发电的确定性变革；Schumacher 和 Sands（2006）指出，德国为了实现碳减排的目标，在电力行业未来几十年的先进技术主要是煤炭联合气化技术、天然气联合循环技术和碳捕获与存储技术，进一步指出煤炭联合循环气化技术和碳捕获与存储技术的结合所产生的碳价格低于天然气联合循环技术和碳捕获与存储技术的结合；Franco 和 Diaz（2009）指出洁净煤技术将成为未来能源部门发展的趋势，包括超超临界值发电和整体煤气化联合技术；Zhao 等（2011）指出，目前在煤炭富集、清洁和转化方面的进步，主要包括密相流化床干燥富集、湿煤深筛选、微泡浮选柱分离、分子煤化学、煤炭的转化和分离等；Liang 等（2013）运用生命周期理论对中国的洁净煤技术进行研究，认为超超临界值发电和超临界系统在中国商业化所需资金成本最低。

国外学者对煤炭低碳化技术的另一个研究内容是二氧化碳捕获和存储技术（Carbon Capture and Storage，CCS）。Pires 等（2011）认为在未来的几十年，石油、煤炭、天然气仍然是世界上能源的主要来源，这将使二氧化碳排放达到了不可持续的水平，而减少化石燃料中二氧化碳排放的技术将扭转这一趋势，CCS 技术尤其具有发展前景；Serpa（2011）提出碳捕获和存储技术被认为是限制电力部门和其他碳密集部门的二氧化碳排放的最优前景的技术选择之一。

还有一个方向是研究 CCS 技术的重要性，例如：Liu 和 Gallagher（2010）指出，在中国发展碳捕存技术能够促进社会由高碳向低碳经济的转变；Wang（2011）提出中国政府应该注重将煤气化技术与 CCS 技术相结合，它不仅能够减少二氧化碳的排放量，还能提高煤炭的有效性；有学者认为CCS技术是向低碳经济发展的中间技术，该技术通过利用新的物理化学方法能够提高希腊沸石或废弃的褐煤对二氧化碳的吸附能力，最终实现对现有天然矿的开采；Budzianowski（2012）认为应将基于化石燃料燃烧的技术与碳管理增长技术相结合，该技术要么使CCS避免昂贵的捕获与封存过程，要么生产能够抵消这些成本的附件产品；Yan等（2012）提出零排放煤炭系统的特点是高效率，系统有效性可能达到61.4%，在煤炭气化过程中不需要输入额外的能源，大多数二氧化碳将被捕捉，二氧化碳接近零排放；Rochedo和Szklo（2013）运用概率分析和确定性分析对煤炭发电厂的捕获准备（Capture Ready）的投资可行性进行评估，发现短期内对电厂的大量前投资有助于在未来25年内实现CCS中的碳捕获，而短期内技术的最佳选择是整体煤气化联合循环技术与捕获准备电厂的结合，然后是富氧燃烧中的捕获准备。

国内部分学者研究煤炭低碳化技术的具体应用。例如，赵克孝等（2011）分析了煤炭地下汽化技术开采能耗的低碳化、开采方式的低碳化、热效率的提高，以及有利于碳捕获与封存方面的特点，论证了其在节能减排中的重要作用，并证明煤炭地下气化是一种天然的节能减排采煤方式。黄温钢等（2012）从煤炭资源的开采和利用过程两个方面对煤炭地下气化与传统开采技术进行了对比研究，结果表明，与传统采煤方法相比，地下气化开采煤炭资源能耗更低、温室气体排放更少，采用UCG-IGCC发电技术可大幅提高资源利用率，而增加CO_2捕捉装置后可实现二氧化碳的近零排放；此外，与传统技术相比，煤炭地下气化还具有资源回收率高、土地资源破坏少、生产条件安全性好、经济效益显著，以及能降低我国油气对外依存度等优点，是一种理想的低碳能源技术。

部分学者研究实现煤炭清洁高效利用的途径。例如，田振林（2012）从煤炭企业面临的减排压力、生产对环境造成的污染分析开展清洁生产、提高能源使用效率、实现企业可持续发展的途径，并介绍了彬长集团在清洁能源生产方面的实践与探索；樊亚明（2012）从提高原煤入洗率、煤炭高效洁净燃烧技术、燃煤烟气净化、改变煤炭利用方式、加大煤炭提质和分质利用等方面对煤炭高效清洁利用的措施进行探讨，旨在最大限度地控制燃煤烟气主要污染物的排放，达到促进煤炭清洁高效利用的目的；赵金鹏（2012）提出了冀中能源关于洁净煤技术的发展方向，即大力发展煤炭洗选加工技术、煤炭转化技术、高效燃煤发电技术、先进节能减排及污染物控制技术。

三、低碳创新政策

创新思想首现于熊彼特所著的《经济发展理论》一书中，他将生产新产品、开辟新市场、组织变革、获取原料的新途径等行为都归于创新。之后的学者将熊彼特的创新内涵进行了延伸，其中，特肯伯格首次提出了"Innovation Chain"——"创新链"一词。经过国外学者的努力，创新链的概念、结构划分变得清晰起来，研究领域从产业层次扩展到企业、国家等更加宏观的层次领域（Bright，1978）。相关地，创新体系、创新圈、创新网等概念也被提出，成为创新理论研究的不同范式与视角。刘润生（2014）针对当前我国科技与经济结合不够、科技成果转化率低的问题，提出应该围绕产业链布置创新链。

国外学者对煤炭低碳化技术创新政策研究并不多，研究内容主要集中于煤炭低碳化政策对技术的重要性方面，例如：Banales-Lopez 和 Norberg-Bohm（2002）对美国常压流化床燃烧技术进行了分析，认为引进新的技术需要政府进行资助研究、发展和示范，如果私人部门也加入投资，将会对技术进步带来很大的贡献；Qi 和 Wu（2011）提出要用政策来推动模块化集成应用程序的低碳技术；Li（2012）认为清洁燃煤发电技术中的超临界和超超临界技术在中国有明显的进步，并提出发展中国家应该形成和应用合适的政策鼓励低碳技术的本土化；Kotchen 等（2013）通过研究限额交易、碳税、温室气体规则三种国家政策和人们对该三种政策愿意支付多少的关系，发现政策工具的不同会对公众支持造成极大的影响，因此，政策制定者在制定新措施时将会因考虑这些不同的政策结果而受益。同时，少数学者研究煤炭低碳化的具体政策，例如：Huo 等（2012）指出最近中国在焦炭行业采取一系列措施来提高能源有效性和减少碳排放量，主要有取消过时的能源效率技术、引进先进技术、加强焦炭处理过程中的能源和环境要求，并指出未来应该加强干熄焦、焦炉煤气循环、微粒去除等技术；Chi 等（2012）认为政策干预有望鼓励决策者选择低碳排放的解决方案，而碳税将会是减少碳排放的一个有前途的政策干预，并提出在革命性技术的初始阶段对其进行补贴可能是另一种导致低碳系统有效的政策干预；Lohwasser 和 Madlener（2013）将 CCS 政策（包括研发投资政策和政府对新电厂的补贴政策）与技术学习联系起来，发现需求方面的政策推动了 CCS 技术的扩散，当二氧化碳拥有较高价格时，两种政策对 CCS 技术扩散的作用不明显，而二氧化碳拥有较低价格时，研究政策的影响上升，然而将两种政策进行直接比较，发现在一定范围内两种政策效果相似，而超过一定范围则补贴政策将变得更加有效。

国内学者主要研究国外具体的政策以及对我国的启示，例如：张秋明（2005）分析了英国政府为促进低碳燃料技术的发展所实施的一整套激励政策，包括燃料税、资本补助金、投入税收、资本减税及可再生运输燃料义务等；张朝丹（2008）描述了美国、澳大利亚的煤炭产业绿色技术和国家实施的政策，并从产业、投资、技术、税制等提出了我国煤炭产业发展的政策建议；王显政（2011）对我国煤炭工业的"十二五"规划提出建议，主要有推进产业结构调整，转变经济发展方式，加大煤层气开发力度，推进煤矿先抽后采，发展以煤为基础的循环经济，加强教育培训体系建设等；张会新和高超（2011）提出低碳约束下的煤炭产业政策，主要有加快推进节能减排、深化煤炭资源税费改革、延伸整合煤炭产业链、加大煤炭资源整合力度；赵淑英和程光辉（2011）通过构建政府和煤炭企业之间在信息完全条件下的静态博弈模型，对煤炭企业实施低碳技术创新动力影响因素（参与人、政府的策略、煤炭企业投入成本进行低碳技术创新发展）进行分析，研究结果表明政府的政策取向对于这些因素起着至关重要的作用，政府必须实施相关政策来推进和引导煤炭企业进行低碳技术创新；杨光和温波（2011）从经济和技术可行性角度分析了我国实现能源低碳化发展的四类技术措施，即合理控制煤炭需求、大力发展低碳能源、注重节能和提高能效、增强科技创新能力，并根据各自特点提出政策建议和保障措施；常兵和邱天怡（2012）探讨了煤炭产业低碳化发展的必要性，提出了基于科学发展观理论的煤炭产业低碳化的技术措施，即循环流化床燃烧技术、煤基多联产技术、整体煤气化联合循环技术、煤气化和煤制氢技术，并提出了创新低碳理论、建立低碳政策和加强低碳技术的资金投入等配套措施。

第三节　研究技术路线

在山西煤基产业内涵与外延基础上，本书通过定性结合定量方法，找出能够满足山西创新驱动转型发展需求的重点科学问题及亟须攻关的产业链关键技术，预测关键技术的发展趋势及演进路径。通过技术机会分析，寻找技术发展的真空地带，揭示关键技术的产业化前景及商业价值。一方面，寻找现有技术的升级路径；另一方面，发现潜在的技术增长点。

研究按照提出问题—分析问题—解决问题的思路开展。以技术创新、区域经济等理论为指导，综合运用多种技术预测手段及工具，包括基于TRIZ的技术预测模型、时间序列预测模型、技术挖掘方法，揭示和发现技术的模式及趋势。将国内外技术前沿与区域性产业特征相结合，提出具有本地化特征的技术发展政策。

以产业链范畴为评估依据，构建评估模型，设计评估指标，以寻求更加有利于山西煤基产业低碳发展的技术发展方向，发现产业发展的技术瓶颈或关键新兴技术，为山西相关产业发展提供技术战略咨询与参考。由此，图1-1给出了本书的研究技术路线。

首先，本书对山西六个煤基产业的技术创新整体概况进行分析，包括每个产业链的背景及技术概况、山西对每个产业的技术投资研发情况，并对相关产业链给出范畴界定。

然后，根据专利数据对各个产业链整体技术发展现状以及山西在各个产业的大概位置进行整体把控，包括专利申请情况、专利申请、IPC号、研究机构、技术成熟度。

```
提出      ┌─────────────────────────────────────┐
问题      │        第一部分  概述                │
         │                                     │
         │ · 国内外研究现状                     │
         │ · 山西煤基产业链概述                 │
         │ · 开展技术评估的目的、意义           │
         └─────────────────────────────────────┘
                          │
         ┌─────────────────────────────────────┐     ┌──────────┐
         │     第二部分  研究框架构建           │     │ 文献梳理 │
         │                                     │─────│ 模型构建 │
         │ · 理论基础、研究对象                 │     │ 框架体系 │
         │ · 技术路线、研究手段                 │     └──────────┘
         └─────────────────────────────────────┘

分析      ┌─────────────────────────────────────┐     ┌────────────┐
问题      │  第三部分  关键技术前沿动态及趋势分析 │     │ 技术预测模型│
         │                                     │─────│ 技术路线图 │
         │ · 关键技术前沿动态分析               │     └────────────┘
         │ · 关键技术演化路径、趋势预测         │
         └─────────────────────────────────────┘

         ┌─────────────────────────────────────┐     ┌──────────┐
         │     第四部分  技术评估分析           │     │ 专利图谱 │
         │                                     │─────│ 统计分析 │
         │ · 山西煤基低碳产业链技术格局分布     │     │ 专家调研 │
         │ · 山西煤基低碳产业链技术机会发现     │     └──────────┘
         └─────────────────────────────────────┘

解决      ┌─────────────────────────────────────┐     ┌────────────┐
问题      │  第五部分   山西煤基低碳技术战略     │     │ 技术创新理论│
         │                                     │─────│ 区域经济理论│
         │ · 山西煤基低碳产业链技术方向、技术路线│     └────────────┘
         │ · 山西煤基产业低碳技术创新能力提升政策建议│
         └─────────────────────────────────────┘
```

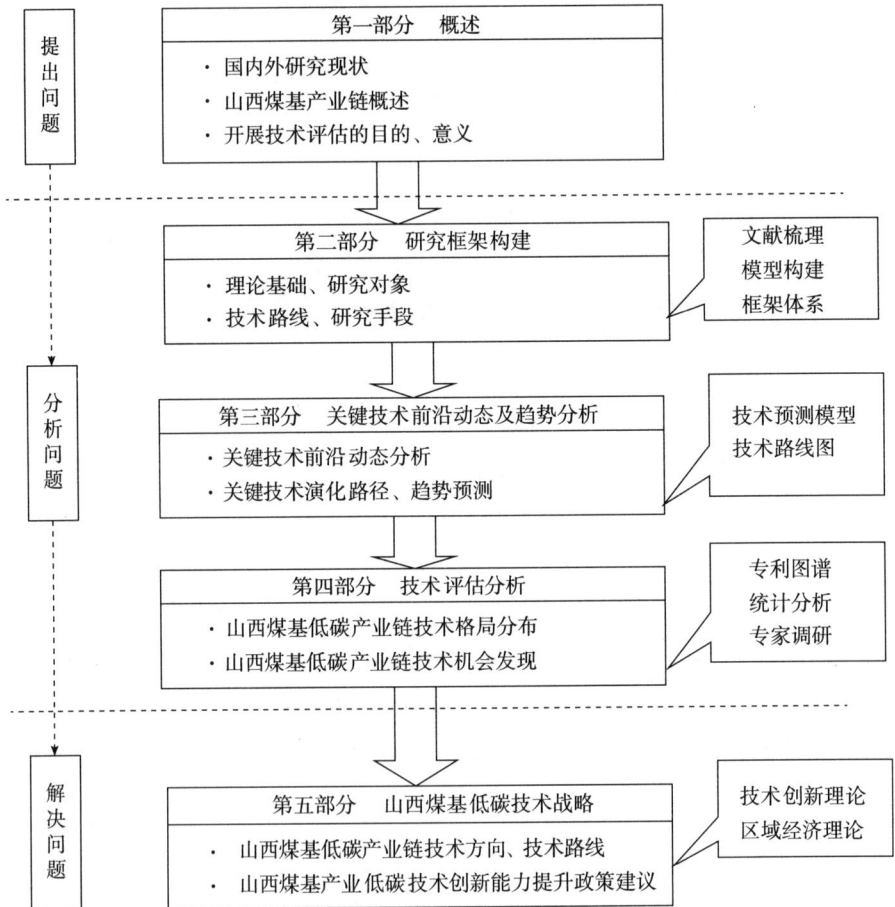

图 1-1　研究技术路线

接着，通过技术环节上各个环节的专利占比、专利相对增长率两个指标来对山西技术优势进行判别。

最后，山西技术比较优势结合热点技术分别对山西省六个煤基产业的低碳技术创新趋势和研发策略进行研究，旨在为山西六个煤基低碳产业链上的技术发展策略提供决策支持。

第二章 研究方法

第一节　研究范畴界定

一、煤基产业界定

煤炭为工业原料的相关产业统称为煤基产业（赵子铭，2013）。丁华和姜英（2013）定义了煤基产业中所涉及的相关产业，这其中包括原煤开采的煤炭企业和煤深加工企业，它们形成了一个以煤炭企业为主导的系统。张军（2013）提出了以煤为基础实现产业一体化协同发展，实现以煤炭为基础发展起来的清洁、低碳、高效能源系统。

从一般意义而言，煤基产业是指以煤炭为原始要素的关联多元化产业，是以煤炭生产为主导，包括其下游涉及煤炭深加工的精煤、型煤、水煤浆、矸石、兰炭行业，以及与煤炭气化、液化、焦化和燃烧等相关的行业。广义的煤基产业包含横向与煤炭伴生资源紧密相关的行业部门，如高岭土、黏土、砂岩、粉煤灰、电石渣、渗水砖等非金属资源和铝、锂、镓等金属资源的开发利用行业，以及隧道开掘、汽运物流、装备制造等关联多元产业。

煤基产业链相对较长，其直接下游一般涉及火电、钢铁、建材和化工四大行业。基于目标产品的导向差异，其产业链会往下游横向或纵向延伸，以此完成煤基产业链的多元演化，如图 2-1 所示（李芳，2017）。煤基产业链实现了煤炭资源的深加工与转化利用，如煤—电—铝产业链和煤—气—化—电产业链等，涵盖了以煤为原料生产的铁矿石、焦炭、煤焦油、焦炉煤气、粗煤气、合成气和甲醇等相关产品。

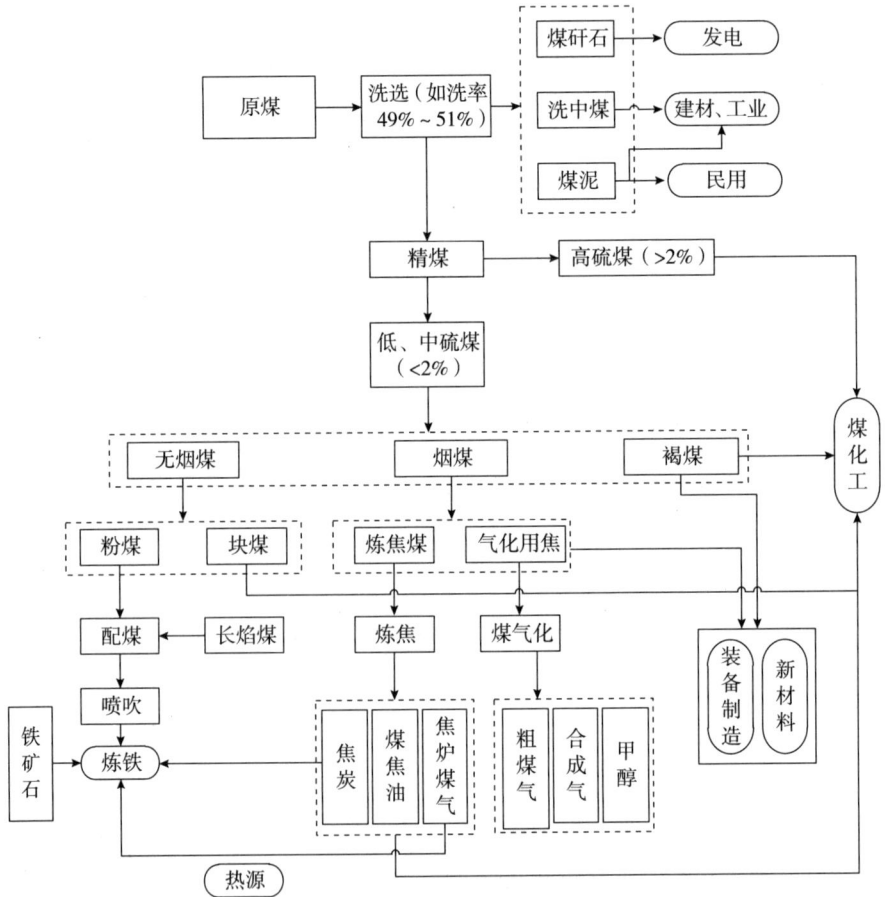

图 2-1 煤基产业链产品结构

2014 年 2 月，山西省政府一次性出台了《国家创新驱动发展战略山西行动计划（2014-2020）》《山西省低碳创新行动计划》《关于围绕煤炭产业清洁、安全、低碳、高效发展重点安排的科技攻关项目指南》三个文件，伴随着这三个文件的出台，酝酿多年的"山西要打造煤基高地"的思路和具体工作顿时明晰起来。山西提出了七条煤基低碳产业创新链，重点着眼于七个对应的优势及潜力产业，包括煤层气产业链、煤电产业链、煤焦化产业链、煤化工产业链、煤基新材料产业链、富碳农业产业链。

山西省煤层气资源丰富，是全国最大的煤层气富集区和开发基地，开发和利用煤层气资源，是山西省实现产业结构调整、遏制特重大瓦斯事故、实现"气化山西"目标、推动转型跨越发展的重要战略选择。为了加快山西省煤层气产业快速发展，山西省政府颁布了《山西省煤层气发展"十二五"规划》，出台了《山西省关于加快推进煤层气产业发展的若干意见》，提出要将煤层气产业作为全省资源型经济转型发展的重要战略性新兴产业进行培育，着力打造"11265"煤层气产业开发布局。因此，围绕煤层气产业链部署创新链，着力研究解决关键技术瓶颈，具有十分重要的现实意义和长远意义。

煤电产业是山西省重要的支柱产业，目前已成为全省工业中利润最大的行业。截至 2013 年底，山西省发电装机容量为 5767.27 万 kW，燃煤机组约占 90%。2013 年总发电量 2625.4 亿 kW·h，其中火电 2527.13 亿 kW·h，占 95% 以上。燃煤机组中，煤粉炉电站占比约为 80%，循环流化床锅炉电站占比约为 20%。国内发电机组性能和技术水平与世界同量级发电机组水平相当，山西省选用机组水平基本与先进水平同步。加强煤电产业的技术创新，有利于山西省煤电产业技术水平的不断提升，进一步降低发电能耗、减少污染物排放，走出一条高碳产业低碳发展之路。

山西煤炭资源禀赋特点决定了山西焦化产业在全国的重要地位，在山西煤炭资源储量中，炼焦煤占 55%、动力煤占 27%、无烟煤占 18%；山西炼焦煤查明资源储量 918 亿吨，占全国的 33%，排第一位，其中最优质的肥煤、焦煤储量 523 亿吨，占全国的 54%。2013 年，山西焦炭产量 9077 万吨，占全国总产量的 19%；焦炭及初级化产品实现产值约 1555 亿元，占全省工业总产值的 9%，煤焦化产业是山西省重点支柱产业。煤焦化产业亟须加强科技创新，发展炼焦配煤技术、污染物治理技术、热回收利用技术、大型清洁型焦炉和成套装备，促进节能减排、降本增效；发展粗苯、煤焦油、煤沥青先进加工技术，形成高附加值产业链；发展气化焦及其气化技术，化解产能过剩矛盾，形成以煤焦化为源头的现代煤化工产业链，促进产业结构优化升级。

煤化工产业是山西省重点培育发展的战略性新兴产业之一。其涉及面广，产业关联度大，对拉动山西省经济增长、促进工业结构优化升级发挥着重要作用。截至2013年底，规模以上企业240户，资产1189亿元，主营化工行业销售收入为800亿元。近年来，山西省煤化工产业发展呈现出向大企业集团集中的态势，大型煤化工国企和国有控股公司，年销售收入占全省化工总产值的45%，成为山西省化工的主导力量。

山西省发展新材料产业具有明显的区位优势和资源优势。近年来，山西省委、省政府高度重视新材料产业发展，将新材料产业作为加速工业结构调整、振兴的关键环节，在山西省大力推进。2013年，山西省规模以上材料产业实现销售收入1500亿元，占全省工业总产值的8.5%。新材料产业整体呈现出快速化、规模化的发展态势。但与发达省份相比，山西省新材料产业仍存在高端材料较少、产业聚集度不高、核心技术掌握不足等问题。

山西是高碳能源产业结构，也是全国碳排放最高的省份。节能并降低碳排放、固碳并转化利用是山西实现经济转型的重要措施。富碳农业可以将工业上过剩的CO_2用于农业生产。开展富碳技术研究、建立富碳农业技术基地、进行富碳农业技术集成示范，最终实现广泛推广应用，对于山西实现高碳资源低碳发展，黑色资源绿色发展，促进富碳农业新兴产业发展意义重大。

结合研究的目的，充分借鉴山西省提出的七个重点煤基低碳产业链，以其框架为基础提出拟研究的对象，即六条煤基低碳产业链，包括煤层气产业链、煤电产业链、煤焦化产业链、煤化工产业链、煤机装备产业链、新材料产业链，如图2-2所示。这六条产业链是后续要研究的对象内容，即深入产业链内部不同领域及环节，分别开展技术评估，由产业链微观技术单元的评估结果汇总形成总体的宏观性技术评估结论。

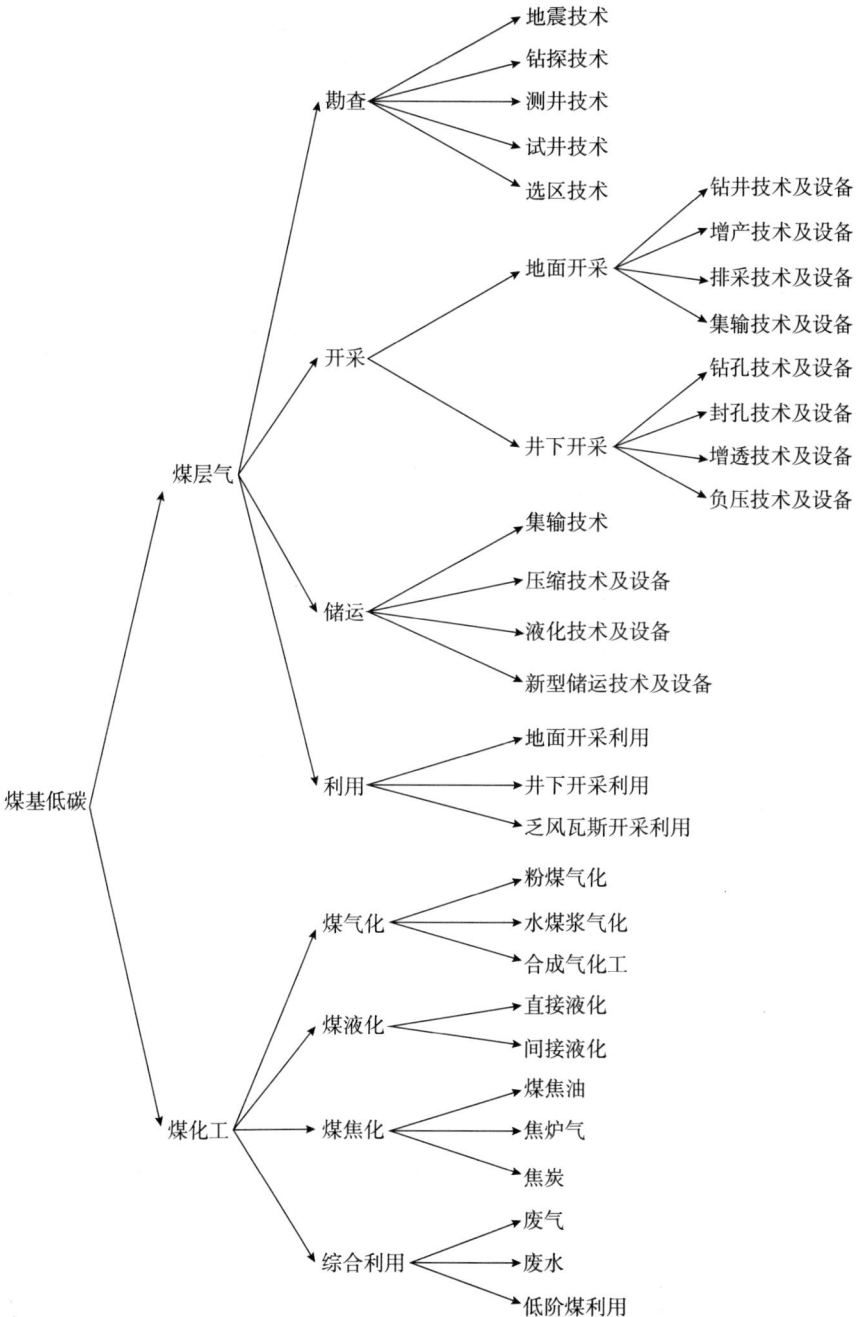

图 2-2 山西煤基产业链

露天开采 — 破碎
露天开采 — 挖掘
露天开采 — 运输

煤机装备

井工开采 — 综采
井工开采 — 掘进
井工开采 — 运输
井工开采 — 安全及自动化

洗选装备 — 破碎筛分
洗选装备 — 分选作业
洗选装备 — 选后产品处理

燃煤发电 — 特殊钢材
燃煤发电 — 燃烧锅炉

煤电

电网系统 — 智能输电
电网系统 — 智能变电
电网系统 — 智能调度

废弃物处理 — 固废处理
废弃物处理 — 烟气处理

CO_2捕集利用封存系统

煤基低碳

焦炭生产
焦炉煤气利用
煤焦 — 粗苯加工
煤焦油加工

煤机装备 — 高强高韧性耐磨槽帮材料
煤机装备 — 煤层气抽采用不锈钢管新材料
煤机装备 — 煤基产业用金属复合板、管新材料

优势资源利用 — 玄武岩制煤矿用纤维复合材料
优势资源利用 — 煤基表面活性剂新材料

新材料

传统材料提升 — 宽幅镁合金板（带）材
传统材料提升 — 铝镁合金高性能传动行动构件
传统材料提升 — 高性能稀土永磁体

高端材料产业化 — 石墨烯储能—高性能超级电容器
高端材料产业化 — 微波领域中超材料

低碳节能

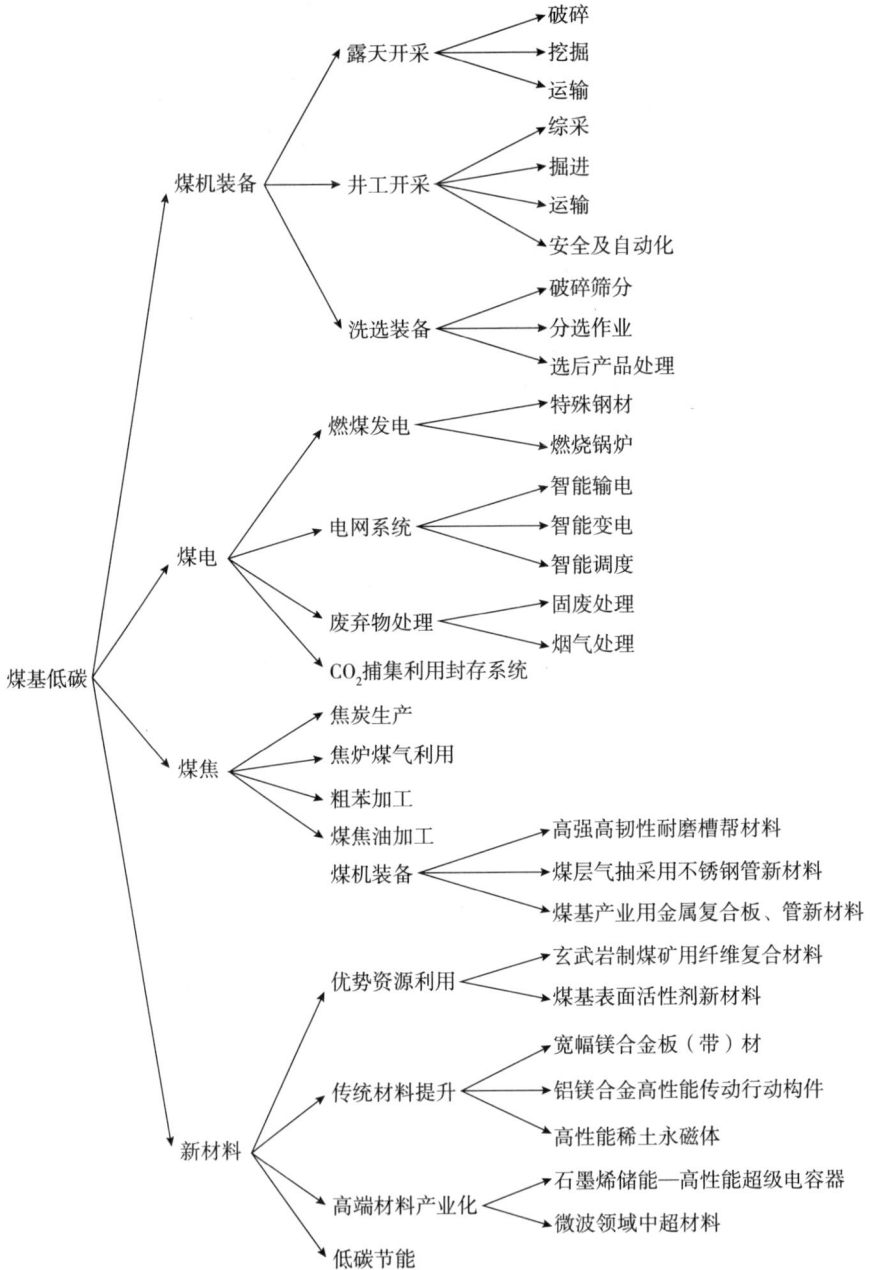

图 2-2 山西煤基产业链（续）

二、煤基产业低碳化

2003 年，低碳经济最先由英国政府在其《能源白皮书》中正式提出。它是指依靠技术创新和政策措施，实施能源革命，建立一种较少排放温室气体的经济发展模式，从而减缓气候变化。低碳经济的实质是能源效率和清洁能源结构问题，核心是能源技术创新和制度创新，目标是减缓气候变化和促进人类的可持续发展。在发展低碳经济方面，国内外学者基本取得了一个共识，就是开发和使用低碳技术是减少排放的一个关键途径。因此，低碳技术是实现低碳经济的关键。只有加强技术创新，不断完善低碳技术创新才能实现经济发展模式向"低碳"转变。

低碳技术是一个相对较为宽泛的概念。低碳技术以零排放或者较低排放的可再生能源技术（包括风能、太阳能）为主体，还包括提高能效的碳排放减少技术以及二氧化碳捕获与存储技术（CCS）。对于低碳技术，主流观点认为相对于传统化石能源技术，可再生能源技术为主体的低碳技术是一种突破性创新。低碳技术创新就是一个通过技术范式的转变来实现对原有技术经济系统进行解锁的过程（Berkhout，2002）。何建坤（2009）认为低碳技术的面很广，大的技术类型包括节能技术、无碳和低碳能源技术、二氧化碳捕捉与埋存技术（把煤炭发电过程中产生的二氧化碳收集起来并封存地下）等。蔡林海（2009）认为低碳技术可以分为两大类：一是在能源消费领域抑制地球变暖的技术；二是在能源供给领域抑制地球变暖的技术。前者包括生产制造与流通、交通、建筑与住宅、家庭四大部门；后者包括化石燃料能源部门、新能源与可再生能源部门等。刘立等（2009）认为："低碳技术创新，是以低能耗、低污染、低排放和高效能、高效率、高效益为基础，通过技术创新实现节约能源资源、保护生态环境和节能减排的技术创新模式。"

可以看出，低碳技术是社会低碳发展的内生动力，更是产业低碳化的关键。表 2-1（吴昌华，2010）给出了中国低碳技术的应用技术路线，展示了在未来不同的阶段，需要聚焦和应用的关键性技术。对于这些技术的预见性判断，给研究山西煤基低碳技术提供了重要参考。

表 2-1　中国低碳技术应用路线

时间	第一阶段	第二阶段	第三阶段	远期
	2010~2020 年	2021~2035 年	2036~2050 年	2050 年以后
能源供应	水力发电	风力发电	氢能规模利用	
	第一代生物质利用技术	薄膜光伏电池	高效储能技术	核聚变
	超超临界发电	太阳能热发电	超导电力技术	海洋能发电
	IGCC	电厂 CCS	新概念光伏电池	天然气水合物
	单/多/非晶硅光伏电池	分布式电网耦合技术	深层地热工程化	
	第二代和第三代核电	第四代核电		
交通	燃油汽车节能技术	高能量密度动力电池	燃料电池汽车	
	混合动力汽车	电动汽车	第二代生物燃料	第三代生物燃料
	新型轨道交通	生物质液体燃料		
建筑	热泵技术			
	围护结构保温			
	太阳能热利用	新概念低碳建筑	新概念低碳建筑	新概念低碳建筑
	区域热电联供			
	LED 照明技术			
	采暖空调、采光通风系统节能			
工业	工业热电联产	工业 CCS	工业 CCS	工业 CCS
	重点生产工艺节能技术	先进材料	先进材料	先进材料
	工业余热、余压、余能利用			

资料来源：中科院能源领域战略研究组（2009）；中国发展低碳经济途径研究课题组（2009）；国家技术前瞻课题组（2008）。

　　煤基低碳产业是在环境清洁化的背景下煤基产业整体上向降低碳排放、减少污染、提高能耗效率的方向发展。传统上，煤基产业是高排放、高污染、高能耗的"三高"行业，作为长期以来与煤炭相关行业的山西省，深受产业的负效应。为了从根本上克服和解决上述问题，必须依靠科技的进步，将先进的低碳技术融入和应用于传统煤基产业，改变和摆脱原有的落后生产方式和模式。因此，煤基低碳产业链实质上是在原有煤基产业格局的基础上，进行低碳化的技术改造和升级，开展生态友好、高附加值的产业链扩展和延伸，形成集成产业上游和下游一体化的产业升级和转型的产业体系。

第二节　技术评估方法

以情景分析为核心的低碳技术评估，在对低碳技术特性和潜力进行详细分析的基础上，通过模拟政策措施和技术发展情景对未来能源消费和温室气体排放所产生的影响，认清技术发展过程中的关键问题，从而对技术发展路径提出建议。代表性的研究包括 IEA（2009）提出的全球能源科技发展路线图、姜克隽等（2009）发布的中国中长期能源与温室气体排放情景和技术路线图等。

以技术预见为核心的技术路线图则是在综合考虑保障能源安全的需求和实现社会经济可持续发展要求的前提下，以技术预见结果为主要依据，得到的关键技术发展目标和实现路径。国家科技路线图的相关研究多以技术预见为基础，代表性的研究包括中科院能源领域战略研究组编制的"中国至 2050 年能源科技发展路线图"（2009）、国家技术前瞻课题组绘制的节能减排技术路线图（2008）。

技术评估指人们运用现代科学技术手段，对技术趋势做出科学分析和判断。1959 年，美国的林茨（R. Lenz）首次提出了相关概念。如今，技术评估及预测在世界范围内已经得到广泛运用。美国最早开始了技术评估及预测的研究及实践，但更多存在于产业及企业层面（Porter and Ashton, 2008），而日本则热衷于开展国家层面的技术预测，自 1971 年开始每五年开展一次，召集各个领域的专家开展大规模的德尔菲调查（Kuwahara et al., 2008）。

通过梳理有关文献可以发现，技术评估研究方法分为定性与定量方法两大类：定性方法以德尔菲法为主；而定量方法则表现为多种分析手段与工具，主要方法有以下内容。

一、德尔菲法

20 世纪 40 年代末期，兰德公司首次提出德尔菲法，将其作为一种预

测未来技术和周边军事活动可能带来的潜在政治问题的方法。Jin Woo Lee
和 Soung Hie Kim（2008）提出用 Delphi 调查法、ANP 法和目标规划法的
综合集成方法对信息系统项目进行选择，以便更好地处理各指标间的相互
依存关系。Tugrul U. Daim 等（2012）通过运用文献计量法和专利分析法，
并结合系统动力学模型对燃料、食品安全和光学储存技术进行了预测。傅
毓维等（2015）建立起一套综合评价指标体系，并应用模糊综合评价方法
对船舶工业科技成果转化项目的转化效果进行了评价。黄鲁成等（2010）
通过 Delphi 调查，从技术因素、市场因素、商业化条件因素、符合性因素
和效应因素五方面构建新技术商业化潜力评价指标体系。王吉武等
（2013）从客观评判角度出发，利用客观数据从新技术的成熟度、技术机
会和技术地位三方面综合判断新技术商业化潜力。黄鲁成（2010）则详细
阐述了应用该方法的基本步骤。

总结：以德尔菲为代表的定性技术分析，依赖于群体专家的智慧，能
够快速地解决复杂问题并提出方案，但其缺点是受制于专家的主观性及知
识结构，受到诸多不确定性因素影响，需要充分地结合基于客观数据的方
法，形成更加全面而系统的技术预测方法体系。

二、模拟方法

随着计算机模拟技术的进步，一些研究者开始运用软件对基于微观主体
的模型（Multi-agent Based Models）进行模拟，期望发现微观主体间决策互
动所引发的技术变迁规律。运用主体模型，研究者在虚拟环境中模拟大量按
照特定规则互动的主体，并对整个系统状态的变化进行观察。Juneseuk Shin
和 Yongtae Park 等（2009）指出这类方法可以较好地描述技术演化过程中主
体间非线性的互动。Gordon（2003）利用多主体模型在计算机上模拟出了一
种传染病在人群中的传播过程，他提出这一模型可以用于模拟任何具有人际
传播特点的过程，比如疾病、思想或者市场行为、技术扩散。波特等指出
Gordon 的模型以拓展并用于模拟可持续能源技术的发展，可以将每一种能源
技术视作一个主体，如清洁煤炭技术、潮汐技术、太阳能技术等。

总结：基于计算机的强大运算能力，能够通过模拟仿真，开展不同情

境的技术运作机制及后果的数据实验。但是，模拟方法往往输出结果很复杂，难以预测某一时刻主题的状态，而且对于初始条件极其敏感，其结果成立条件比较苛刻。

三、技术成熟度法

通过对技术的成熟度阶段、经济应用性等特征评估，外推技术的未来发展趋势。技术成熟度等级 TRL 最初由 NASA 于 20 世纪 70 年代提出，美国国防部于 2001 年采用（朱毅麟，2008）。有学者借鉴美军方的 TRL 评估方法，分别从五方面给出了技术成熟度在水下战装备领域中的应用示例（钱东等，2006）。朱毅麟分析和研究了技术与技术成熟度的含义及两者之间的关系，介绍了国外有代表性的技术成熟度分级情况，并对我国空间技术领域的技术成熟度分级提出建议，对各级的"技术进展状态"作了解释。

近年，结合科学计量学指标的技术成熟度分析方法取得了广泛应用，通过科学计量学指标测度技术的状态及变化成为有效的研究手段。Porter 等（1991）认为可以用期刊论文数与会议论文数之比来分析产品技术成熟度。当会议文献数量多于期刊文献时，表明产品技术还处于人们的争论之中，技术远未接近成熟。而当期刊论文数量开始多于会议论文时，技术开始逐渐接近成熟。Godin（1996）认为可以通过文献中关键词性质的变化分析产品技术成熟度。Martino（2013）认为在专利数量变化过程中，若发明专利数量开始下降，而外观设计开始增加，则表明技术步入成熟化阶段。Daim 等（2014）以 1992~2002 年燃料电池出版物数据为基础，认为变化具有明显的 Fisher-Pry 曲线特点，判断大约到 2010 年，燃料电池技术达到成熟。Frauens（2008）通过专利统计分析发现专利数量的变化趋势与产品技术发展过程有关，得出产品专利等级、专利数量、产品性能及获利能力与 S 形曲线表示的技术生命周期之间存在对应关系。Severine Gahide（2000）对滚筒型纺纱机进行了产品技术成熟度分析，并得出此产品的技术已进入成熟期。Nathan Gibson（1999）应用 Altshuller 的方法探讨了超声焊接技术的成熟度。通过对三条曲线的分析得出超声焊接技术的成熟度为成长期。Sanjana（1999）探讨了 DVD 技术的成熟度，得出 DVD 产品技术成熟度为成长期。Slocum（1998）对一种自热容器的产品技术成熟度进行了研究，得出了这种自热容器的产品技术成熟度为婴儿期。马苏常和刘学斌（2013）在 TRIZ 生命周期理论的基础上，依据应用性能、专利数量、专利级别和利润率四个尺度变量来评估激光加工技术系统的成熟度，进而做出激光器的技术发展预测。王秀红和周九常（2013）利用 TRIZ 生命周期预测技术方法评估了电动剃须刀技术和电动自行车技术的成熟度。

技术发展具有周期性规律。针对技术的生命周期特征，通过专利可以刻画技术发展的不同阶段，包括技术生长率、技术成熟系数、技术衰老系数、新技术特征。

技术生长率：$V = a/A$；

技术成熟系数：$\alpha = a/(a+b)$；

技术衰老系数：$\beta = (a+b)/(a+b+c)$；

新技术特征：$N = \text{sqrt}(V^2 + \alpha^2)$。

其中，a 为技术领域当年发明专利申请或授权量；A 为追溯到 5 年的该技术领域发明专利申请或授权量；b 为该领域当年实用新型专利申请量或授权量；c 为该领域当年外观设计专利申请量或授权量。

总结：技术成熟度得到了大量研究，但是实践中更多依赖于专家判定，如何将已有客观技术数据融入研究体系，如科学计量指标，还缺乏可靠的手段，尤其是提高预测模型的准确性是关键的问题。

四、专利挖掘分析

文本挖掘用于技术预测时主要使用的是各国的专利文件数据，因此这类方法又称为专利挖掘分析。专利地图、技术路线图、主题分析等典型专利挖掘工具被应用于发现专利技术前沿模式，并评估技术的未来趋势及机会。近年来，随着创新过程日益复杂，创新周期日渐缩短，市场需求波动性增加，专利分析在高新技术管理领域受到越来越多的重视（Yoon et al.，2004）。Yoon 等（2014）设计了一套基于专利地图的方法用于识别未来可能出现较大发展空间的技术领域。Sang 等（2012）利用类似的专利地图和 K 维聚类分析（KM-SVC）对美国、欧盟和中国的技术管理领域（Management of Technology，MOT）的潜在技术进行了预测，发现美国和欧盟的"技术空位"出现在"移动通信技术管理"领域，而中国的"技术空位"出现在"半导体技术管理"领域。他们利用 2006 年以前的数据对 2007 年之后的技术趋势进行了预测，发现 2007~2010 年他们所关注的技术领域内的专利文件数量急剧增加，所以他们认为其方法在一定程度上是有效的。Wu 等（2015）对我国的射频识别（RFID）相关技术的发展趋势进行了预测，对 1995~2008 年的专利应用数据按照 41 个关键词进行聚类分析，分为六大类，并按照逻辑曲线进行拟合，估计出每一类技术目前所处的发展阶段。Kajikawa Y. 和 Takeda（2014）利用引用分析和聚类分析技术预测新兴技术。同时他们还使用了路线图技术在不同概念之间建立了联系。Kajikawa 等（2014）还运用类似的方法对可再生药物技术进行研究。Byungun 等（2007）联合使用句法分析模型（Morphology Analysis）和专利分析对薄膜电晶体液晶显示器（TFT-LCD）技术进行了预测。

总结：专利分析已经成为研究技术属性的最重要的客观性方法，尤其是随着数据挖掘等大数据分析手段及工具的出现和日渐成熟，数据驱动的技术预测方法会是今后研究的突破口和热点。如何有效地结合有关技术创新等有关理论，设计高效的数据挖掘算法，形成合理的人—机结合的科技决策支持平台是未来技术挖掘的研究方向。

以往的技术评估多采用定性方法进行研究，利用定量方法进行研究的很少。曾志伟（2012）从定性研究角度出发，对我国新能源汽车产业进行策略选择研究，认为应将自主创新与高起点引进相结合攻克新能源汽车的核心技术。王晖（2008）利用文献调查法，通过数字信息长期保存的关键性技术策略对比，认为应在借鉴国外实践成果的同时开发适合我国国情的技术策略。杨小莉（2016）利用文献调研和实地调查的方法提出了智慧图书馆建设技术策略，并进行了相应的实证分析，验证了该技术策略的可行性。综合上述研究，其中较多采用了文献资料法、实地调研法、定性研究法等，还较少采用了定量分析法进行研究。也有一小部分学者尝试从定量分析的角度进行技术策略研究。丁翔等（2015）采用计算实验方法重点分析了企业规模、技术复杂度、政府补贴对企业技术创新的影响度，最终确定了不同境况下企业的最优技术策略。定量研究弥补了定性研究的主观性缺点，更具说服力。

为了系统地对山西煤基低碳技术开展评估，本书主要用到的方法有以下方面：

（1）资料整理、文献梳理：收集整理山西煤基低碳产业链内容及要点，重点解读山西煤基低碳产业链指南及制定思路。研读有关科技发展论文，掌握技术发展概况。

（2）调研问卷：采用德尔菲法，设计调查问卷，深度访谈领域专家，定性地判断关键技术成熟度及未来方向。

（3）技术评估模型：采用技术经济学、评价理论方法，构建预测模型。①通过历史数据，从时间维度外推，预测技术发展的趋势。②技术成熟度分析，从技术生命周期视角揭示技术状态及趋势。③相对技术优势比较，全面地展示山西相关产业在世界及国内的技术优势与短板，并寻找适合的发展路径。

（4）综合评价：以技术创新、产业经济学理论为指导，筛选有效指标，设计技术评价指标体系，全面地评判技术机会，结合专家观点，筛选出山西煤基低碳技术发展的方向及重点。

第三节　评估框架与关键技术

一、基于专利技术监测的评估分析

（一）分析框架

面对技术的复杂性及专业性，我们采用了基于大数据的技术评估方法与工具。我们将网络技术、人工智能、数据库技术等现代信息技术与评估方法结合，提出了对科学技术状态进行定性和定量综合集成分析的技术监测与评估（Technology Monitoring and Evaluating）方法。

技术监测是科学学、科技管理及信息科学等多学科交叉形成的新方向，其目标是：监测技术发展状态，把握技术机会，降低风险，提高效率。技术监测是以科学技术信息、数据分析为基础，以数据挖掘、信息萃取、知识发现、数据可视化技术等信息科学前沿技术为手段，对科学技术活动进行动态监测、分析及评估的方法。

技术监测是面向科研立项决策、资源管理、科研评估和规划的基于数据挖掘的定量定性综合集成分析方法，是对传统的科研管理方法的有益补充，是传统专家评估方法与现代信息技术的有效结合。通过针对大型科技文献、技术专利数据库、互联网络信息资源、科技管理部门信息资源的数据挖掘方法的研究，在新信息环境及技术条件下为技术管理提供先进的技术保障，为传统的基于专家的定性管理和科技管理决策者在较短的时间内提供广泛、深入的数据支持，从而提高科技管理部门科研项目管理水平和企业技术创新管理能力，提高项目管理的效率和决策准确性。

图 2-3 展示了技术监测与评估的体系框架，本书将重点对技术监测的六个对象进行研究。技术监测的核心思想是以数据库、网页、图书期刊、专家知识等为数据源，以科技信息动态监测、信息抽取、技术组群聚类和关联分析、监测指标、概念层次、数据可视化等技术为支撑，对科技发展战略与计划、科技发展环境与需求、特定技术领域、技术项目、科技文献、技术专利、研发主体等对象进行监测与分析，从而为政府科技管理职能部门、科研机构和企业界在科技管理方面提供有效的数据和知识支持。

如图 2-4 所示，这是我们设计的特定技术领域监测的方法流程，通过数据预处理、数据挖掘和可视化表达等技术并集成专家知识，最终生成该领域的技术监测与评估报告。

研究的内容从逻辑上可以划分为三个层面：数据层、分析层和决策层。这三个研究层面反映了研究方法的逻辑递进关系，具体如图 2-5 所示。项目研究遵循：专利样本数据采集与处理→专利挖掘分析→山西煤基低碳产业链技术评估→山西技术创新策略及政策研究。

数据层是整个分析过程的基础，通过多数据源的自动采集及预处理方法，将异构的数据集转化为可应用于分析处理的结构化数据集，通常形成数据仓库或数据集市，为下一步的数据挖掘及相关分析程序做好数据的准备。

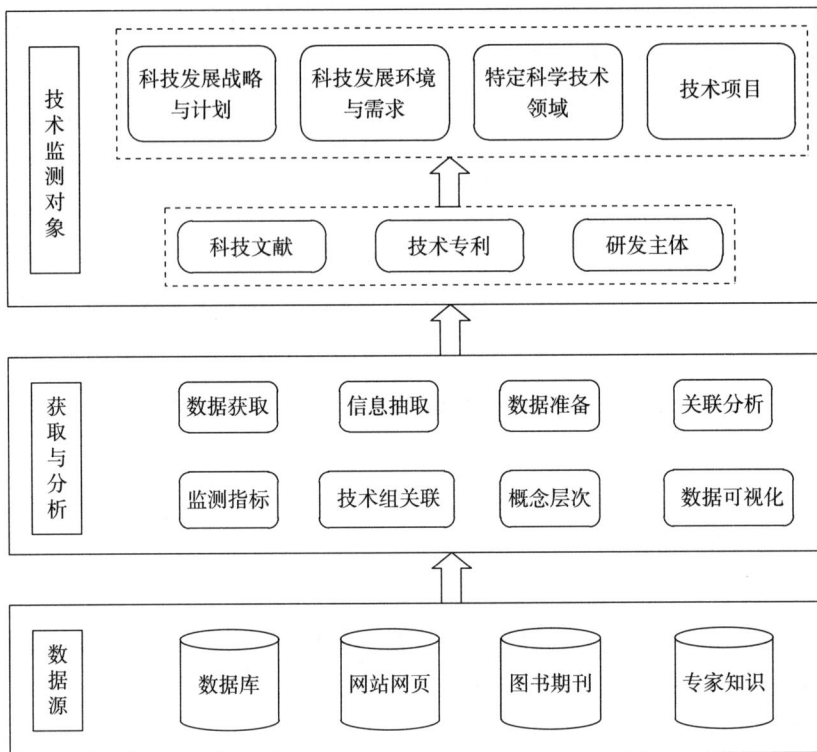

图 2-3　技术监测与评估框架

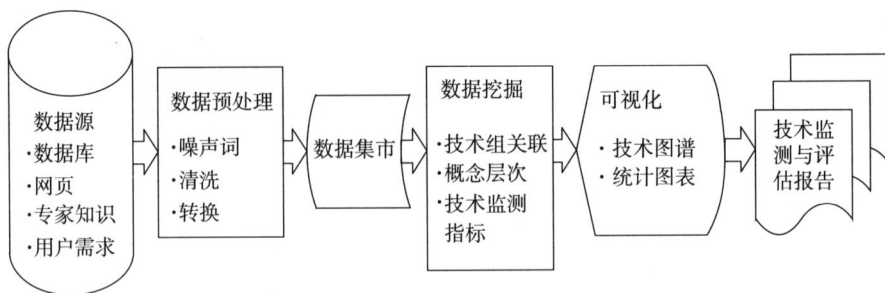

图 2-4　技术监测与评估一般流程

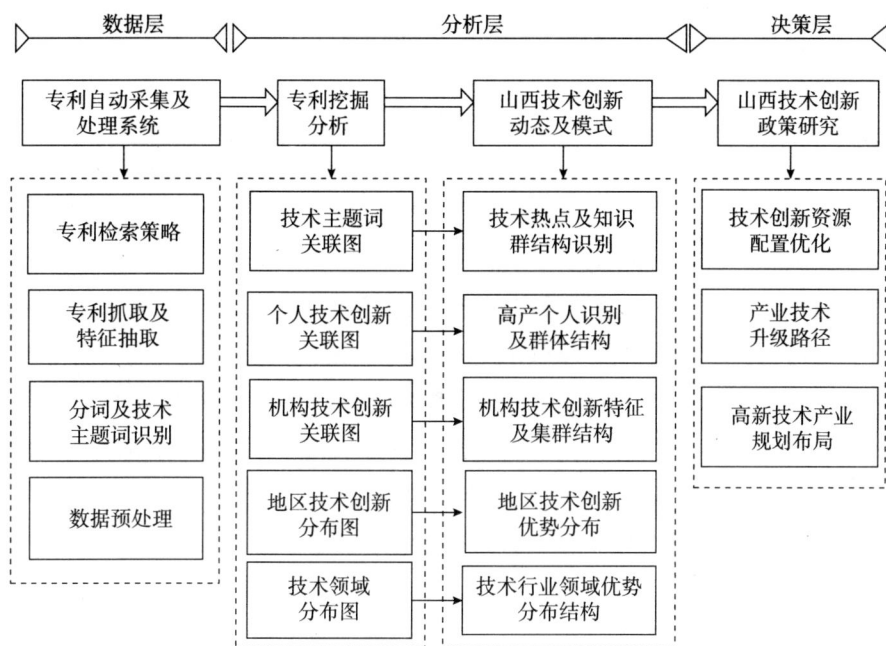

图 2-5　本书技术路线

方法层是多种信息处理分析方法相融合的综合分析模块，结合了基于数据挖掘技术的定量算法和依赖于专家经验的定性分析，既利用了数据挖掘技术处理海量数据的能力，也发挥了专家逻辑思维的长处。在数据的处理分析中使用了多种信息技术，包括自然语言处理、知识发现等，通过特定的数据挖掘算法及相关技术发现数据模式。对发现的模式（知识）进行解释、评估，必要时返回到前面的某些步骤以反复提取。

决策层是将数据分析与评估结果转化为决策的过程，面向决策者，着眼于问题的解决方案形成，最终提供具有证据支撑、科学性有保证的技术研发路径与政策建议。

（二）专利关联分析

关联分析是用到的重要方法，通过对相关研究要素（主题词、依托单位、合作国家等）的关联性度量，形成关联矩阵。在关联矩阵的基础上，采用多维标度法（MDS）将研究对象映射到二维空间中，形成知识图谱，这样可以有效地发现要素之间的关系模式。本书中关联矩阵的形成建立在共生关系或合作关系基础之上。

（1）基于共生关系的关联分析。主题词的关联分析建立在共生关系（Co-occurrences）的基础上。如果两个主题词出现在同一个项目中，则认为这两个主题词具有共生关系。通过对主题词的共生关系计算来识别、确定一组项目所包含的技术组。

假定有 n 件专利，这 n 件专利标题及摘要中可能包含有 m 个技术主题词，则可建立 {n 个项目×m 个技术主题词} 的矩阵 X。在矩阵 X 中，项目 D_i 的主题词 $Term_j$ 的权值用布尔代数值表示，当 $Term_j$ 在项目 Di 中出现时取 1，否则取 0，其中 n 是所有项目的总数，m 是所有项目所包含的主题词总数。基于矩阵 X，可以进一步得到 {主题词 * 主题词} 的共生关联矩阵 $T = X^T \cdot X$，其中矩阵 T 中任一元素 t_{ij} 表示第 i 个主题词和第 j 个主题词在同一个项目名称中出现的频数，即共现频数。主题词 i 与 j 的关联度为 t'_{ij}，其中 t'_{ij} 为矩阵 T' 中的元素，T' 为 T 的归一化矩阵。

（2）基于合作关系的关联分析。专利申请机构之间、专利发明人之间可以存在合作关系。如果两个机构共同申请同一件专利所有权，则认为它们存在合作关系；同理，如果两个发明人共同参与同一件专利，则认为它们存在合作关系。对于创新主体（专利申请机构或发明人），构建 n×n 维度的合作关系矩阵 M，n 为创新主体数量，矩阵 M 中任意元素 M_{ij} 定义为创新主体 i 与创新主体 j 共同申请（或发明）的专利件数。将矩阵 M 归一化，得到规范矩阵 M'，将其作为合作网络的输入数据，并实现可视化展示。

二、面向产业链的技术评估分析

技术在产业中的分布式是不均衡的，笼统的宏观分析难以精细地刻画产业不同细分领域及细分环节的技术优劣势。为了更好地发现制约产业链发展的关键技术瓶颈，或者发现具有巨大商业潜力的关键新兴技术，从产业链的视角，通过细分的逻辑比较方法，对中观层面的技术特征开展分析，以形成更加客观和具有针对性的技术评估结论。

图 2-6 给出了一个模拟的产业链示意图。产业链由多个具有上下游关

联的产业领域组成，而每个产业领域又可以细分为若干个具有生产或经营逻辑关联的产业环节。

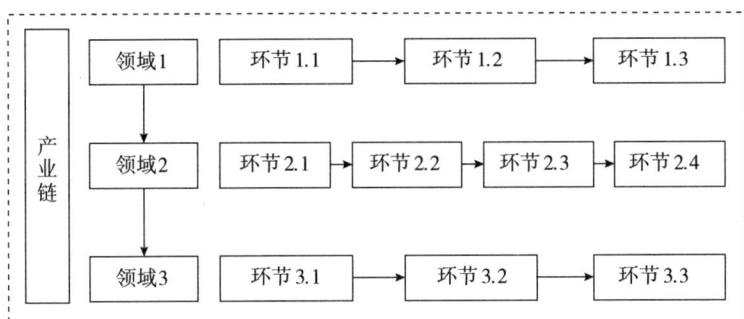

图2-6 产业链示意图

针对产业链的技术评估，不但需要从技术领域细分视角开展分析，更重要的是深入产业链的细分领域与具体链条环节，评估产业链微观技术特征。产业链的技术创新通常不是均匀分布的，制约产业链创新能力与水平的关键技术可能存在于部分链条环节，而且整体创新水平的提升建立在各个构成部分的创新要素协同基础之上。因此，产业链的技术评估应从宏观整体与微观个体两个层面展开：一是评估产业发展所需的技术特征；二是评估产业链各个细分领域与环节所需的技术创新特征。技术的宏观分析研究较为成熟，这里重点探讨产业链细分视角下的评估方法。

在产业链外延范畴界定基础上，以各个产业链环节为评估对象，设计评估方案。针对产业链环节，设计评估指标，这些指标可以反映该微观技术环节的不同技术创新趋势与优势，能够为形成最终评估结果提供强有力的量化指标支撑和证据佐证（段庆锋，2013）。

（一）评估指标

为了系统揭示产业链各环节的技术特征，从技术与主体两个层面，提出评估指标，以评估不同产业链环节的技术趋势、主体竞争比较，如图2-7所示。

```
                        技术趋势 ── 技术热度：世界专利数量

        产业链环节                        技术实力：专利占比
        技术评估指标
                        主体竞争

                                          技术潜力：相对专利增长率
```

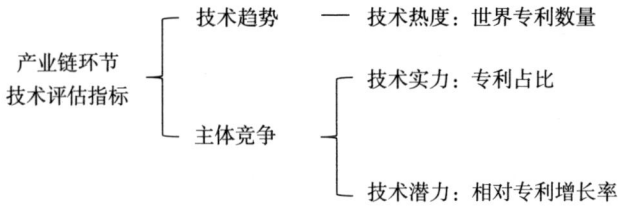

图 2-7　产业链环节技术评估指标体系

1. 技术热度

产业链不同环节需要不同的技术加以支撑和推动。针对产业链环节，评估其技术活跃程度及发展趋势。专利数量能够反映技术创新的产出水平，因此通过世界专利数量可以刻画产业链各个环节的技术热度。具体地，通过专利 IPC 分类号，检索产业链环节的专利数量，作为该环节的技术热度度量指标。IPC 分类号是国际通用的专利文献分类号，每个 IPC 分类号代表一个技术领域。通常，产业链环节与 IPC 分类号之间存在一定对应关系，通过这种映射机制可以为专利检索提供线索。对技术热度指标进行排序，可以基本判断某个产业链环节的技术活跃程度，世界各国是否关注并积极投入这些产业领域的技术创新活动。

2. 技术实力

为了增强山西在特定产业链环节的技术实力，采用专利数量占比来度量创新产出的比较优势。具体地，将山西在产业链环节 i 的技术实力 A_i 定义为山西专利数量与全国专利数量的比值，如式（2-1）所示。

$$A_i = \frac{P_i}{P'_i} \tag{2-1}$$

式中，P_i 表示山西在产业链环节 i 的专利数量，P'_i 表示全国在产业链环节 i 的专利数量。

3. 技术潜力

通过专利增长态势可以刻画主体的技术创新潜力，通过与其他省份比较可以揭示山西的比较优势。为了反映山西技术潜力，提出相对增长率

（B）指标，定义为针对产业链某个环节山西近三年的专利平均增长率与全国近三年的专利平均增长率的比值，如式（2-2）所示。

$$B = \frac{V_i}{V'_i} \qquad (2-2)$$

式中，V_i 表示山西在产业链环节 i 近三年的平均专利增长率，V'_i 表示全国在产业链环节 i 近三年的平均专利增长率。平均增长率定义为：

$$V^i = \frac{1}{3}\left(\frac{P_{t+1}^i - P_t^i}{P_t^i} + \frac{P_t^i - P_{t-1}^i}{P_{t-1}^i} + \frac{P_{t-1}^i - P_{t-2}^i}{P_{t-2}^i} \right) \qquad (2-3)$$

式中，P_t^i 表示环节 i 在第 t 年的专利数量。

（二）技术优势模型

在技术实力和技术潜力两个维度特征基础之上，构建技术竞争优势模型，以揭示山西产业链环节的技术竞争格局与地位，如图 2-8 所示。图中横轴代表技术实力，纵轴代表技术潜力，由此构成四个象限，落入不同象限区域的产业链环节反映了相应的技术竞争态势。

第一象限中，要求指标—山西专利占比大于 10%，指标—专利相对增长率大于 1，该区域通常表现出技术实力强、技术潜力大的特征，是技术竞争的优势区域，落入该区域的对象属于产业链技术优势环节。

第二象限中，要求指标—山西专利占比小于 10%，指标—专利相对增长率大于 1，该区域通常表现出较强技术潜力，但技术实力偏弱，是技术竞争的潜力区域，落入该区域的对象属于产业链技术潜力环节。

第三象限中，要求指标—山西专利占比小于 10%，指标—专利相对增长率小于 1，该区域通常表现出技术潜力与技术实力都不强，是技术竞争的薄弱区域，落入该区域的对象属于产业链技术薄弱环节。

第四象限中，要求指标—山西专利占比大于 10%，指标—专利相对增长率小于 1，该区域通常表现出技术潜力不高，但技术实力较强，说明具有一定技术积累，但是已经度过了技术的高速增长阶段，技术开始区域成熟，专利增长速度趋缓，是技术竞争的衰退区域，落入该区域的对象属于产业链技术衰退环节。

技术潜力

潜力区域　　　　　　优势区域

技术实力

薄弱区域　　　　　　衰退区域

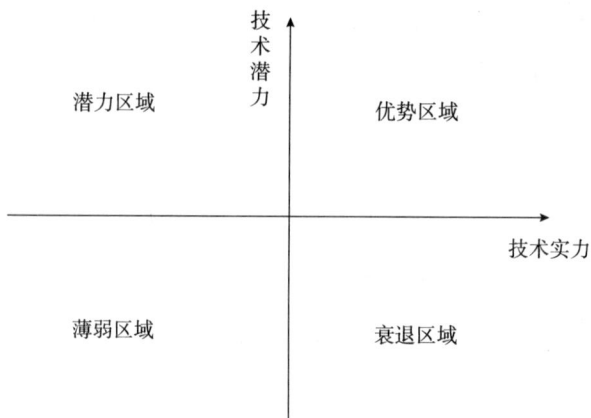

图 2-8　技术竞争优势模型

（三）技术研发策略选择模型

综合考虑技术热度和技术竞争比较优势，制定了一套技术研发策略选择规则，如图 2-9 所示。图中横轴表示技术竞争优势，从弱到强依次为薄弱环节、潜力环节、衰退环节、优势环节。纵轴表示技术热度，分为热点技术和非热点技术。坐标中标明的是技术发展策略，主要分为以下三种技术策略：

技术热度

技术热点

非技术热点

技术引进	合作研发 自主研发	合作研发 技术引进	自主研发
技术引进	自主研发	合作研发	自主研发

技术竞争优势

薄弱环节　　潜力环节　　衰退环节　　优势环节

图 2-9　技术研发策略选择模型

1. 技术引进策略

当产业链环节是薄弱环节，技术创新能力较弱，为了降低技术创新所导致的风险，无论该环节是否为热点技术分布环节，选择技术引进策略比较合适。另外，如果因为遇到技术瓶颈而使该产业创新链环节为发展缓慢环节，且该环节为热点技术所在环节，为了紧跟科技进步的步伐以及克服技术瓶颈，该环节选择技术引进较合适。

2. 自主研发策略

当产业创新链环节是优势环节，技术创新能力较强，现有的技术创新水平可以满足技术进步，无论该环节是否为热点技术分布环节，选择自主研发策略比较合适。另外，如果产业创新链环节是潜力环节，说明具有一定的技术创新能力，但不成熟，若该环节同属热点技术所在环节且具备技术自主研发的条件，选择自主研发策略较合适，相反，不属于热点技术所在环节，考虑到提高自身创新能力的想法，同样适合选择自主研发策略。

3. 合作研发策略

当产业创新链环节是衰退环节，虽然技术创新势头放缓，但还是有较强的技术能力与实力积累。对于非热点技术、处于衰退环节情况下，考虑产业创新链整体的发展，必须突破该环节遇到的问题，选择合作研发可以实现双赢，充分利用自身产业基础的同时又促进了产业创新链的发展。另外，当产业创新链环节是潜力环节且属于热点技术，但自身不满足自主研发的条件，同样适合选择合作研发策略。

第四节　数据来源及处理

随着社会信息化程度的加深，专利数据较之于其他的文献形式，具备数量大、内容广、新颖、实用等特征。以专利为视角可以进行技术发展趋势、技术预测、技术成熟度、技术路线图等方面的研究，从而了解各产业技术发展现状，把握其未来发展方向，确定具体的研究内容。企业也可以通过专利技术分析对技术实现实时更新和策略应对，掌握技术发展的主动权。因此，可以利用专利数据分析法构建面向产业链技术的技术策略选择模型，结合选定领域内的热点技术和选定区域内的创新链技术现状，制定出最佳的产业链技术策略。

数据来源包括两方面：一是国家知识产权局网站 SIPO（见图 2-10），用于对山西煤基产业六个产业的创新链进行技术优势分析；二是欧洲专利局 EPO（见图 2-11），用于对六个产业的世界技术热点趋势进行分析。

图 2-10　中国专利局常规检索专利页面

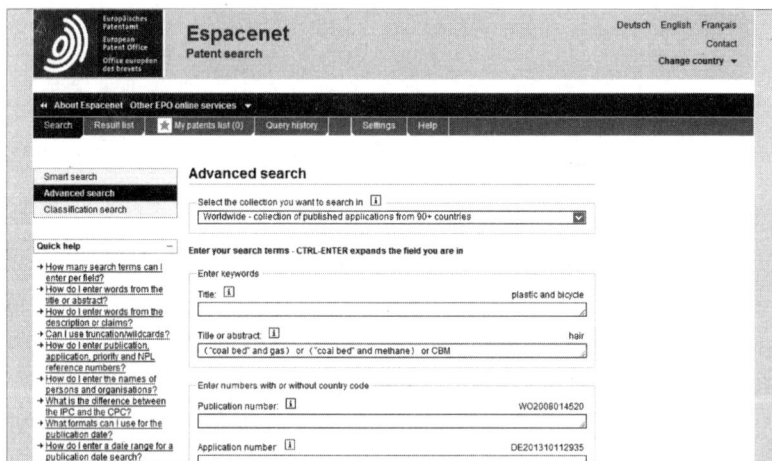

图 2-11　欧洲专利局高级检索专利页面

　　为了分析相关技术的世界趋势，以欧洲专利局数据库 EPO 为专利检索源。它是世界上最具现代化的一个专利机构，其"高质量的产品和服务"特征吸引了全世界的关注，因此欧洲专利局中的专利具有较高的专利质量。欧洲专利局提供免费下载专利数据的功能，减少了相关研究人员的研究费用。基于以上两点，本书选择欧洲专利局专利数据来对世界煤基低碳的热点技术进行研究。

　　国家知识产权局作为世界文献资源最丰富的机构之一，其专利数据资源是最好的山西煤基低碳产业技术研究资料。查阅相关科技文献，以便发现山西煤基低碳六个产业链上各个环节的专利检索词。经过在国家知识产权局网站反复检索验证，逐一确定山西煤基低碳六个产业链各个环节的检索词。山西煤基低碳每个产业链上具有多个环节，为了计算各个环节的山西专利占比、专利相对增长率，需要获取各环节每年的专利数量，人工检索费时费力，这里采用 C# 编写了数据采集与分析程序，用于相关专利数据的获取与分析。

　　获取专利信息包括申请号、申请日、公开号、公开日、发明名称、IPC 分类、发明人、申请人、优先权号、优先权日、地址、邮编、国家（省）、专利状态、代理人、代理机构等信息。

　　对于检索到的专利数据，要进行数据清洗工作。数据清洗主要集中于处理专利数据的错误值、缺失值和重复值。对于错误值，进行修正，对于无法判断的情况，通常删除该条数据。对于缺失值不做特殊处理。另外，还要进行去重处理，以保证数据的唯一性。

第三章
山西煤层气产业链技术评估

第一节　概况

一、产业概况

煤层气是绿色优质清洁能源，就是俗称的"煤矿瓦斯"。这个煤矿"第一杀手"其实是非常宝贵的清洁能源，1立方米纯煤层气热值相当于1.13升汽油、1.21千克标准煤，燃烧后不产生任何废气。

煤层气产业是山西省资源型经济转型发展的重要战略性新兴产业。经过近二十年的探索与实践，山西省煤层气资源勘查开发打破多年的徘徊局面，陆续取得一批重要成果，初步形成持续快速发展的良好基础，2015年煤层气（包括煤矿瓦斯）抽采量和利用量分别占全国的56.1%、66.4%，发挥了重要的引领和带动作用。

根据煤层气资源调查评价成果，全省埋深2000米以浅的含气面积为3.59万平方千米，预测资源量约8.31万亿立方米，占全国的27.7%。截至2015年底，全省累计探明煤层气地质储量5784.01亿立方米，约占全国的88.0%，主要分布在沁水盆地和鄂尔多斯盆地东缘，其中沁水煤田4341.18亿立方米，河东煤田1228.55亿立方米，西山煤田214.28亿立方米。

截至2015年底，全省境内共设置煤层气及油气矿业权48个，登记面积 5.49 万平方千米。其中煤层气矿业权 41 个、登记面积 3.06 万平方千米，包括探矿权 33 个、面积 2.90 万平方千米，采矿权 8 个、面积 0.16 万平方千米；登记油气探矿权 7 个，登记面积 2.43 万平方千米。

从目前来看，山西省境内已经拥有 500 余个煤层气井口，这些井口大多分布在河东煤田和沁水煤田中。同时，有超过 10 个的区块已经与 PHILIPS 等公司达成了产品分成合作，有 300 多个井口已经实现了对外合作。而中国石油天然气集团公司等超大规模的企业也将山西看作煤层气开发利用的重要基地。

"十二五"期间，沁水盆地、鄂尔多斯盆地东缘两大产业化基地建设稳步推进。全省煤层气利用量达 250 亿立方米，相当于节约标准煤 3000 万吨，减少二氧化碳排放 3.75 亿吨。2015 年，地面抽采煤层气和煤矿瓦斯抽采总量达到 101 亿立方米。

（1）地面勘探抽采。截至 2015 年底，全省累计施工煤层气钻井 15379 口，在建及建成地面煤层气产能 77.09 亿立方米/年。寿阳、沁南、柿庄、郑庄、三交、柳林、大宁—吉县、延川南等区块新提交探明地质储量，潘庄、樊庄、潘河、保德等重点开发项目建成投产。2015 年，地面抽采煤层气量达到 41.77 亿立方米、利用量 34.78 亿立方米，分别占全国的 94.93%、91.53%，利用率为 83.27%，低于全国平均水平 3.1 个百分点。

（2）煤矿瓦斯抽采。从 2015 年起实施的煤矿瓦斯抽采全覆盖工程，有效促进了煤矿瓦斯的抽采利用。截至 2015 年底，全省 1055 座煤矿建成了 316 座煤矿瓦斯抽采系统，包括阳泉、晋城、西山、离柳、潞安五个瓦斯年抽采量超过 1 亿立方米的矿区。2015 年，煤矿瓦斯抽采量 60.2 亿立方米、利用量 22.3 亿立方米，分别占全国的 41.65%、46.46%，利用率为 37%，高于全国平均水平 1.7 个百分点。

（3）煤层气资源利用。截至 2015 年，煤层气已经成为工业、商业、交通等产业集群以及城乡居民生产生活的重要能源。煤层气（煤矿瓦斯）发电装机容量超过 100 万千瓦，晋城市总装机容量 28.4 万千瓦，成为全国最大的煤层气发电基地，也是世界上瓦斯发电最集中、装机规模最大的区域。沁水县建成 5 个煤层气压缩站、4 个煤层气液化项目，可形成每日液化 155 万立方米标准状态煤层气的能力，年利用量 6 亿立方米，建成全国最大的煤层气液化基地。潞安集团在煤基合成油项目中，将煤层气作为重要原料加以利用。

（4）煤层气管网建设。国家在山西境内建成了陕京一线、陕京二线、陕京三线、榆济线、西气东输等由东西向的过境管线；山西投资建设了连接 22 个市辖区、74 个县城的省内管线，输气管道总长已达 8000 公里，形成"三纵十一横、一核一圈多环"的煤层气输气管网系统，为煤层气产业发展提供重要保障。除娄烦县外，105 个县（区）城区和部分矿区已建成市政煤层气（燃气）管道，保障了燃气供应，惠及人口 1800 万。

山西省煤层气资源丰富，是全国最大的煤层气富集区和开发基地，开发和利用煤层气资源，是山西省实现产业结构调整、遏制特重大瓦斯事故、实现"气化山西"目标、推动转型跨越发展的重要战略选择。

为了加快山西省煤层气产业快速发展，省政府颁布了《山西省煤层气资源勘查开发规划（2016～2020 年）》，出台了《山西省关于加快推进煤层气产业发展的若干意见》，提出要将煤层气产业作为全省资源型经济转型发展的重要战略性新兴产业进行培育，着力打造"11265"煤层气产业开发布局。但是，目前山西省煤层气探明储量、实际年产量和利用量等与国家和省规划目标仍有极大差距，主要原因是煤层气井普遍产量偏低、不稳定、衰减快，缺乏相适应的开采理论、关键技术和装备。

二、技术体系

根据煤层气产业链，煤层气开发大致分为勘探（勘查）、抽采（开采）、储运、利用四个阶段，下面按照这四个阶段进行技术体系描述。

（一）煤层气勘探

煤层气资源勘探技术包括地球物理、地球化学、钻探三类方法，以及地质分析与选区的综合技术。目前，适应于我国地质条件的煤层气钻探技术相对成熟，物探技术长足进步，地球化学探测技术尚处于萌芽阶段，地质分析与选区技术逐渐向精细化和高成功率方向发展。

1. 地球物理探测

地球物理探测包括遥感、测井和地震三大技术系列。目前，遥感解译得到的煤层气地质信息相对局限，应用前景尚不明确。测井对于煤储层特性的精细解释尚依赖于经验，如含气量、煤质、孔隙性、吸附-解吸性、煤岩力学性质等，可靠性难以保障，需要提高现有技术的解释精度和研发新的装备。地震是快速高效开展煤层气勘探的主要方法，但煤体结构、煤层裂隙、煤层渗透性乃至含气性等的探测仍受到装备发展水平的限制，精度和解释结果的可信性有待发展和提高。

2. 钻井技术

成本决定着煤层气开发总体思路和规划。适应于煤层气钻进的车载钻机的集成、制造技术乃至应用推广，是我国今后几年煤层气勘探技术发展的重要方向。丛式井存在井下设备磨损较为严重、修井概率相对较高等不足。多分支水平井完井较为困难，对煤层条件的适应性较弱，投资风险大，技术成熟度有待进一步提高。就钻井液来看，清水的携屑能力差，井壁不易稳定，施工难度大；空气钻进难以直接应用于不稳定煤层，钻头在井底工作时易于烧钻，主要适用于目的层浅、储层压力低、地质年代老、地层较硬及裂缝发育的煤层。

3. 煤层气井取芯钻进

目前多采用绳索取芯钻进技术，基本上可满足国内中高煤阶煤层气勘探开发的需求。但是，低煤阶煤储层吸附能力弱，游离气比例相对较高，目前的取芯钻进技术通常导致煤层含气量测试结果失真，影响到对煤层气资源的客观评价。进一步研发成本低、操作简便的高保真取芯钻进（如保压取芯钻进）技术，对占我国资源量将近一半的低阶煤煤层气勘探尤为重要。

4. 煤层气完井

煤层气完井包括多种方式。在我国现有的煤层气开发活动中，多分支水平井几乎全部采用裸眼洞穴完井，多数直井采用套管完井方式，裸眼系列完井要求的地质条件较为苛刻，成功实例较少。加强裸眼系列完井技术对我国地质条件适应性的研究，探索多分支水平井套管分段射孔压裂完井新技术，发展集欠平衡技术和普通直井技术于一体的千米车载钻机设备，是我国煤层气井完井技术的重要发展方向。

5. 地质研究与选区

地质研究与选区是煤层气勘探成果的集中体现。若将单井日产气1000立方米以上视为选区成功，则我国煤层气地质选区成功率迄今只有35%左右。进一步加强煤层气成藏地质条件研究，将煤储层评价从静态向与开发动态相结合的方向发展，是进一步成熟完善我国煤层气地质选区技术的唯一途径。

（二）煤层气抽采

煤层气抽采分为地面抽采、地下抽采、井上下联合抽采三种类型。地面抽采分为垂直井和水平井这两种抽采瓦斯技术。地面抽采分为本煤层、临近层、采空区这三种抽采技术。

1. 地面钻孔抽采技术

（1）垂直井抽采瓦斯技术。垂直钻井技术是世界煤层气开发中最常用最简单的技术，即从地面打竖井穿过煤层实现抽采煤层气，具有设备简单、作业简单、投资小、机动性强等优点，但这一技术主要适应于地形平坦、渗透性较好的厚煤层或煤层群。

垂直井钻井完成后，还需要完井、压裂、排采，才能将煤层中的煤层气采出。煤层气井完井方式主要有裸眼完井、套管完井、混合完井三种。压裂是在地面采用高压大排量的泵，利用液体传压的原理，将具有一定黏度的液体，以远远大于煤层吸收能力的速度向煤储层注入，使井筒内压力逐渐增高。随着外来力量的增加，在克服了煤层本身破裂时所需要的能量后，煤层在最薄弱的地方开始破裂，劈开形成一条或多条裂缝。继续向煤层注入流体，裂缝就会扩展，为了防止产生的裂缝闭合，向煤层中注入加有支撑剂的携砂液，支撑产生的裂缝，然后注入顶替液，将井筒周围支撑剂全部驱替进入裂缝，建立一条连通井筒与煤层的裂隙通道，增加煤层的渗透性，提高煤层气的抽采效果。

（2）水平井抽采瓦斯技术。水平井是指当钻井接近煤层后，将井身沿着煤层或煤层顶底板钻进一定距离的井，其钻井方法是从地面开孔，先打直井段，再造斜，进入煤层后沿煤层钻相当长的水平段，几百米甚至上千米，相对于垂直井来说，水平井可以增大储层的裸露面积，提高煤层气产量。目前煤层气领域已有多种多样的水平井，主要有 U 型井、多分支水平和羽状水平井。

2. 井下钻孔抽采技术

（1）本煤层抽采。利用钻孔抽采本煤层瓦斯是我国煤矿常用的一种抽采方法，指在煤层巷道中设置钻场，向煤层打平行钻孔，进行煤层瓦斯的抽采。这种方法钻孔具有速度快、费用低等优点，但常常因为抽采时间短、封孔效果等原因，抽采瓦斯气体浓度低，抽采率一般只能达到 20% 左右。

（2）邻近层抽采。邻近层抽采瓦斯也是煤矿瓦斯抽采的一种重要手段，是指煤层开采后，会对煤层上部或下部的煤层产生影响，造成变形或卸压，产生裂隙。为了防止上部或下部煤层中瓦斯气体通过这些裂隙进入开采煤层，造成瓦斯浓度升高，就需要在开采煤层设计钻孔抽采邻近层瓦斯气体。对于特厚煤层或近距离煤层群，为了提高抽采效果，可以在煤层底板稳定的岩层中，开掘一条巷道，在这条巷道内向煤层中打钻孔，用于抽采瓦斯。穿层钻孔抽采瓦斯时间长，抽采范围大，抽采率高于本煤层瓦斯抽采，瓦斯抽采率一般超过 50%。

（3）采空区抽采瓦斯。采空区瓦斯涌出是工作面瓦斯超限的主要原因之一，其涌出量在矿井瓦斯总涌出量中占有很大比例，一些矿井高达 40%~50%，所以也需要对采空区瓦斯进行抽采。采空区瓦斯抽采一般采用埋管抽采、高位钻孔抽采和上隅角抽采等方式，在一些煤矿采空区抽采效果明显，抽采瓦斯浓度高达 60%~80%。

3. 井上下联合抽采技术

井上下联合抽采就是将煤层气地面开发与井下瓦斯治理有机结合起来。煤层气的地面抽采，对于煤炭开采具有一定的意义，但也存在一些缺陷，容易造成瓦斯抽采盲区，在一些低渗煤层抽采效果并不理想，影响煤炭的开采。同样，煤炭的开采对煤层气的开发也有影响，一方面是煤炭回采造成覆岩移动变形对煤层气地面井的破坏，严重破坏地面煤层气钻孔的井身结构，导致钻孔失效；另一方面是煤炭的回采在造成覆岩移动破坏的同时，使采面附近及采动影响区内的煤层产生应力释放，原有裂缝充分张开，并产生新的裂缝，总体上改造了煤层的渗透性，使抽采更加容易。因此，需要采取适当的技术和工艺措施克服煤炭生产与煤层气开发之间的不利影响，加强并充分利用两者之间的正面影响。采用地面压裂和井下抽采技术，克服了低渗煤层地面压裂效果差的缺陷，大幅度降低了抽采成本和瓦斯治理费用，实现了煤矿的"先抽后采""采煤采气一体化"，尤其适用于不具备井下压裂的中小煤矿，为中小煤矿瓦斯抽采和区域治理提供了有效措施，同时释放并突出了矿井产能。

（三）煤层气储运

煤层气的储运在煤层气资源的开发与利用中占据极其重要的地位，为了确保社会和经济的可持续发展，安全、高效、快速的煤层气储运技术是煤层气推广使用的关键。大致分为吸附、液化、压缩、溶剂、煤层气水合物这五种储运技术。

1. 吸附储存煤层气技术

吸附储存煤层气技术是在储罐中装入高比表面的煤层气专用吸附剂，利用其巨大的内表面积和丰富的微孔结构，在常温、中压（4.0MPa）下将煤层气吸附储存的技术。当储罐的压力低于外界压力时，气体被吸附在吸附剂固体微孔的表面，借以储存；当外界的压力低于储罐的压力时，气体从吸附剂固体表面脱附而出供应外界。与压缩煤层气相比，吸附存储煤层气具有投资和操作费用较低、储罐形状和材质选择余地大、质轻、低压、使用方便和安全可靠等优点，其技术关键是开发甲烷吸附量高的煤层气专用吸附剂。

2. 液化存储煤层气技术

液化存储煤层气技术是在常压（或略高于常压）和低温下将液化了的煤层气进行储运。虽然目前尚无低温管道长距离输送液化煤层气的实例，但国外的理论研究表明，随着低温管材和设备制造技术的发展以及煤层气贸易量的逐年增加，建设长距离煤层天然气输送管道在技术上是可行的，在经济上也是合理的。管道材质一般选用9%和3.5%的镍钢，尤其要考虑管道沿线的绝热保温问题。管道焊接一般采用惰性气体保护焊，并全部进行质量检测。沿途需要建设冷泵站进行加压和冷却，防止液化煤层气气化。

3. 压缩存储煤层气技术

压缩存储煤层气技术是利用气体的可压缩性，将煤层气以高压进行储运，在高压情况下，煤层气的体积大大减小，大大降低了储运容积，压缩储运煤层气是比较常用的储运方式，缺点是储气瓶质量大，占用体积大，与液体燃料相比，煤层气体积能量密度低。

4. 溶剂储运煤层气技术

煤层气在溶剂中储运就是先将煤层气溶解在丙烷、丁烷或其混合溶剂中，然后再进行运输。煤层气在溶剂中的溶解度随着压力的增加和温度的降低而提高。此方法操作简单，管内压力低，安全而且经济。

5. 煤层气水合物储运技术

煤层气中的甲烷、乙烷、丙烷等气体可以和水在高压和低温条件下形成水合物，其生产过程可用 $M(g)+M×nH_2O+Q$ 来表示。其中，$M(g)$ 表示气体分子的分子式，n 表示水分数，$M×nH_2O$ 表示生成的水合物，Q 表示水合物生成过程的放热量。水合物的形成过程包括气体分子在水（或水溶液）中的溶解过程、晶核形成和水合物生长过程，它包括诱导区和生长区。一旦晶核形成进入水合物生长期，水合物就可很快形成。将水合物卸到储罐中，与加热到20℃的水混合，经分离器的分离，释放出煤层气，同时分解出水，分离出来的煤层气经压缩脱水后即供给用户使用。

（四）煤层气利用

煤层气综合利用价值很高，除民用外，可用于发电、供热、汽车燃料，还能生产炭黑、甲醛和合成氨等化工产品。一般而言，从生产矿区井下抽放系统回收的煤层气甲烷浓度低，并含有杂质，而在未开采地区采用地面钻井生产的煤层气浓度高、质量好。中等质量的煤层气适合当地民用或供井口煤层气电厂。高质量煤层气适合输入天然气管道系统，输送到远方用户，供应其他大城市居民、电厂、化肥厂和化工厂使用。

1. 煤层气的民用

煤层气的民用主要包括矿区居民的炊事和供热以及矿区食堂、幼儿园和学校等的公用事业用气。与人工煤气相比，煤层气的民用具有投资少、效益高的特点，它不需另建气源厂。供民用的煤层气一般含甲烷35%～40%，不含其他干馏有害杂质，无须复杂的净化工艺。因此，煤层气的民用已在各矿区迅速推广。

煤层气利用系统一般由瓦斯泵、瓦斯罐、调压站和输气管道组成。我国目前有两类煤层气供应系统，一类为低压一级供应系统，煤层气压力要维持在2000Pa以上；另一类为中、低压供应系统，中压压力为35000Pa、低压为2000Pa。在一般情况下，瓦斯罐内的气压为5000~6000Pa。

总之，煤层气民用的基本技术条件如下：甲烷浓度>30%；足够的气源、稳定的气压，当用于炊事时气压应大于2000Pa；气体混合物中无有害杂质，完善的气体储存和输送设备。

2. 煤层气做工业燃料

煤层气与燃料煤相比，除 NO_x、CO_x 含量低和几乎含硫等特性外，还具有燃烧及使用效率高等优点。用煤层气直接替代煤和石油，C、N、S的氧化物及有害粉尘的排放均会降低。煤层气替代煤和石油可使燃烧废物排放量大幅降低，其中硫氧化物和粉尘下降最为显著。当煤层气应用范围达到一定程度时，以煤的烟尘、煤与石油燃烧后排放的 SO_2 为主体的空气污染将得到有效抑制，空气质量将得到明显改善。

煤层气做工业燃料主要用于锅炉燃料、金属冶炼、瓷砖类建材炼制等。煤层气代替煤制气、油类等用于冶金和瓷砖时可提高产品质量，更大的优点是改善了环境、降低了污染。随着环保执法力度的不断加强，今后市区小型燃煤锅炉将逐步被淘汰，取而代之的将是天然气或煤层气的燃气锅炉，启动快，供热迅速，清洁无污染，是中小型工业锅炉未来的发展方向。

3. 生产化工产品

现阶段煤层气用作化工原料主要是生产合成氨、甲醇、乙炔、氯甲烷、氢氰酸、二硫化碳等下游加工产品，而主导产业是合成氨和甲醇。以煤层气为原料生产合成氨和尿素是经济的原料路线。我国是农业大国，化肥需求量大，为改善环境和提高效益，在煤层气产区附近建设合成氨—尿素装置是相对合理的。尿素造粒采用精种造粒法生产大颗粒尿素，以提高尿素肥效。

4. 发电

煤层气发电与其他火电相比，具有明显的特点：对环境的污染小——天然气由于经过了净化处理，含硫量极低，每亿千瓦时电排放的 SO_2 为 2 吨，仅是普通燃煤电厂的千分之一。另外耗水量少，只有煤发电厂的 1/3，因而废水排放量减少到最低程度。至于灰渣，排放量为零，远远优于煤电；热效率高；占地小，定员少；投资省；调峰性能好；发电成本低。

由此可见，煤层气发电比燃煤发电有更好的社会效益和经济效益，更适合作为城市调峰电厂燃料。晋城煤业集团利用井下抽采的煤层气发电，建设一座装机容量为 12MW 的煤层气发电厂，年利用煤层气 1.8 亿立方米。

5. 煤层气做汽车燃料

天然气代替汽油作为运输燃料具有明显的环境效益和经济效益。与汽油汽车相比，天然气汽车可使汽车尾气中的 CO 减少 89%，碳氢化合物降低 72%，NO_x 减少 39%，SO_2、苯铅和粉尘等减少 100%。从经济效益方面讲，根据上海等地的对比结果，天然气燃料费比汽油低 40%，行驶 100 千米可节约燃料成本 4 元。另据美国天然气协会报道，1 立方米天然气相当于 1.33L 汽油。

6. 管道输送

回收的煤层气经提纯和压缩后可并入天然气管道系统，供给远方用户。天然气管道系统对煤层气的需求为：①甲烷浓度为 95% 以上；②加压至 350~550 磅/英寸。我国煤层气抽放包括井下抽放和地面抽放两种。井下抽放系统回收的煤层气含甲烷 30%~50%，而地面井回收的煤层气甲烷浓度超过 90%。由于煤层气提纯成本较高，因此只考虑将地面井回收的煤层气注入天然气管道系统。

7. 煤层气提纯技术

煤层气主要成分为甲烷，杂质包括 N_2、O_2 及其他气体。煤层气提纯技术主要包括低温分离、变压吸附分离和膜分离三种。将 N_2 或空气与甲烷分离的低温工艺，基础投资大，而且只有分离大气流量（每天几百万立方米）时才具有商业价值，而矿区煤层气产量有限，因此，低温分离工艺不适合在矿区提纯煤层气。膜分离法技术简单，非常适用于小型气体分离站，但迄今为止，仅仅处于研究开发阶段。变压吸附工艺目前是煤层气提纯的首选技术，它可将 N_2、O_2 与甲烷分离，处理能力可达 5.7 万～28.3 万 m^3/d。变压吸附具有工艺简单、设备紧凑、操作费用低和适用性强的优点。

三、产业链界定

根据煤层气产业链相关文献，对煤层气领域的专家进行煤层气产业链相关问题咨询，最终确定了山西煤层气产业链，如图 3-1 所示。

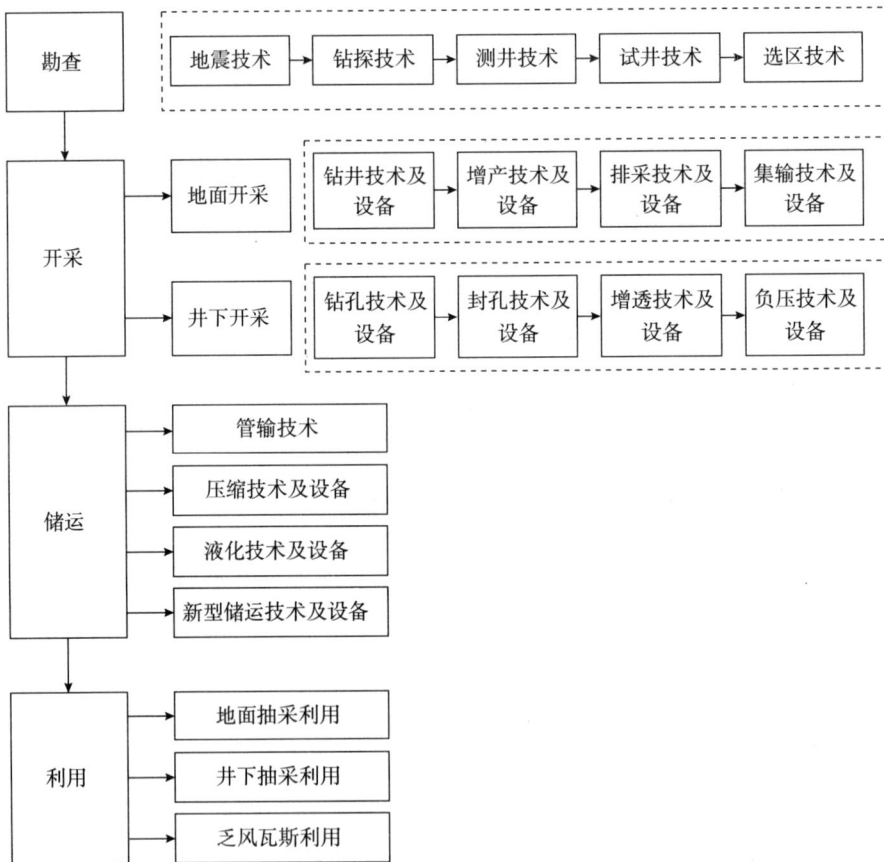

图 3-1 山西煤层气产业链

图 3-1 中山西省煤层气产业链纵向为勘查—开采—储运—利用链条，横向为勘查链条、开采链条、储运链条、利用链条。勘查链条中细分为地震技术、钻探技术、测井技术、试井技术、选区技术这五个技术环节。开采链条又分为地面开采链条和井下开采链条，地面开采链条细分为钻井技术及设备、增产技术及设备、排采技术及设备、集输技术及设备这四个技术环节，井下开采链条细分为钻孔技术及设备、封孔技术及设备、增透技术及设备、负压技术及设备这四个技术环节。储运链条分为管输技术、压缩技术及设备、液化技术及设备、新型储运技术及设备这四个技术环节。利用链条分为地面抽采利用、井下抽采利用、乏风瓦斯利用这三个技术环节。

煤层气资源勘查是指在充分分析地质资料的基础上，利用钻井、地震、遥感及生产试验等手段，调查地下煤层气资源赋存条件和赋存数量的评价研究和工程实施过程。查阅相关文献，勘查工作大致可分为地震、钻探、测井、试井、选取这五个阶段。

煤层气采出方式主要有两种，一是抽采煤层气，二是风排瓦斯（乏风瓦斯）。风排瓦斯（$CH_4<1\%$）是国内涌出煤层气的主要处理方式，通过通风装置降低矿井中瓦斯的浓度，目前国有重点煤矿通风能力基本能满足需求，但不具备利用价值；井下钻采是在煤炭开采过程当中，在煤层中掘进专门的抽采巷道，在本煤层、邻近煤层和采空区钻孔抽采，开采出的煤层气浓度低（$1\%<CH_4<30\%$）。地面开采是将煤层气作为一种有用的矿产资源，与油气资源开采类似，通过地面钻井开采，纯度高（$CH_4>90\%$）。

煤层气的储运在煤层气资源的开发与利用中占据极其重要的地位，为了确保社会和经济的可持续发展，安全、高效、快速的煤层气储运技术是煤层气推广使用的关键。储运技术有吸附储存煤层气技术、液化存储煤层气技术、压缩存储煤层气技术、溶剂储运煤层气技术、煤层气水合物储运技术，查阅煤层气储运的相关资料，这里将储运分为四个大类：集输技术、压缩、液化、新型储运。

煤层气的利用途径较多，根据地面和井下开采出来的煤层气特点，煤层气利用的侧重点也不同。地面开采出的煤层气甲烷含量高，适合进行发电、作为民用燃料、提浓制 LNG/CNG 等；井下开采的煤层气甲烷浓度低，需要进行脱氧净化或甲烷、氮气分离富集等提纯技术。特别地，煤层气开采中不得不提一下乏风瓦斯，"乏风"又称"煤矿风排"，指甲烷浓度低于 0.75% 的煤矿瓦斯。风排瓦斯虽然浓度极低，但总量特别巨大，所含的甲烷约占我国煤矿瓦斯甲烷总量的 81%，一年的排放量在 150 亿立方米以上。乏风发电技术是乏风利用的关键途径。

煤层气产业链主要围绕煤层气资源勘查技术、高产富集区预测与评价技术、煤层气开采技术、煤层气储运技术、煤层气利用技术等系统进行研究。重点解决资源勘查及富集高产区探测、钻井、增产、排采、集输过程中的关键技术与装备难题，从而达到解决制约山西煤层气产业发展的技术瓶颈的目的。

四、典型实践

（一）山西省政府积极支持煤层气项目研发

2015 年，省科技厅与晋城煤业集团聘请中国矿业大学、中煤科工集团、河南理工大学及省内高校、企业和科研院所的 7 名专家在太原对 2015 年度山西省煤层气联合研究基金受理的 35 个项目进行了评审。另外，省科技厅从 2015 年下半年开始，继续围绕煤层气、煤化工、煤基新材料等重点产业，依据《山西省科技计划（专项、基金等）及 7 个配套专项管理办法》（晋政办发〔2016〕52 号）中有关规定组织实施 2016 年度科技重大专项。历经方案编制、项目凝练、厅际联席会议审议、招标投标、评标（评审）及现场考察、提出计划草案、厅际联席会议审定等程序，共立项支持重大项目（煤层气、煤电、煤焦化、煤化工、煤基新材料 5 个领域）19 项、20 家单位承担，安排专项资金 27800 万元，2016 年度下达 9860 万元。

（二）山西出现了国内首个煤层气、过境天然气和瓦斯气综合利用示范园区

山西省国新能源寿阳县煤层气天然气综合利用示范园区正式投产，它是国内首个煤层气、过境天然气和瓦斯气综合利用示范园区，该示范园区

在节能减排、减少污染方面进行了有效探索，据悉，园区达产后，年综合利用燃气资源将达 10 亿立方米，综合产值将超过 20 亿元，年可替代燃煤 1000 万吨，减少煤矿瓦斯排放 5 亿立方米。同时，与燃煤电厂相比，每年将减排二氧化碳 250 万吨。

（三）华北油田山西煤层气分公司研究总结出了创新的负压抽排法

华北油田山西煤层气分公司经过不断探索，研究总结出创新的负压抽排法，以解决煤层气抽采在排水—降压的过程中压力不够无法出水的问题，他们首先在单井试验，成功后，技术人员进一步在阀组上安装负压泵，同样取得了较好效果。目前，有三个阀组实施了负压抽排，气量均有不同程度增长，少则几百方，多则增长近一倍。

（四）山西在煤层气脱氧技术上取得了巨大突破

针对目前煤层气催化燃烧固定床脱氧技术中单程转化率低、催化剂价格昂贵的缺点，"十二五"时期山西省科技重大专项中的"含氧煤层气脱氧催化剂与流化床集成工艺研究及工程化"项目进行了大力攻关，开发含氧煤层气流化催化脱氧新工艺，实现了高效廉价脱氧催化剂与先进流化床技术的集成，开辟了含氧煤层气综合利用新途径。

（五）煤层气钻井技术获重大突破

2014 年，山西立项的省级煤基低碳重大科技攻关计划项目"煤层气钻井关键技术及装备研发"，经产学研合作联合攻关，在远端对接水平井技术、新型高效煤层气钻完井液体系、煤层气工厂化钻井作业模式等关键技术领域取得里程碑式的重大突破，为提高煤层气井钻井工程效率与质量，提升煤层气井（包括老井）单井产量提供了有力支撑。

目前，已掌握定向对接技术，并独立自主完成 1 口水平对接井。初步设计、拟定钻完井液性能参数，通过室内实验，研制出了具有防伤害雏形的第一轮新型复配配方，在工厂化钻井作业模式平台 SHH-02-04 井施工中首次运用，并取得成功。在国内首次进行工厂化钻井模式平台作业，一个井场共施工 5 口 L 型水平井，现已经完成 4 口井的作业，第 5 口井正在施工过程中。

与国内外传统煤层气钻井技术相比，该技术优势明显：一是远端对接水平井技术（超过 1000 米以上的两口井在煤层中对接，从而达到增加煤层中瓦斯运移通道或导向压裂）在煤层气领域的应用，大大提高了单井组产气量，运用该技术施工的 U 形井组产气量相当于传统直井产气量的 5~8 倍。二是新型高效的钻完井液体系的应用，较传统技术而言不仅提高了水平段施工的速度，更保证了水平段施工的安全，同时大大减少了对煤层的污染，从而保证了成井后的产气量。三是工厂化钻井平台（即一个井场向四面八方不同的方位施工多个 L 形井或羽状分支井）的实施，较传统直井及 L 形井而言，不仅提高了单井组产气量，同时也减少了土地的征用。此类井组所需井场与普通 L 形井相差无几，但其产气量可达普通 L 形井的 5 倍以上、普通直井的 20 倍以上。目前蓝焰煤层气公司普通直井、定向井工程已经很少，主攻方向就是基于以上技术的 U 形井组、工厂化模式钻井平台等，这些技术的运用会让煤层气的开发从粗放式的井数增产转变为技术创新增产。

该项研究突破了一批煤层气高效开发水平井施工关键技术，并成功应用到煤层气开发中，提高了煤层气的开发速率和单井产量。同时，我国率先把工厂化钻井作业模式应用到煤层气开发领域，程序化对煤层气进行钻井，大幅提升了钻井作业效率，降低了钻井成本和劳动强度，实现了单个井场的高效利用。

（六）山西的"废弃矿井采空区煤层气抽采"技术研究出现可喜成绩

2014 年度山西省煤基（煤层气）重点科技攻关项目"废弃矿井采空区地面煤层气抽采技术研究及示范"取得明显成效，项目组针对废弃矿井采空区岩体结构特征，采用空气钻井技术，开展了采空区井过裂隙带钻井技术实验，创新性提出了裂隙带及煤层段通井护壁改造方案，研发了"按需固井、筛管护壁、油管排水、环空抽气"的新工艺，有效解决了采空井单井差异大、易坍塌、易积水、易漏水等导致的不产气、产气少等难题。同时，通过开展废弃矿井采空区资料的调研分析，建立了研究区钻井资料数据库，提出了废弃矿井煤层气资源量计算方法和资源评价模型，得出了研究区废弃矿井采空区煤层气资源丰富的结论，为进一步开展废弃矿井采空区地面煤层气抽采奠定了理论基础。

第二节　山西煤层气产业链宏观技术特征

一、世界专利技术分析

对世界煤层气领域的热点技术进行识别，可以了解煤层气领域的国际前沿技术，掌握全球煤层气技术发展趋势，为山西省制定煤层气领域相关技术研发提供参考建议，更准确地找出山西煤层气产业链具体研发策略。

国际专利分类号 IPC 是国际通用的专利文献分类、文献检索工具，能够很好地反映专利中所涉及的技术。这里采用的世界煤层气数据来源于欧洲专利局网站，利用检索词［（"coal bed" and gas）or（"coal bed" and methane）or CBM］检索出 2301 件专利，将这些专利下载并存入 Excel 表格中。将所有专利的 IPC 分类号信息进行整理，统计每个 IPC 小类的专利数量，统计结果如图 3-2 所示：

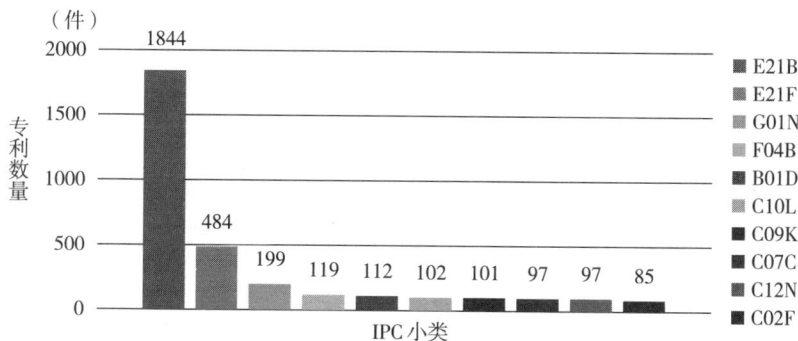

图 3-2　世界煤层气领域专利数量排名前十的 IPC 小类柱状图

图 3-2 中，我们发现 IPC 小类为 E21B 的专利数量最多，达到 1844 件，E21B 表示土层或岩石的钻进，这属于煤层气产业链开采链条的技术。E21F 的专利数量为 484 件，表示矿井或隧道中或其自身的安全装置，运输、充填、救护、通风或排水，这属于煤层气产业链储运链条的管输技术环节。G01N 的专利数量为 199，表示借助于测定材料的化学或物理性质来测试或分析材料，这属于煤层气产业链的勘查链条。F04B 的专利数量为 119，表示液体变容式机械或泵，这属于煤层气产业链的开采链条的排采技术环节。B01D 的专利数量为 112，表示一般的物理或化学的方法或装置——分离。C10L 的专利数量为 102，表示不包含在其他类目中的燃料或天然气或在燃料、火中使用添加剂或引火物。C09K 的专利数量为 101，表示不包含在其他类目中的各种应用材料、不包含在其他类目中的材料的各种应用，这是一个综合技术领域，它既可以用于开采链环，还可以属于其他链环。C07C 的专利数量为 97，表示无环或碳环化合物。C12N 的专利数量为 97，表示微生物或酶及其组合物。C02F 的专利数量为 85，表示水、废水、污水或污泥的处理。这些均属于煤层气产业链的利用链条。综上所述，根据世界煤层气专利数据的 IPC 小类信息统计，得出如下结论：

世界煤层气领域的研究成果最多的是煤层气产业链的开采链条，开采链条的专利数量远大于其他链条。其中开采链条的热点技术主要涉及土层或岩石的钻进和排采技术中的液压变容式机械、泵。

煤层气产业链上勘查链条的专利数量排在第三名，说明世界煤层气领域对勘查技术的研究比较重视，研究成果较多。其中勘查链条的具体热点技术涉及借助于测定材料的化学或物理性质来测定或分析材料。

世界煤层气领域专利数量排在第二名的是储运链条的管输技术，具体热点技术细节为矿井或隧道中或其自身的安全装置、运输、充填、救护、通风、排水。这说明世界煤层气领域非常关心煤层气储运过程中的运输安全问题，体现了以人为本的思想。

世界煤层气专利数量排名前十的 IPC 小类中有六个代表了煤层气产业链中的利用链条的技术，具体热点技术细节涉及分离、燃料、材料、化合物、微生物或酶、废水处理。

二、国内专利技术分析

（一）专利申请类型分析

将专利按照专利类别（发明专利、实用新型、外观设计）分成三种，从时间、规模、类别三个角度进行分析，如图3-3所示。

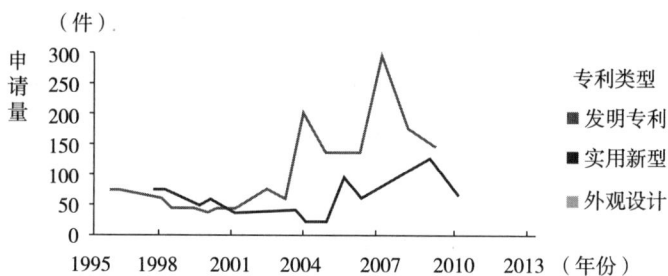

图3-3　不同年份三种专利的申请量

自2004年以来，煤层气的专利申请数量急速增长，其中2013年煤层气专利的申请数量最多，达到400件，呈现高速增长态势。

随着年份的增长，煤层气的专利申请数量随之增加，年份与煤层气的专利数量呈正相关，并且在近几年的增长波动较大。可看出煤层气领域的技术研究近几年比较火热，以后的几年会出现更多的煤层气领域的创新性技术。

发明专利和实用新型申请量远大于外观设计，这点不难解释，煤层气领域的技术研究侧重于技术而不是外观。

（二）专利申请地区分析

分析煤层气领域的专利分布区域，以便了解煤层气专利在地理空间上的分布格局。观察图3-4，发现煤层气专利的申请地域大致分为三个梯度，第一梯度专利数量大于200件，第二梯度专利数量大于100件小于200件，第三梯度专利数量梯度小于100件。其中，山西位于第二梯度，仅次于北京和河南，说明山西在煤层气领域的技术能力在全国排名中还是比较靠前的，但是和北京相比具有较大差距。

（件）

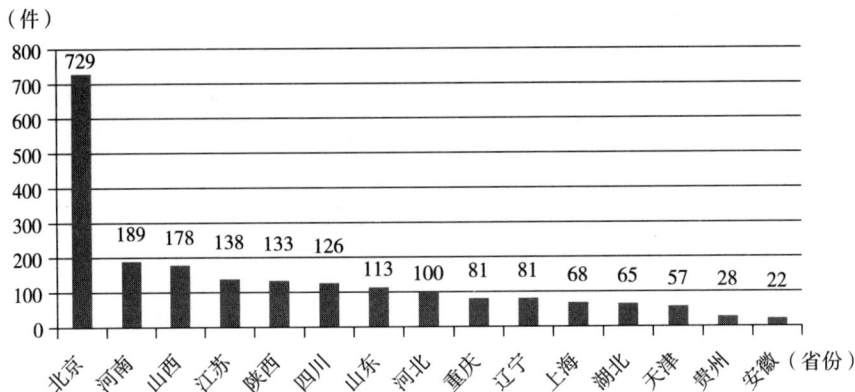

图 3-4　煤层气专利申请量排名前十五的省份

（三）专利发明人分析

对煤层气的专利发明人进行分析，通过发明人的发明专利的数量统计，可以定位煤层气领域技术研发的核心人员。观察图 3-5 和表 3-1，发现发明人的专利数量相差很小，其中专利数量排在前五名的发明人为倪小明、綦耀光、冯立杰、苏现波、姚成林，专利数量分别为 45 件、34 件、34 件、32 件、31 件。

（件）

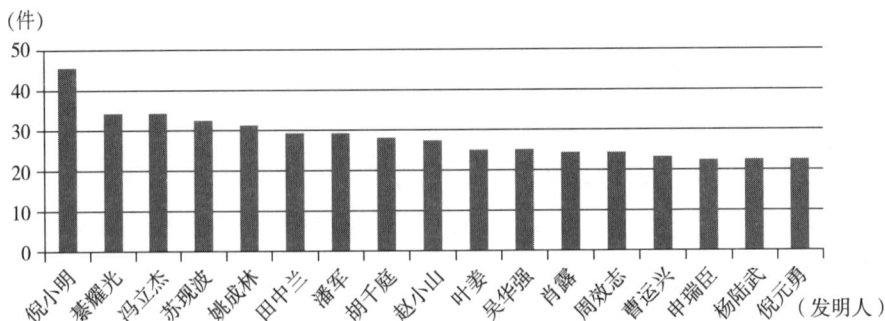

图 3-5　煤层气专利申请量排名前十五的发明人

表 3-1　各发明人的专利申请量

发明人	专利申请量（件）
倪小明	45
綦耀光	34
冯立杰	34
苏现波	32
姚成林	31

（四）专利主体类型分析

对煤层气专利的所有人类型进行分析，分为大学、研究所、个人、公司四种类型。通过对四种研究机构的煤层气专利数量统计，可以反映出煤层气领域研究主体的分布情况。

从四种研究机构的煤层气专利申请量饼图中（见图 3-6）可以看出，公司的煤层气专利申请数量最多，一半的煤层气专利都是公司申请的，其次是个人、大学、研究所。

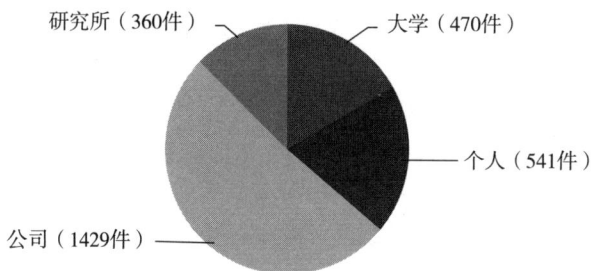

图 3-6　四种研究机构的煤层气专利申请量

（五）技术生命周期分析

技术生命周期法是进行技术成熟度分析的重要方法。人们通过对专利申请数量或获得专利权的数量与时间序列关系、专利申请企业数与时间序列关系等分析研究，发现专利技术在理论上遵循技术成长期、技术发展期、技术成熟期和技术衰退期四个阶段周期性变化。

利用专利指标法对煤层气领域的专利进行分析，通过计算技术生长率、技术成熟系数、技术衰老系数和新技术特征系数四个指标的历年值，生成图表并观察数据变化趋势，并判断技术所处的生长周期。按照上述方法，可以得到山西煤层气技术生命周期演化特征，如图3-7所示。

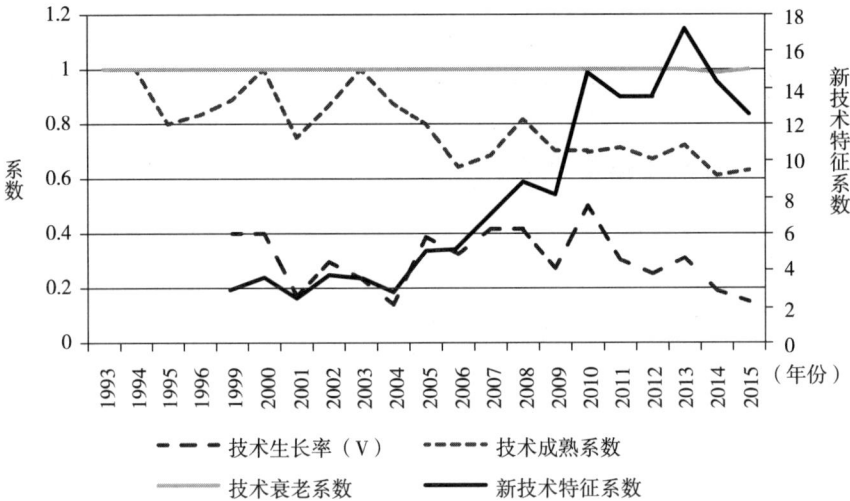

图 3-7 煤层气技术成熟度

煤层气技术处于技术生命周期的成长期。图3-7中技术生长率曲线为平稳的曲线，波动不大。技术衰老系数曲线和技术成熟系数曲线缓慢上升，新技术特征系数曲线处于显著增长趋势，说明煤层气技术的新技术特征逐渐增强，由此可得出煤层气技术处于技术生命周期中的成长期。

三、山西专利分析

（一）专利申请机构

图3-8给出了山西煤层气专利所有人的排名情况。按照专利申请数量降序排列，在前10名机构当中，太原理工大学表现突出，拥有该领域101件专利，晋城无烟煤矿业集团、中北大学、山西蓝焰煤层气集团都表现出较强的创新实力，分别申请59件、27件、26件专利。虽然太原理工大学

和中北大学作为高校代表，具有活跃的创新表现，但整体上，仍以企业为主要的研发力量。

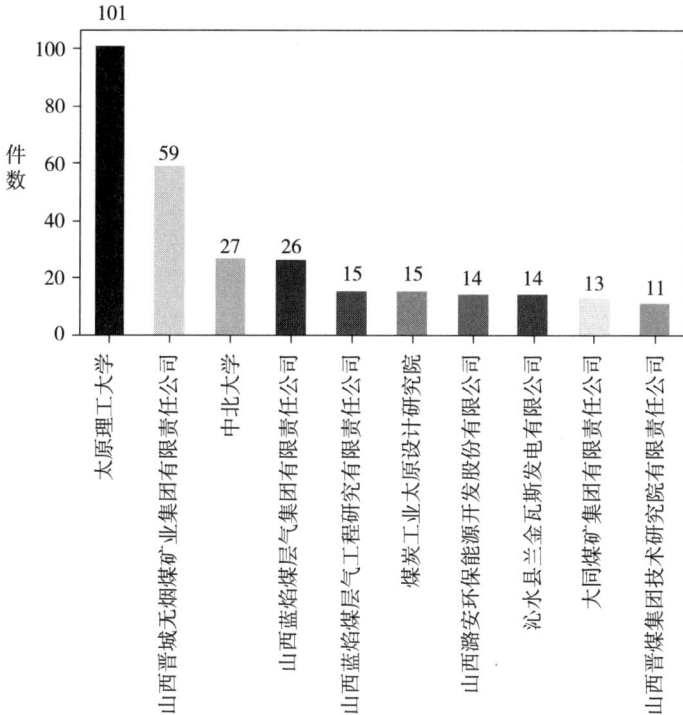

图3-8　山西煤层气专利申请机构（前10名）

图3-9展示了山西煤层气专利申请机构合作网络。从整体上看，形成了三个大的创新网络。以太原理工大学、山西潞安集团、中国矿业大学、河南理工大学为主的机构形成了最大的合作网络；大同煤矿集团、淮南矿业集团形成了合作较为紧密的网络；山西蓝焰煤层气集团、易安蓝焰与煤层气共采技术公司、中北大学形成了规模较大的网络。另外，以晋城无烟煤矿业集团、煤炭科学研究院等为代表的机构也分别形成了各自的合作关系，不过网络节点规模相对较小，合作关系零散。

（二）专利发明人

图3-10给出了山西煤层气专利发明人排名情况。按照专利数量降序

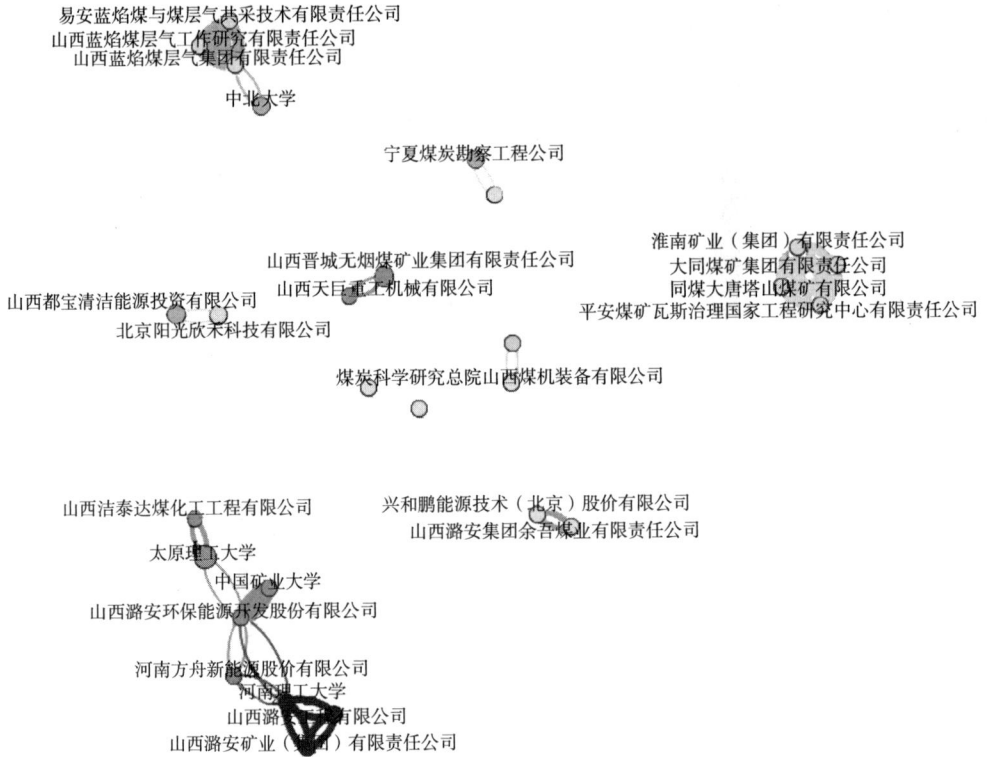

图 3-9　山西煤层气专利申请机构合作网络

排列，专利数量在 29~62 件，说明这些发明人具有较强的创新能力。在前 10 名发明人当中，冯国瑞是最高产的专利发明人，他是太原理工大学矿业工程学院教师，另外，随后三名包括李振、胡胜勇、田永东也都是太原理工大学人员，反映了太原理工大学在煤层气领域的突出创新实力。

图 3-11 展示了山西煤层气专利发明人合作网络。整体上，山西省在该领域存在四个规模较大的创新群体。在图形左上方，形成以冯国瑞、胡胜勇为代表的太原理工大学创新群体；在图形右上方，形成以马铁华、祖静等为代表的中北大学创新群体；图形右下方，形成以田永东、赵小山等为代表的蓝焰集团创新群体；图形左下方，形成以孟凡龙、匡铁军等为代表的大同煤矿集团创新群体。这些不同研发机构的创新群体是山西我省煤层气创新的中坚力量。另外，其他创新群体则在人数规模、成果产出方面处于劣势。

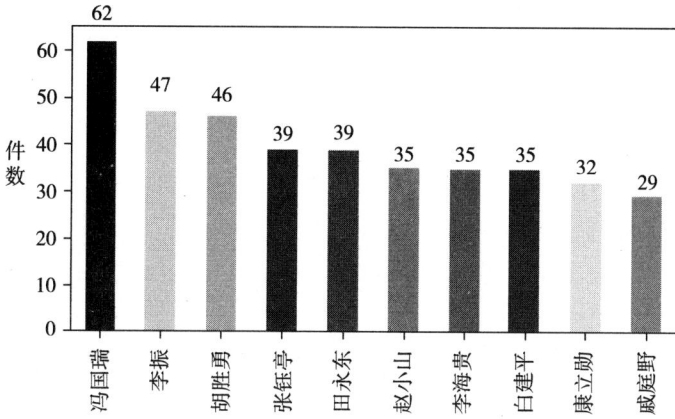

图 3-10　山西煤层气专利申请量排名前十的发明人

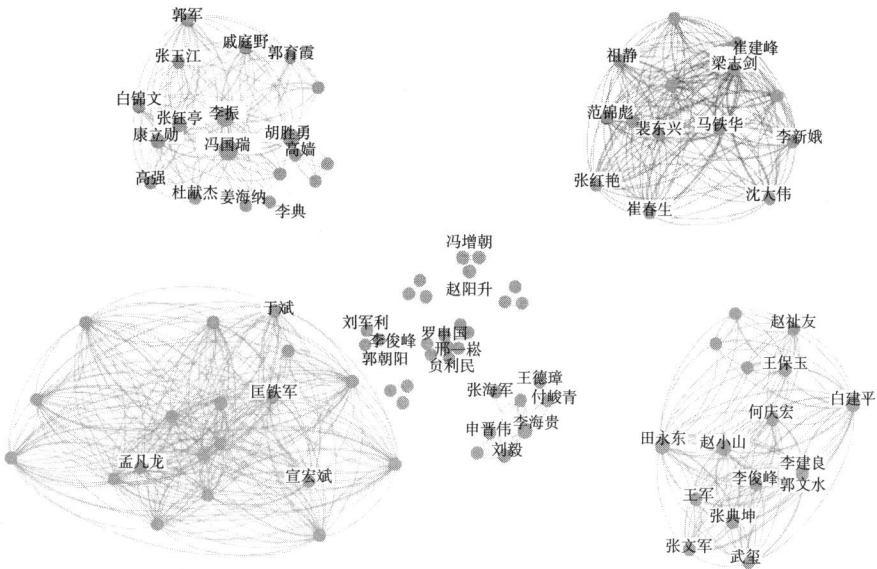

图 3-11　山西煤层气专利发明人合作网络

（三）专利主题词

图 3-12 展示了山西煤层气专利主题词关联图谱。图中以技术主题词为节点，主题词在同一专利标题或摘要的共现关系为边，构建主题词关联

图谱。节点大小反映了主题词的词频，边的粗细反映了主题词的共现程度。可以看出，整体上形成了完整的技术群落，围绕关键词"瓦斯"或"煤层气"形成了若干个技术子群。图形左上方，主要集中在地面及井下的抽采技术；图形中部及右上方，主要集中于采空区技术、井下的钻孔技术及处理；图形左下方，集中于煤层气发电输出；图形右下方，主要为矿井乏风内燃机的研究。

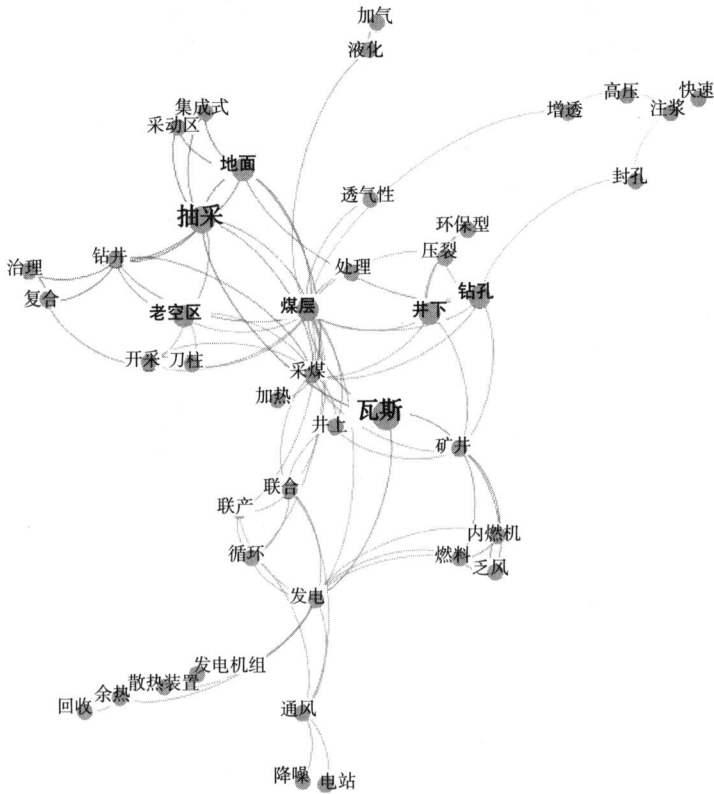

图 3-12　山西煤层气专利主题词关联图谱

第三节 山西煤层气产业链微观技术特征

一、产业链关键技术环节比较优势

结合山西煤层气产业链各环节的专利规模和专利增长速度对各环节的优势进行判别，再结合前面对煤层气热点技术的分析，这里形成了一个山西煤层气产业链优势分布图，反映山西煤层气技术的创新能力，如图3-13所示。下面从四种环节具体阐述山西煤层气产业链技术优势分布结果。

（1）优势环节。地面开采链条中的钻井、增产、排采、集输技术及装备环节和井下开采链条中的增透技术及设备环节的山西专利占比大于10%，并且山西专利相对增长率大于1。这说明这五个环节的研究成果丰富，整体创新实力较强，且近年来的科技成果产出速度较快，高于全国的增长速度，因此这五个环节属于优势环节。

（2）潜力环节。"勘查链条中的钻探技术、测井技术、选区技术""井下开采链条中的负压技术及设备""储运链条中的压缩、液化、新型储运技术及设备""利用链条中的地面开采利用、井下开采利用、乏风瓦斯利用"这九个环节的山西专利占比小于10%，山西专利相对增长率大于1。这说明，这九个环节的科研成果在全国占比较小，研发基础相对薄弱，技术实力弱，但是近年来的科研成果产出速度较快，高于全国的增长速度，因此这九个环节属于潜力环节。

（3）衰退环节。勘查链条中的地震技术和测井技术这两个环节的山西专利占比大于10%，山西专利相对增长率小于1。这说明这两个环节的科研产出成果丰富，在全国占有很大的比例，但是近年来的科研成果产出速度较慢，低于全国的增长速度，很可能是遇到了技术瓶颈，需要立刻突破该瓶颈，这样山西煤层气产业链才能更好地发展，因此这两个环节是衰退环节。

（4）薄弱环节。勘查链条中的地震技术、试井技术环节的山西专利占比小于10%且山西专利相对增长率小于1。这说明这两个环节的科研产出

★ 优势环节　⬠ 潜力环节　● 发展缓慢环节　▲ 薄弱环节　✦ 技术热点

D：借助于测定
材料的化学或
物理性质来测
试或分析材料

A：山西专利占比　B：山西专利相对增长率　D：技术热点的具体技术细节

▲ A：0 B：0	⬠ A：8.98% B：1.8918	⬠ A：8.06% B：4.5884	▲ A：5.88% B：0.7742	⬠ A：3.44% B：1.8204
勘查	地震技术 →	钻探技术 →	测井技术 →	试井技术 → 选区技术

D：液体变
容式机
械：泵

D：土层
或岩石
的钻进

✦ A：20.07% B：2.7095	✦ A：24.26% B：1.2972	✦ A：17.48% B：1.6821	✦ A：21.56% B：1.7083

开采 —— 地面开采 —— 钻井技术及设备 → 增产技术及设备 → 排采技术及设备 → 集输技术及设备

● A：14.56% B：0.8394	● A：16.19% B：0.8013	✦ A：13.23% B：2.4956	⬠ A：9.02% B：1.2768

井下开采 —— 钻孔技术及设备 → 封孔技术及设备 → 增透技术及设备 → 负压技术及设备

储运 ——
- 管输技术　✦ A：13.92% B：2.1246　D：矿井或隧道中或其自身的安全装置，运输、充填、救护、通风或排水
- 压缩技术及设备　⬠ A：8.28% B：2.4124
- 液化技术及设备　⬠ A：5.03% B：8.2572
- 新型储运技术及设备　⬠ A：4.61% B：1.4879

D：分离、燃料、材料、化合物、微生物或酶、废水处理

利用 ——
- 地面抽采利用　⬠ A：5.72% B：3.3273
- 井下抽采利用　⬠ A：6.13% B：3.9683
- 乏风瓦斯利用　⬠ A：5.89% B：3.2942

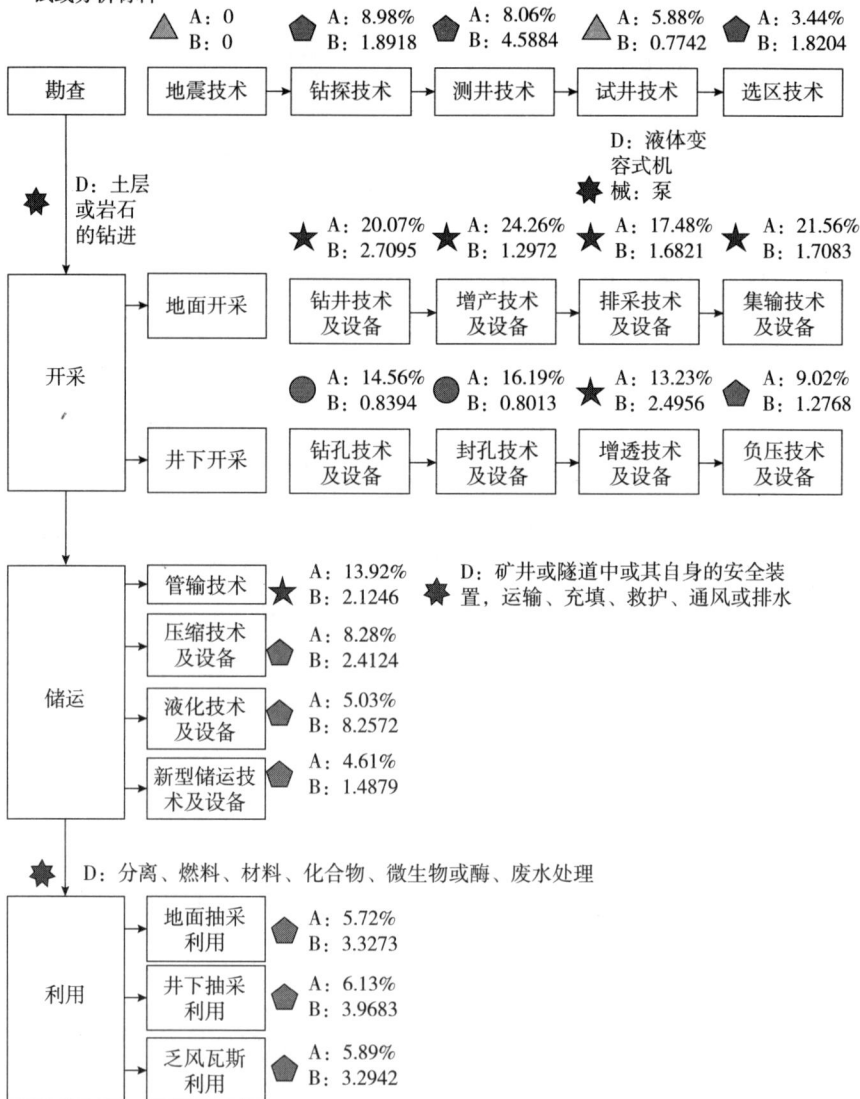

图3-13　煤层气产业链技术环节特征

成果较少，近年来的科研成果产出速度较慢，低于全国的增长速度，技术创新实力较弱，因此这两个环节是薄弱环节。

二、关键技术选择

通过前面的热点技术分布和山西技术优势环节分布得出山西的技术选择有以下方向。

（1）在勘察链条中，针对山西煤层气资源勘查技术落后、资源探明程度低和选区盲目等问题，开展煤层气基础地质理论、资源潜力综合评价与煤系气共探共采选区等研究，建立能够指导山西煤层气开采的基础地质理论，解决煤层气资源勘查、高产富集区预测与评价等关键技术，为避免选区盲目性、降低开发风险、加快全省煤层气产业发展奠定基础。同时，钻探技术、测井技术和选区技术等在山西地区都属于比较有潜力的环节，应该大力发展处于该环节的相关技术。

（2）在煤层气开采链条中，地面开采领域针对山西省煤层气抽采技术单一、适应性差、平均单井日产气量低、产业整体规模发展速度慢及其对生态环境的影响等问题，开展煤层气开采理论、关键装备及面向不同地质条件的新型高效煤层气抽采技术研究与示范，解决钻井、增产、排采、集输过程中的关键技术难题，建立煤与煤层气共采理论及适应山西省地质特点的抽采技术体系，达到单井平均产气量提高20%的指标，实现安全高效清洁开发的目标。在井下开采方面，针对煤矿开采深度增加带来的抽采技术难题，开展长距离定向高效钻进、封孔与增透技术及装备研发与示范，解决抽采效率低、松软煤层成孔率低、封孔效果差等问题，达到松软煤层钻孔进尺200米、抽采瓦斯浓度提高30%的指标，实现提高井下瓦斯抽采率的目标，为煤矿安全高效生产提供技术保障。

（3）在储运链条中，煤层气输送以管道加压输送和车载运输为主，但缺乏有效的运行管理、检测和监测技术，导致储运过程存在比较严重的安全隐患，限制了煤层气的安全高效利用。针对煤层气储运安全性差、储运效率低等问题，开展管道安全监测监控技术及新型储运技术和设备的研究与示范，开发煤层气高效安全储运关键技术，实现管道输送压力、流量、温度等参数的实时监测及泄露的快速预警，研制出高效甲烷吸附剂等新型储运技术。

（4）在煤层气利用领域中，为拓宽煤层气利用途径，提高利用效率，针对井下煤层气利用率低、矿井乏风排空等问题，开展煤层气燃气汽车技术开发、低浓度瓦斯提纯和乏风催化燃烧关键技术研究与示范、固体燃料电池发电技术研发，开发自主燃气发动机及整车技术、经济高效的氧化催化剂、吸附剂及配套技术、高效催化涂层技术与电堆组装技术，使排放达到国V水平，百公里燃料耗气量节省10%以上；低浓度瓦斯提纯到90%以上、乏风中甲烷转化率达95%以上，建成固体燃料电池千瓦级分布式示范电堆，推动燃气汽车发展，实现低浓度煤层气和矿井乏风的规模化应用，减少碳排放，促进低碳发展。

第四节 山西煤层气产业链研发
策略及政策建议

一、研发策略

这里借助一个四象限图（见图3-14）对山西煤层气产业链技术策略进行选择与分析。图3-14中，横坐标为山西专利占比，纵轴为相对增长率，结合优势环节判断方法，得出第一象限中的环节是优势环节，第二象限中的环节定是潜力环节，第三象限中的环节是薄弱环节，第四象限中的环节是衰退环节。图中每个圆圈代表一个创新链环节，圆圈的大小代表了该环节的研究热度情况。

按照技术研发策略选择模型，给出各个产业链环节的技术路径。

适合进行技术引进策略的创新链环节有"地震技术""试井技术""封孔技术及设备""钻孔技术及设备"。"地震技术""试井技术"这两个环节中的"借助于测定材料的化学或物理性质来测试或分析材料"技术是煤层气领域的技术热点，而山西在这两处是薄弱环节且没有研究基础，选择该策略可以快速突破该技术瓶颈，促进山西煤层气产业链整体的发展。

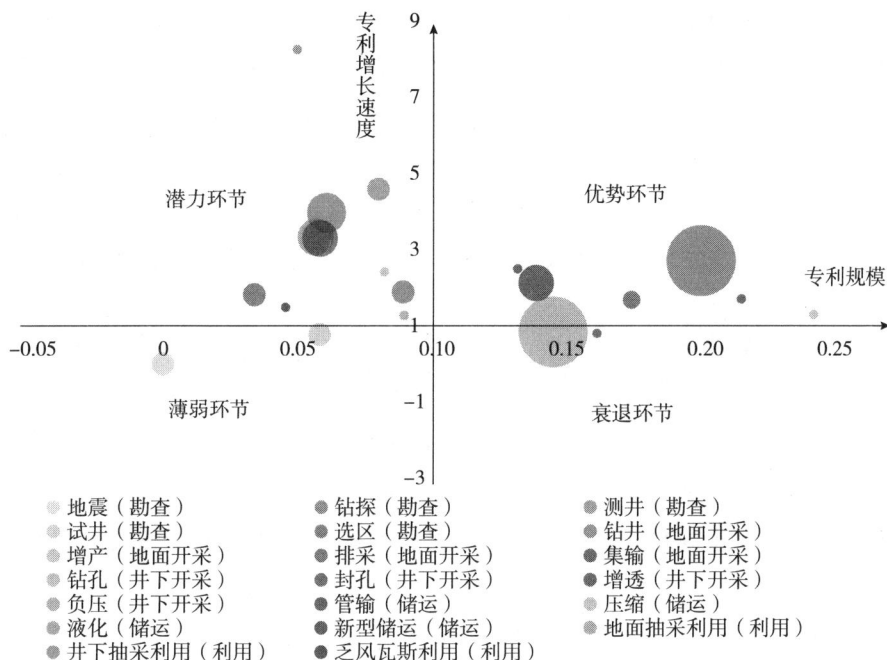

图 3-14　山西煤层气产业链技术优势四象限

"封孔技术及设备""钻孔技术及设备"环节中的"土层或岩石的钻进"是煤层气领域的技术热点，然而这两个环节拥有的专利虽然较多，但是近年来却发展缓慢，可能遇到了技术瓶颈或减少了此处的研发，如果是遇到了技术瓶颈，考虑到时间紧迫的因素选择技术引进的发展策略较合适。

适合进行自主研发策略的创新链环节有"钻井技术及设备""排采技术及设备""储运集输技术""钻探技术""测井技术""选区技术""地面开采利用""井下开采利用""乏风瓦斯利用"。其中，"钻井技术及设备"环节中的"土层或岩石的钻进"，"排采技术及设备"环节中的"液体变容式机械：泵"，"储运集输技术"环节中的"矿井或隧道中或其自身的安全装置，运输、充填、救护、通风或排水"是煤层气领域的技术热点。而且这三个环节在山西煤层气产业链中具有比较优势，技术实力较强。选择自主研发策略既可以提高自我创新能力又可以促进山西煤层气产业链更好的发展。"钻探技术""测井技术""选区技术"环节涉及的"借助于测定材料的化学或物理性质来测试或分析材料"和"地面开采利用""井下开采利用""乏风瓦斯利用"环节中的"分离、燃料、材料、化合物、微生物或酶、废水处理"是煤层气领域的技术热点。而且这六个环节在山西煤层气产业链中具有发展潜力，虽然专利占比不高，但是近年来专利增长较快，说明山西近年来投入了研发且研究成果产出较快，因此具有一定的研发基础。如果自主研发条件具备，不需要其他企业的帮助，则可以进行自主研发策略。

适合进行合作研发策略的创新链环节有"钻探技术""测井技术""选区技术""地面开采利用""井下开采利用""乏风瓦斯利用""封孔技术及设备""钻孔技术及设备"。"钻探技术""测井技术""选区技术"环节中的"借助于测定材料的化学或物理性质来测试或分析材料"和"地面开采利用""井下开采利用""乏风瓦斯利用"环节中的"分离、燃料、材料、化合物、微生物或酶、废水处理"是煤层气领域的技术热点。而且这六个环节在山西煤层气产业链中有发展潜力，虽然专利占比不高，但是近年来专利增长较快，说明山西近年来投入了研发且研究成果产出较快，因此具有一定的研发基础。如果研发条件不能满足技术创新需求，选择合作研发策略较合适，通过其他企业的帮助来完成创新链环节的技术创新，实现共赢。"封孔技术及设备""钻孔技术及设备"环节中的"土层或岩石的钻进"是煤层气领域的技术热点，然而这两个环节虽然拥有的专利较多，但是近年来发展缓慢，可能遇到了技术瓶颈或减少了此处的研发，如果发展缓慢的原因是减少了此处的研发，考虑到技术实力强和热点技术驱动这两个因素，选择合作研发比较合适。

适合继续进行现有的技术研发策略的创新链环节有"负压技术及设备""新型储运技术及设备""液化技术及设备""压缩技术及设备"。这四个环节中不涉及当前煤层气技术热点，但却是山西的潜力环节，近年来的专利增长较快，说明山西已经投入了这四个环节的技术研发，考虑山西煤层气产业链整体的发展，选择继续进行现有的技术研发策略比较合适。

适合进行保持技术优势策略的创新链环节有"增产技术及设备""集输技术及设备"。这两个环节中不涉及当前煤层气技术热点和前沿，但却是山西的优势环节，山西在这两处具有较强的研发基础，选择保持技术优势策略较合适。

二、政策建议

(一) 加强管理与统一规划

要坚持资源和市场相统一、地面开采与井下抽采相结合、先抽气后采煤和综合利用的原则，对全省区域的煤层气产业发展作出统一规划，包括开发规划、管网建设规划、综合利用规划等。参照国家对油气资源管理模式及相关法规政策，制定《山西省煤层气勘探和开发管理办法》《山西省煤层气生产经营管理条例》《山西省煤层气生产经营许可证管理办法》和《山西省煤层气生产、输送和配送价格指导性意见》等地方配套政策法规，对煤层气开发、生产、经营企业依法实行有效监管。

(二) 加大资金投入力度并制定适宜的经济扶持政策

煤层气勘查开发投资大、回收期长，开发初期产气量低、生产成本高，国家应加大煤层气开发前期投入，给予煤层气企业贴息贷款。可参照美国、加拿大等国家的做法，出台优惠政策，对煤层气产业在政策、资金方面给予倾斜和支持，如减免探矿权和采矿权使用费、给予开采煤层气资源在资源税和资源补偿费方面的优惠政策、对煤炭生产企业的煤层气开发与利用实行减排补贴政策等。建立山西煤层气开发利用专项基金，由山西境内的高瓦斯矿井从吨煤提取的安全生产费中按不低于50%的额度缴纳，用于山西煤层气资源的勘探开发和省内煤层气管网建设项目补贴。

(三) 通过加大科技投入和科技创新实现重点突破

由于山西煤层气储层条件复杂，开采难度较大，省科技部门应组织好关键科技攻关、争取国家技术支持和高新技术的推广应用。尽快成立"山西省煤层气技术开发工程中心"，建立以企业为主体、产学研相结合的煤层气抽采利用研究基地，鼓励企业与大中院校合作，成立课题攻关小组，解决煤层气开发利用方面的技术难题。加强煤层气产业人才队伍建设，建立和培养一大批精通技术、知识面宽广和善于管理的产业高精尖人才，为煤层气产业可持续发展提供不竭的智力支持。

（四）规范煤层气产业发展

政府应该进一步规范环保法规，建立甲烷减排基金，制定甲烷减排补贴和排放超标罚款法规，以鼓励煤矿企业开发和利用煤层气。政府还需要自身协调，理顺煤炭矿权和煤层气矿权的关系，监督企业走"采煤采气一体化，建设绿色安全煤矿"的路子。实施高瓦斯煤矿必须采取先抽气、后采煤的基本建设程序，并制定相应责任追究制度，从根本上解决煤矿瓦斯问题。

（五）通过加强下游基础设施建设提高煤层气综合利用水平

美国之所以能在短短十年间形成煤层气新兴产业，一个重要原因就是有一套完整的天然气网络和健全的配套基础设施，使上游生产和下游利用形成有效连接，减少初期成本，加快资金回收周期，形成良性循环。山西省应借鉴美国等国家的先进经验，根据资源分布和市场需求统筹输气管网的建设，把煤层气长输管网建设像高速公路建设一样列入省基础设施建设项目。按照就近利用与余气外输相结合的原则，支持地方和企业加快煤层气专用管网建设。采取多种手段，大力培育煤层气消费市场，建立灵活的市场投资机制和煤层气分销系统。宏观调控与市场调节有机结合，逐步理顺煤层气价格形成机制，真正让投资者受益。

（六）积极培育煤层气 CDM 项目

煤层气开发是实施 CDM 项目的重要领域，山西省能源产业集团公司在利用清洁发展机制上有所进展。应进一步充分利用清洁发展机制，使山西煤层气企业获得正常商业渠道无法获得的技术和国外资本，从而在一定程度上消解煤层气产业发展的障碍，加快发展速度，提高发展水平。

第四章
山西煤化工产业链技术评估

第一节　概况

一、产业概况

国外煤化工产业发展始于 20 世纪 30 年代。50 年代以后，随着石油化工的兴起，煤化工在化工中的比重逐年下降。70 年代末期的石油危机使美国、德国等西方国家重新开始了煤化工技术的研发，开发了一系列煤化工、煤液化、碳一化学等煤化工技术。进入 21 世纪，煤化工经济优势日益显现，进入了新一轮发展期，推进了大型煤化工、煤制油、煤制烯烃等石油替代品的技术开发、推广和工业化进程（田玉兰，2016）。

国内煤化工起步于 20 世纪 50 年代。六七十年代，全国各地建成了一批以煤为原料的中小化肥装置。80 年代以后，随着我国能源消耗的大幅增长，我国开始建设大型煤化工装置。进入 21 世纪，国内煤制烯烃、煤制油、煤制天然气和煤制乙二醇等以替代石油为目标的现代煤化工产业进入快速发展期（汪寿建，2016）。

山西省煤化工产业经过多年的发展，已基本形成了以化肥、甲醇、精细化工为主的工业体系，涌现出天脊集团、阳煤丰喜集团、三维集团、山焦集团、兰花公司、天泽煤化工公司等一批大型企业。在煤化工产品产量与周边省份比较，山西省在焦化产业总量上有明显优势，化肥和甲醇处于中游水平，PVC和烧碱产量较低。"十二五"期间，山西省煤化工依托资源、能源、区位和技术等优势，在产业结构上由"肥、醇、炔、苯、油"向"苯、油、烯、气、醇"转变，但总体仍以传统煤化工为主，现代煤化工比例不足，还有待进一步发展。

为了加快山西资源型经济的成功转型，煤化工产业链的发展势在必行，近年来山西出台了许多相关政策来鼓励煤化工产业链的发展。

二、煤化工产业链界定

根据煤化工产业链相关文献，对煤化工领域的专家进行煤化工产业链相关问题咨询，最终确定了山西煤化工产业链，该产业链如图4-1所示，图中山西省煤化工产业链为煤气化—煤液化—煤焦化—综合利用四个链条。

煤气化链条中细分为粉煤气化、水煤浆气化、合成气化工这三个环节。其中，粉煤气化中的粉煤气流床加压气化技术是当今国际上最先进的煤气化技术之一，它的核心技术是煤粉在高压、密相条件下稳定、可控输送；水煤浆气化反应是一个复杂的物理和化学反应过程，水煤浆和氧气喷入气化炉后瞬间经历煤浆升温及水分蒸发、煤热解挥发、残碳气化和气体间的化学反应等过程，最终生成以一氧化碳和氢气为主要组分的粗合成气，主要理论技术有Texaco气化技术及气流床水煤浆气化理论；合成气化工主要包括费托合成、煤制低碳混合醇技术、煤基甲醇制汽油技术、催化剂的制备技术及新型反应器的设计技术等（唐宏青，2015）。

煤液化链条分为直接液化和间接液化这两个环节。其中，煤直接液化是煤在氢气和催化剂作用下，通过加氢裂化转变为液体燃料的过程，其中世界上有代表性的煤直接液化工艺是德国的新液化（IGOR）工艺、美国的HTI工艺和日本的NEDOL工艺。国内具有代表性的是神华集团煤直接液化工艺技术；煤间接液化是以煤为原料，先气化制成合成气，然后通过催化剂作用将合成气转化成烃类燃料、醇类燃料和化学品的过程（李捷，2015）。

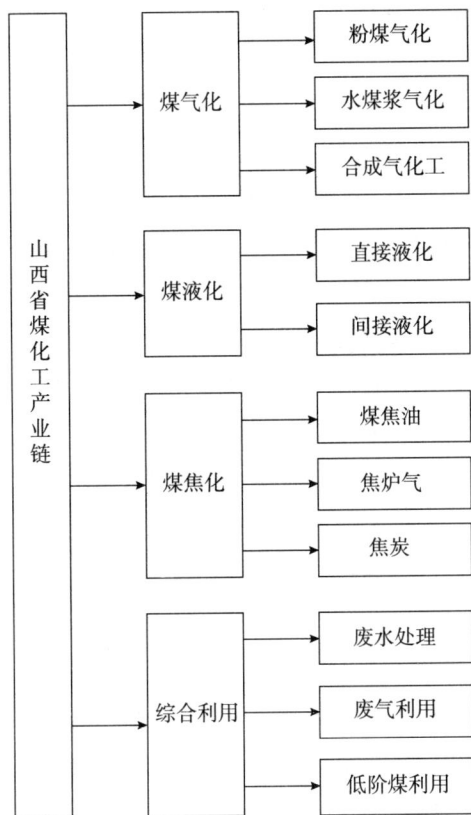

图 4-1 山西煤化工产业链

煤焦化链条细分为煤焦油、焦炉气和焦炭三个环节。煤焦油是一种黑色或褐色黏稠液体，又称为煤溚，气味与萘或芳香烃相似，主要是酚类、芳香烃和杂环化合物的混合物，有致癌性，属于 IARC 第一类致癌物质，主要用分馏的方法馏分出各种酚类、芳香烃、烷类等，并可用于制造其他染料或药物，其中煤焦油加工的主要过程是蒸馏，利用煤焦油中的各种化合物沸点的不同，把煤焦油切割成几个不同沸点的馏分，得到不同的产品；焦炉气是指用几种烟煤配制成炼焦用煤，在炼焦炉中经过高温干馏后，在产出焦炭和焦油产品的同时所产生的一种可燃性气体，是炼焦工业的副产品，主要构成是氢气和甲烷；焦炭由烟煤经高温炼焦过程制得，主要用于高炉炼铁和用于铜、铅、锌等有色金属的鼓风炉冶炼，起还原剂、发热剂和料柱骨架作用。

综合利用链条分为废水处理、废气利用及低阶煤利用三个环节。废水处理就是利用物理、化学和生物的方法对废水进行处理，使废水净化，减少污染，以至达到废水回收、复用，充分利用水资源。将废水中各污染物分离出来或将其转化成无害物质的过程，主要的技术有气浮法、混凝沉淀法、电解化学氧化法等；废气利用一般包括有机废气利用、粉尘废气利用、酸碱废气利用、异味废气利用和空气杀菌消毒净化等方面，主要原理有活性炭吸附法、催化燃烧法、催化氧化法、酸碱中和法、等离子法等；其中低阶煤是煤的一类，燃烧时火焰较长而有烟的煤，煤化程度较低的煤，外观呈灰黑色至黑色，粉末从棕色到黑色，由有光泽的和无光泽的部分互相集合成层状，沥青、油脂、玻璃、金属、金刚等光泽均有，具明显的条带状、凸镜状构造，其利用的关键技术有低阶煤脱水、干馏、煤热解技术等（徐叶君，2015）。

煤化工产业链重点围绕低阶煤分级利用、煤炭高效清洁转化利用、合成气转化利用、煤制油、煤制烯烃、煤化工下游重要化学品的研制、精细化工、煤化工产业"三废"治理和利用等，开展关键技术开发和示范，解决制约山西煤化工产业发展瓶颈的关键问题，构建全循环产业链，提高产品竞争力。

三、数据检索

针对煤化工产业链环节，分别制定专利检索策略，具体检索式如表 4-1 所示。

表 4-1　山西煤化工产业链专利检索式

环节	检索式	数量
煤粉气化	（固定床 OR 多喷嘴 OR 烧嘴 OR 移动床 OR HT OR 激冷）AND 煤粉 AND 气化	384
水煤浆气化	（冷壁 OR 气流床 OR 流化床 OR 气化炉 OR 激冷）AND 煤浆 AND 气化	569

环节	检索式	数量
合成气化工	（干煤粉加压 OR MTG OR 费托合成 OR 气流床 OR 固定床 OR 流化床） AND 煤 AND 合成气	811
直接液化	（热解 OR 重介 OR 干馏 OR 地下） AND 液化 AND 煤	333
间接液化	（费托合成 OR 固定床 OR 浆态床） AND 煤 AND 液化	350
焦炉气	（膜分离　OR 吸附 OR 深冷 OR 还原铁　OR 天然气 OR 低温分离　OR 酮）　AND 煤 AND（焦化 OR 炉气）	795
煤焦油	（结晶法 OR 焦油蒸馏 OR 洗油 OR 馏分 OR 沥青加工 OR 分馏 OR 酚精制 OR 萘蒸馏 OR 粗酚精制） AND 煤焦油	1737
焦炭	（还原剂 OR 冶金 OR 干馏 OR 乙炔） AND 焦炭 AND 煤	1511
低阶煤利用	（脱水 OR 干馏 OR 热解 OR 立式炉 OR 循环流化床 OR 煤制油 OR 天然气 OR 烯炔）AND 低阶煤	357
废气利用	（低温甲醇洗处理 OR 等离子体 OR 燃烧法 OR 氧化法 OR 吸附 OR 吸收法 OR 生物 OR 过滤 OR 化学法 OR 催化还原） AND 煤 AND 废气	1660
废水处理	（气浮法 OR 混凝沉淀 OR MAP OR SBR OR 低氧好氧法 OR 活性炭吸附 OR 膜处理 OR 结晶 OR 酚氨回收 OR 氧化沟 OR 活性污泥）AND 煤 AND（废水 OR 污水）	1263

第二节　山西煤化工产业链宏观技术特征

一、世界专利技术分析

对世界煤化工领域的热点技术进行识别，可以了解煤化工领域的国际前沿技术，掌握全球煤化工技术发展趋势，为山西省制定煤化工领域相关技术研发提供参考建议，更准确地找出山西煤化工产业链的具体研发策略。

国际专利分类号 IPC 是国际通用的专利文献分类、文献检索工具，能够很好地反映专利中所涉及的技术。这里采用的世界煤化工数据来源于欧洲专利局网站，利用检索词［coal and（liquefaction or liquidation or conden-sation or coking or carbonization or pyrogenation or gasification）］检索出5726件专利，将这些专利下载并存入 Excel 表格中。将所有专利的 IPC 分类号信息进行整理，统计每个 IPC 小类的专利数量，统计结果如图4-2所示。

（件）

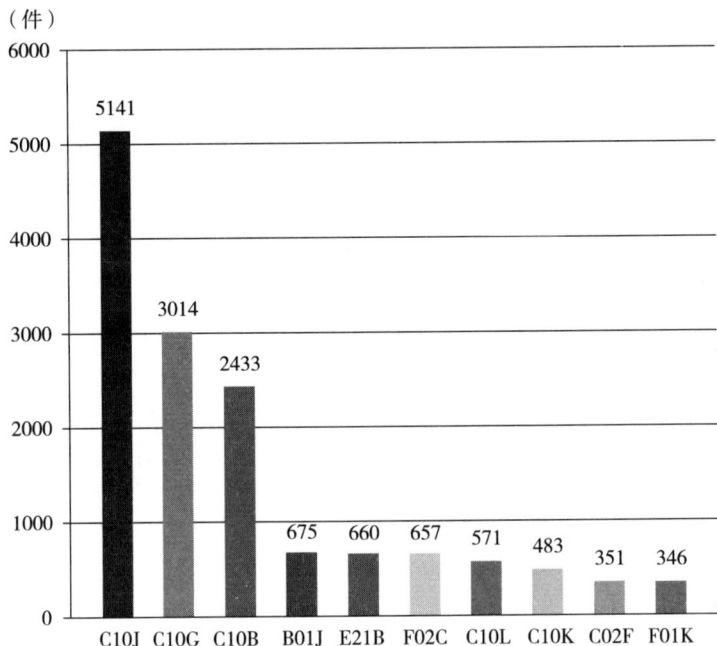

图4-2　世界煤化工领域专利数量排名前十的 IPC 小类

可以发现 IPC 小类为 C10J 的专利数量最多，达到5141件，C10J 表示由固态含碳物料通过包含氧气或蒸汽的部分氧化工艺生产含有一氧化碳和氢气的气体。C10G 的专利数量为3014件，表示烃油裂化，液态烃混合物的制备，如用破坏性加氢反应、低聚反应、聚合反应。C10L 的专利数量为571件，表示不包含在其他类目中的燃料、天然气；不包含在 C10G 或 C10K 小类中的方法得到的合成天然气，液化石油气，在燃料或火中使用添加剂，引火物。C10K 的专利数量为483件，表示含一氧化碳可燃气体化学组合物的净化和改性。F01K 的专利数量为346件，表示蒸汽机装置；贮汽器；不包含在其他类目中的发动机装置；应用特殊工作流体或循环的发动机——这五项专利技术均属于煤化工产业链煤气化链条的技术环节。C10B 的专利数量为 2433 件，表示含碳物料的干馏生产煤气、焦炭、焦油或类似物，这属于煤化工产业链的煤焦化链条。B01J 的专利数量为 675件，表示化学或物理方法，如催化作用、胶体化学，其他有关设备，这是一个综合技术领域，它在煤化工产业链的各个链条中都有广泛的应用。E21B 的专利数量为 660 件，表示土层或岩石的钻进，这属于煤化工产业链的综合利用链条的低阶煤利用环节的技术。F02C 的专利数量为 657 件，表示燃气轮机装置，喷气推进装置的空气进气道，空气助燃的喷气推进装置燃料供给的控制，这也属于煤化工产业链的煤焦化链条的技术。C02F 的专利数量为 351 件，表示水、废水、污水或污泥的处理。

综上所述，根据世界煤化工专利数据的 IPC 小类信息统计，得出如下结论：

世界煤化工领域的研究成果最多的是煤化工产业链的煤气化链条分煤气化环节，煤气化链条的专利数量远大于其他链条。世界煤化工领域专利数量排在前两名的均是煤气化链条的技术，具体热点技术细节为由固态含碳物料通过包含氧气或蒸汽的部分氧化工艺生产含有一氧化碳和氢气的气体，烃油裂化，液态烃混合物的制备，如用破坏性加氢反应、低聚反应、聚合反应。这说明世界煤化工领域非常关心煤气化过程中的问题。煤化工产业链上煤焦化链条的专利数量排在第三名，说明世界煤化工领域对煤焦化技术的研究比较重视，研究成果较多。其中煤焦化链条的具体热点技术涉及含碳物料的干馏生产煤气、焦炭、焦油或类似物。

世界煤化工专利数量排名前十的 IPC 小类中有五个代表了煤化工产业链中的煤气化链条的技术，具体热点技术细节涉及由固态含碳物料通过包含氧气或蒸汽的部分氧化工艺生产含有一氧化碳和氢气的气体；烃油裂化，液态烃混合物的制备；不包含在 C10G 或 C10K 小类中的方法得到的合成天然气，液化石油气，在燃料或火中使用添加剂，引火物；一氧化碳可燃气体化学组合物的净化和改性；蒸汽机装置；贮汽器；不包含在其他类目中的发动机装置，应用特殊工作流体或循环的发动机。

近年来，专利数量变化大的热点技术是未来煤化工领域的技术发展趋势。表 4-2 为 IPC 热点技术与创新链对应链条。

表 4-2 IPC 热点技术与创新链对应链条

热点技术	所属链条（环节）
由固态含碳物料通过包含氧气或蒸汽的部分氧化工艺生产含有一氧化碳和氢气的气体	煤气化（粉煤气化）
烃油裂化，液态烃混合物的制备，如用破坏性加氢反应、低聚反应、聚合反应	煤气化（合成气化工）
含碳物料的干馏生产煤气、焦炭、焦油或类似物	煤焦化
化学或物理方法，如催化作用、胶体化学	煤气化、煤液化、煤焦化、综合利用
土层或岩石的钻进	综合利用（低阶煤利用）
燃气轮机装置，喷气推进装置的空气进气道，空气助燃的喷气推进装置燃料供给的控制	煤焦化
不包含在其他类目中的燃料；天然气；不包含在 C10G 或 C10K 小类中的方法得到的合成天然气，液化石油气，在燃料或火中使用添加剂；引火物	煤气化（合成气化工）
含一氧化碳可燃气体化学组合物的净化和改性	煤气化（合成气化工）
水、废水、污水或污泥的处理	综合利用（废水处理）
蒸汽机装置；贮汽器	煤气化（合成气化工）

表 4-3 给出了热点技术的专利平均增长率。可以发现近五年专利数量平均增长率排在前三的热点技术分别为"水、废水、污水或污泥的处理""土层或岩石的钻进""含一氧化碳可燃气体化学组合物的净化和改性"，它们的增长率数值分别为 0.24、0.12、0.09。"水、废水、污水或污泥的处理"是煤化工产业链的综合利用链条废水处理环节的技术，以其高平均增长率成为煤化工领域的前沿技术。"土层或岩石的钻进""含一氧化碳可燃气体化学组合物的净化和改性"技术同样以其高平均增长率成为当今世界煤化工领域的发展趋势。

表4-3　按IPC小类统计的专利增长率

IPC	2015年增长率	2014年增长率	2013年增长率	平均增长率
C10J	0.074	0.075	0.097	0.08
C10G	0.026	0.030	0.031	0.03
C10B	0.057	0.051	0.099	0.07
B01J	0.070	0.055	0.036	0.05
E21B	0.164	0.133	0.055	0.12
F02C	0.009	0.031	0.051	0.03
C10L	0.056	0.066	0.086	0.07
C10K	0.092	0.060	0.108	0.09
C02F	0.226	0.167	0.326	0.24
F01K	0.028	0.023	0.023	0.02

　　根据当前世界煤化工领域热点技术的近年专利变化情况，我们可以很清楚地知道煤化工领域的发展方向，煤化工领域的前沿技术一定是未来煤化工领域的技术发展方向。"水、废水、污水或污泥的处理""土层或岩石的钻进""含一氧化碳可燃气体化学组合物的净化和改性"这三个技术是未来煤化工产业链的发展方向。另外，煤化工产业链煤气化链条的由固态含碳物料通过包含氧气或蒸汽的部分氧化工艺生产含有一氧化碳和氢气的气体技术和烃油裂化，液态烃混合物的制备，如用破坏性加氢反应、低聚反应、聚合反应技术，也是未来煤化工产业链技术发展的方向。煤化工领域的相关科研人员和政策制定者在进行工作时应该考虑以上煤化工热点技术及前沿技术，使煤化工产业链更好地发展，促进煤化工产业链整体效益的最大化。

二、国内专利技术分析

（一）专利申请类型分析

将专利按照专利类别分成三种（发明专利、实用新型、外观设计），选取时间、专利申请量、专利类别为分析对象，如图4-3所示。

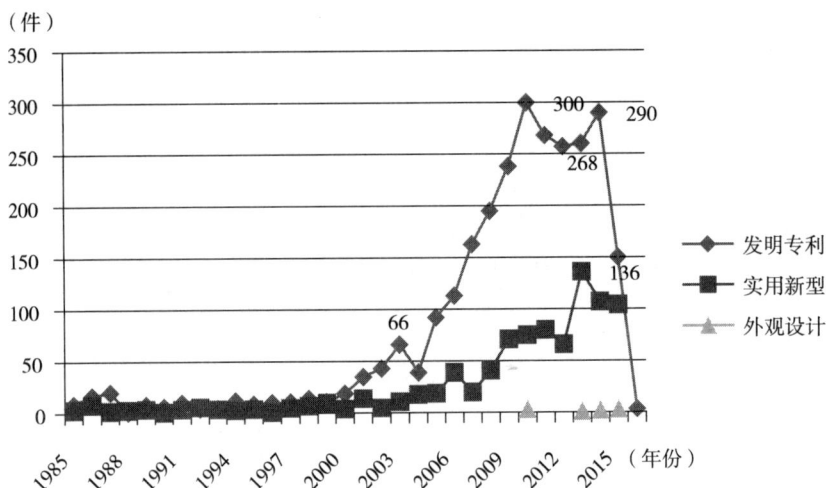

图4-3 不同年份煤化工三种专利的申请量

自2000年以来，关于煤化工的专利申请数量急速增长。其中2010年关于煤化工发明专利的申请数量最多，达到300件，从2012年到2013年显著下降，2013年到2015年又迅速回升；2013年实用新型的专利申请数量达到最大值136件。2016年只是被统计的前几个月，数量没有被统计全。整体来讲，近年来关于煤化工的专利申请量处于增长趋势。结合政府近年来政策，不难发现，呈现"百花争鸣"盛况的原因，中央对十大新型煤化工项目总投资逾2000亿元，中央政府大力鼓励煤化工的发展。随着年份的增长，关于煤化工的专利申请数量随之增加，年份与煤化工的专利数量呈正相关，并且在近几年的增长波动较大。其中发明专利和实用新型申请量远大于外观设计，这点不难解释，关于煤化工方面的技术研究侧重于技术而不是外观。综合可看出，关于煤化工的技术创新近几年比较火热，以后的几年会出现更多的关于煤化工的创新技术。

（二）专利申请地区分析

分析关于煤化工的专利分布区域，根据分布区域可以观察出关于煤化工的研究比较热的区域。

观察图4-4，发现北京、山东、河北、山西位于前四名，它们关于煤化工的专利申请数量分别为1082件、218件、187件、179件。北京作为中国的首都，是中国科技中心，对煤化工的研究较多，原因是浓厚的科研氛围，许多高校、科研机构坐落于北京，这为煤化工的研究提供了条件。山东排在第二名，煤化工是山东省传统的重要支柱产业，具有坚实的煤化工产业基础，重点打造五大煤化工产业链，相应申请了许多的煤化工专利。河北煤资源丰富，煤种齐全，企业集中度较高，具有较雄厚的产业基础，提出要做大做强山西省煤化工产业，也申请了如此多的煤化工技术专利。山西作为煤炭大省，对煤化工的研究也相对较多。山西省编制的《2015年工业转型升级实施意见》明确提出大力培育煤化工新支柱产业，可看出山西对煤化工的技术创新研究的重视。

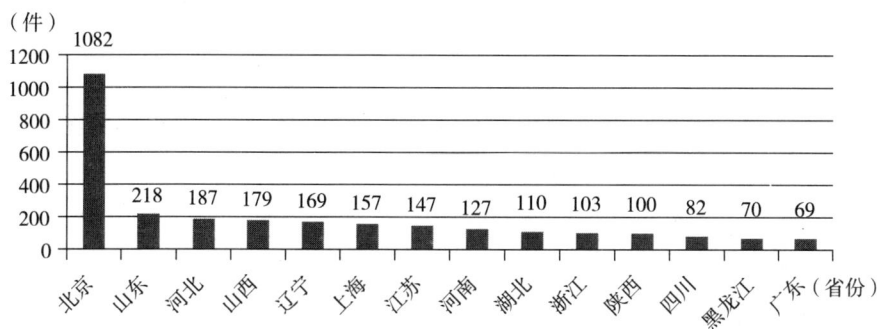

图4-4　煤化工专利申请量排名前十四的中国省份

（三）专利申请IPC分析

分析每年煤化工相关专利申请量排名靠前的IPC分类，可以推测出近几年来关于煤化工研究的技术热点。

从图4-5中可看出，排在前四名的IPC分类为C10J3/72、C10J3/84、C10J3/48、C10J3/46，它们分别表示"合成气的其他特征" "……带从煤气中除尘或焦油的装置" "合成气设备；装置" "合成气的其他特征"。它们均属于合成气技术，说明我国在合成气技术方面创新型较好。

（件）

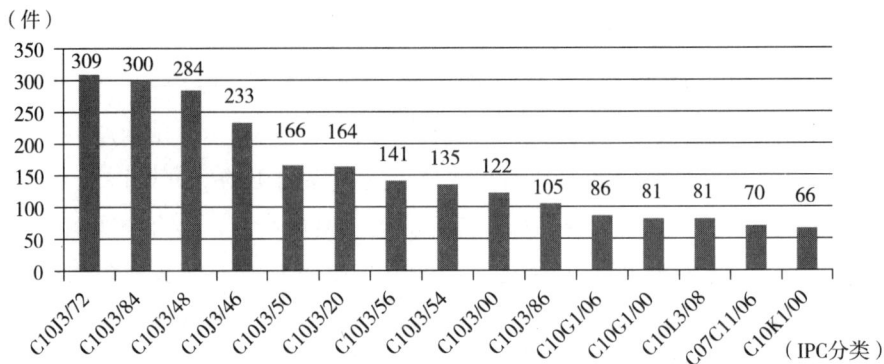

图 4-5　煤化工产业相关专利排名前十五的 IPC 分类号

从 IPC 的小类角度来看，H01Q 的数量非常的高，达到了 3372，是 H01L 的 6 倍。从数据中我们可以得到，煤化工领域的 IPC 申请基本上都在 H 类、C 类和 B 类。H 类是电学类，H01Q 表示天线，H01L 表示半导体器件。C 类是化学、冶金类，C01B 表示非金属元素。B 类是作业运输类，B32B 表示层状产品，即由扁平的或非扁平的薄层，如泡沫状的、蜂窝状的薄层构成的产品，B29C 表示塑料的成型或连接。

（四）专利申请主体类型分析

对煤化工专利的研究机构进行分析，分为大学、研究所、个人、公司四种研究机构。通过对四种研究机构的煤化工专利数量统计，可以反映出不同研究机构对煤化工技术研究的关注度。

从图 4-6 中可以看出，个人的煤化工专利申请最多，其次是公司。个人和公司的煤化工专利申请占了大部分，其次是大学、研究所。这种现象从侧面揭示了中国教育存在的一个普遍现象，教育与实际严重脱离，公司不得不自己结合实际情况来进行研究，因此这给大学及研究所敲了一下警钟，研究一定要结合实际情况。

（五）技术成熟度分析

技术生命周期分为萌芽期、成长期、成熟期、衰退期。通过计算技术生长率、技术成熟系数、技术衰老系数、新技术特征系数，观察数据变化

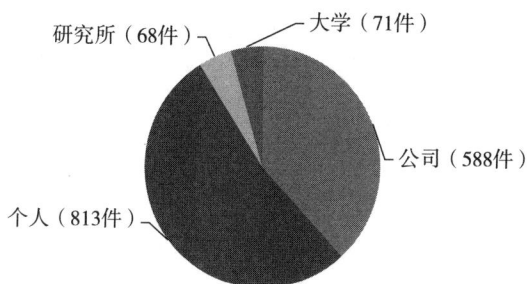

图 4-6　四种研究机构的煤化工专利申请量

趋势，可以判断煤化工技术在技术生命周期中所处的阶段，如图 4-7 所示。

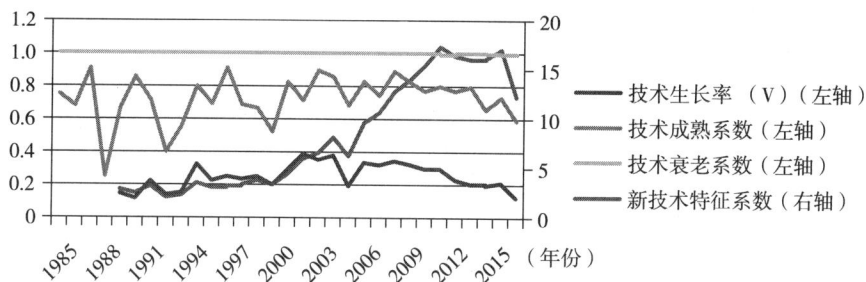

图 4-7　煤化工技术生命周期

技术生长率曲线为平稳的曲线，波动不大。技术衰老系数曲线和技术成熟系数曲线缓慢波动，有上升趋势，但不明显。新技术特征系数曲线处于显著增长趋势，说明煤化工技术的新技术特征逐渐增强。结合技术生命周期专利指标法，煤化工技术处于技术生命周期中的成长期。

三、山西专利技术分析

(一) 专利申请机构分析

图 4-8 给出了山西省煤化工专利所有人的排名情况。按照专利申请数

量降序排列，在前 10 名机构当中，赛鼎工程有限公司表现突出，拥有该领域 76 件专利，太原理工大学、山西鑫立能源科技有限公司、中国科学院山西煤炭化学研究所都表现出较强的创新实力，分别申请了 58 件、57 件、45 件专利。可以看出在山西煤化工领域的领先机构中，仅有太原理工大学一所高校，从整体上看，煤化工是以企业为主要研发力量的领域。

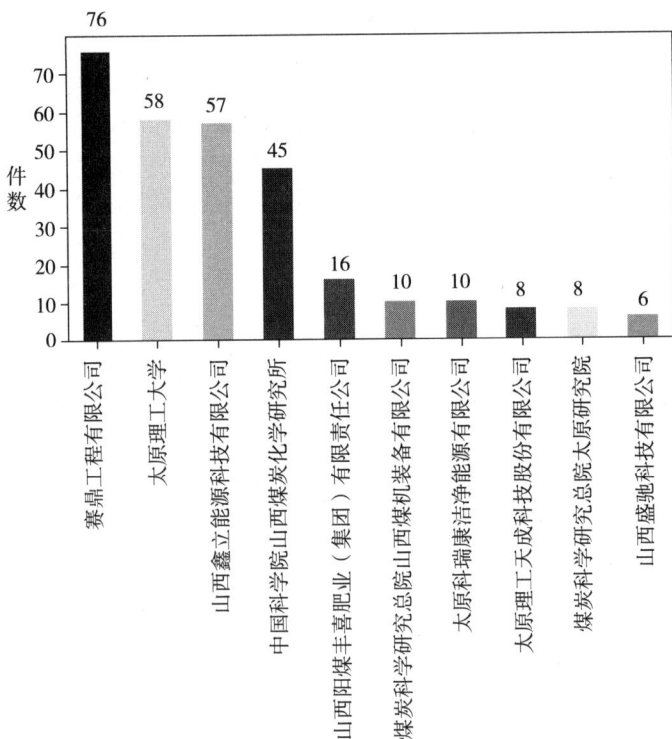

图 4-8 山西煤化工专利申请机构（前 10 名）

图 4-9 展示了山西煤化工专利申请机构合作网络。从整体上看，形成了三个大的创新网络。以赛鼎工程有限公司、中国科学院山西煤炭化学研究所为主的机构形成了最大的合作网络；太原理工大学、太原科瑞康洁净能源公司、山西科灵环境工程设计公司形成了合作较为紧密的网络；山西煤机装备有限公司、煤炭科学研究总院太原研究院、煤炭科学研究总院太

原分院形成了规模较大的网络。另外，以山西省工业设备安装公司、山西高碳能源低碳化利用研究设计院公司、山西潞安矿业集团等为代表的机构也分别形成了各自的合作关系，不过网络节点规模相对较小，合作关系零散。

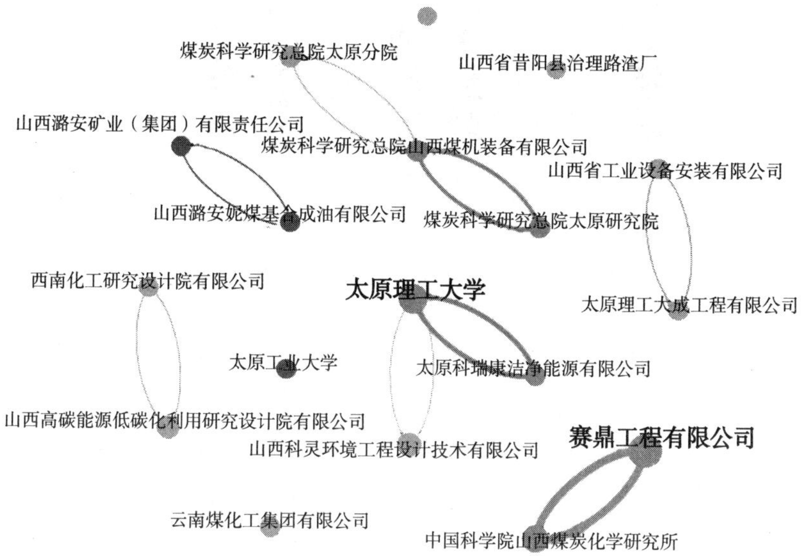

图4-9　山西煤化工专利申请机构合作网络

（二）专利发明人分析

图4-10给出了山西煤化工专利发明人排名情况。按照专利数量降序排列，专利数量在25~69件，说明这些发明人具有较强的创新能力。在前10名发明人当中，李晓是最高产的专利发明人，是赛鼎工程有限公司的工作人员，另外除了王新民和李德宝外，其余也都是赛鼎工程有限公司的工作人员，反映了赛鼎工程有限公司在煤化工领域的突出创新实力。

图4-11展示了山西煤化工专利发明人合作网络。整体上，山西省在该领域存在四个规模较大的创新群体。在图形左上方，形成以李晓、张庆庚、崔晓曦为代表的赛鼎工程有限公司创新群体；在图形右上方，形成以宋利、韩喜民、赵东兴等为代表的山西阳煤丰喜肥业（集团）创新群体；

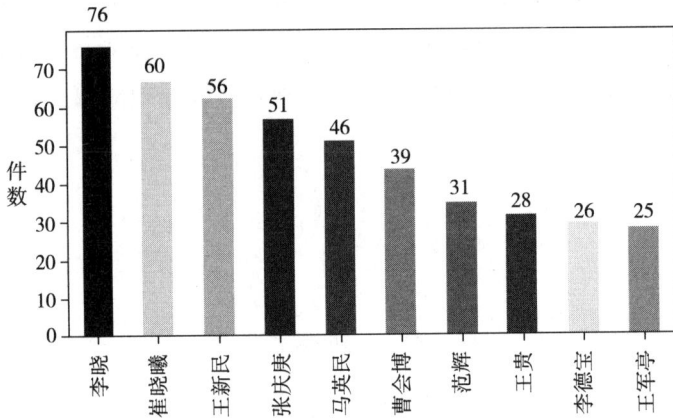

图 4-10　山西煤化工专利发明人（前 10 名）

图形右下方，形成以李文军、韩霏为代表的煤炭科学研究总院太原研究院创新群体；图形中下方，形成以杜文广、刘守军等为代表的太原理工大学创新群体。这些不同研发机构的创新群体是山西省煤化工创新的中坚力量。另外，其他创新群体则在人数规模、成果产出方面处于劣势。

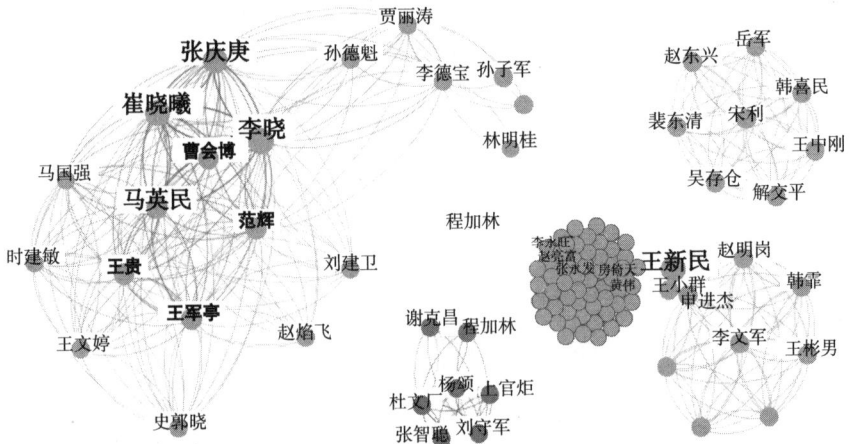

图 4-11　山西煤化工专利发明人合作网络

（三）专利技术主题词分析

图4-12展示了山西煤化工专利技术主题词关联图谱。图中以技术主题词为节点，主题词在同一专利标题或摘要的共现关系为边，构建主题词关联图谱。节点大小反映了主题词的词频，边的粗细反映了主题词的共现程度。可以看出，整体上形成了完整的技术群落，围绕关键词"天然气"或"热解"形成了若干个技术子群。图形左下方，主要集中在热解、净化、气化技术；图形中部及中下方，主要集中于焦化及煤焦油技术；图形右上方，集中于天然气、合成气、焦炉煤气、甲醇、尿素等的制备与生产研究。

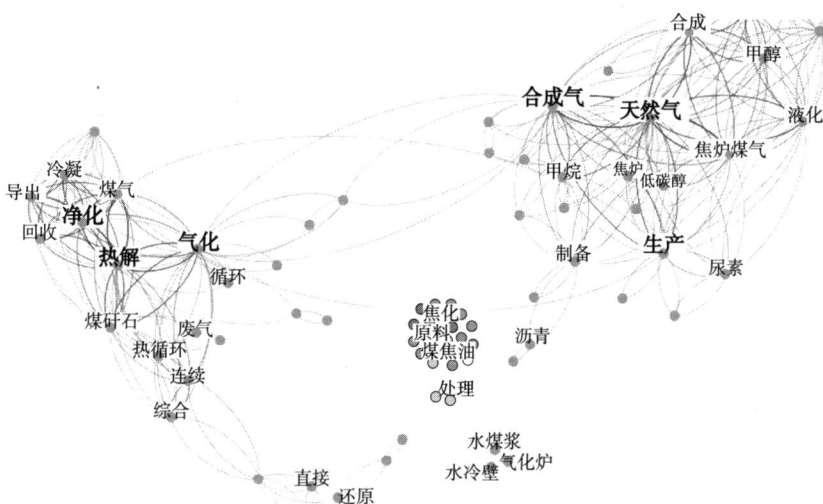

图4-12　山西煤化工专利技术主题词关联图谱

第三节　山西煤化工产业链微观技术特征

一、产业链关键技术环节比较优势分析

结合山西煤化工产业链各环节的专利规模和专利增长速度对各环节的

优势进行判别，再结合前面对煤化工热点技术的分析，这里形成了一个山西煤化工产业链优势分布图，反映山西煤化工技术的创新能力，如图4-13所示。

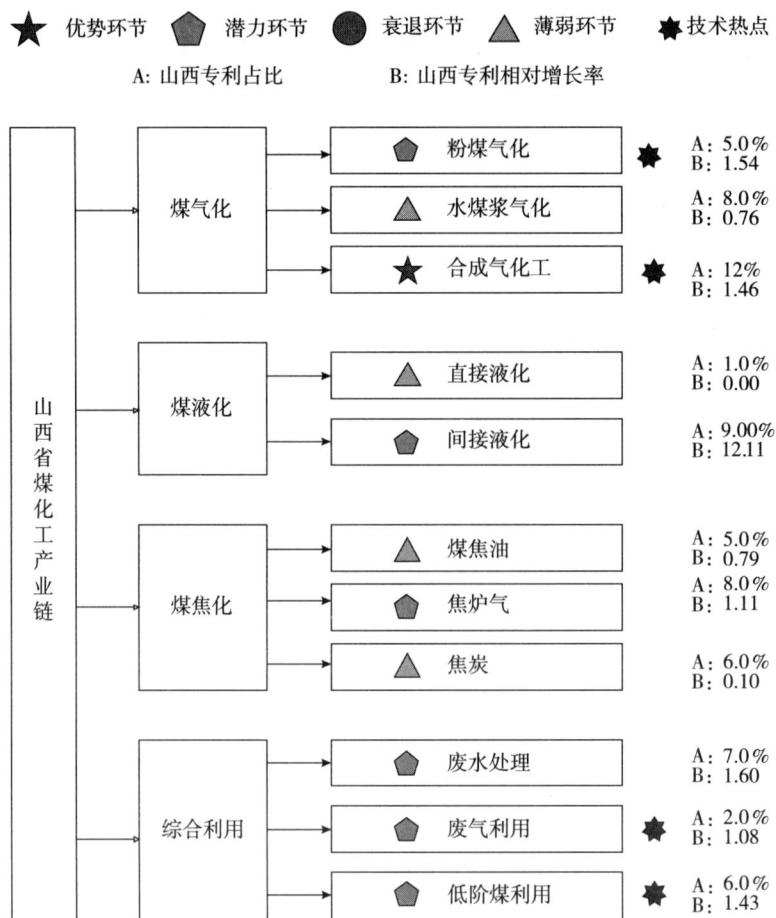

图4-13　煤化工产业链技术环节特征

下面从四种环节具体阐述山西煤化工产业链技术优势分布结果。

（1）优势环节。煤气化链条中的合成气化工环节的山西专利占比大于10%，并且山西专利相对增长率大于1。这说明这个环节的研究成果丰富，整体创新实力较强，且近年来的科技成果产出速度较快，高于全国的增长速度，因此这个环节属于优势环节。

（2）潜力环节。"煤气化链条中的粉煤气化环节""煤液化链条中的间接液化环节""煤焦化链条中的焦炉气环节""废气利用""废水处理""低阶煤综合利用"这六个环节的山西专利占比小于10%，山西专利相对增长率大于1。这说明，这六个环节的科研成果在全国占比较小，研发基础相对薄弱，技术实力弱，但是近年来的科研成果产出速度较快，高于全国的增长速度，因此这六个环节属于潜力环节。

（3）薄弱环节。"煤气化链条中水煤浆气化环节""煤液化链条中直接液化环节""煤焦化链条中煤焦油和焦炭环节"的山西专利占比小于10%，且山西专利相对增长率小于1。这说明这三个环节的科研产出成果较少，近年来的科研成果产出速度较慢，低于全国的增长速度，技术创新实力较弱，因此这三个环节是薄弱环节。

（4）通过对IPC平均增长率、山西专利占比和山西专利相对增长率的计算比较分析得出未来山西省煤化工技术发展前景。首先是IPC平均增长率排为在第一位的C02F废水处理技术，其次是山西专利占比小于10%但专利相对增长率大于1的粉煤气化和低阶煤利用潜力环节的关键技术。

在煤气化链条中，针对山西省煤化工煤灰熔点高、成浆性差、可磨性差，现有成熟的粉煤气化技术对山西煤种的适用性差等问题，开展煤化工粉煤气化基础理论、资源潜力综合评价等研究，建立能够指导山西省煤化工粉煤气化的基础理论，解决煤化工高灰熔点及低质煤的大规模气化和利用等关键技术，为加快全省煤化工产业发展奠定基础。同时，煤间接液化、焦炉气、废水处理、废气利用技术等在山西地区都属于比较有潜力的环节，应该大力发展处于该环节的相关技术。

在煤化工的煤气化链条粉煤气化环节中，针对山西省煤炭灰熔点高、成浆性差、可磨性差、产业整体规模发展速度慢及其对生态环境的影响等问题，开展煤化工煤气化理论、关键技术及面向不同状态煤的新型高效煤化工气化技术研究与示范，解决粉煤气化、合成气化工、水煤浆气化环节中的关键技术难题，建立适应山西省煤化工特点的煤气化技术体系，实现安全、高效、清洁的目标。在合成气化工方面，从山西省煤化工"十一五"期间的"肥、醇、炔、苯、油"到"十二五"期间的"苯、油、烯、气、醇"产业布局中可以看出,大宗化工品低碳醇需求量随着中国经济的发展也不断增加。为解决山西省合成气化工基础研究和产业化过程中遇到的实际问题,打破国外对己二腈生产工艺、聚烯烃改性等关键技术垄断,应优先支持"煤制低碳混合醇技术"等项目,以缓解低碳醇需求矛盾。

在煤化工综合利用链条和煤化工产业迅猛发展过程中产生了大量的废气与废水等,造成了严重的环境污染问题,针对这些严重问题,开展废气回收技术及废水利用技术的研究与示范,研发煤化工中废水处理与废气利用的关键技术,实现减少二氧化碳排放量1130万吨及煤化工产业的绿色发展,提高传统煤化工企业的经济效益的目标。

在煤化工综合利用领域中,为拓宽煤化工利用途径,提高利用效率,针对低阶煤有效成分利用效率低、污染物和碳排放量大等问题,开展煤化工土层岩石钻进技术、含一氧化碳可燃气体化学组合物的净化和改性等关键技术研究与示范,解决褐煤、次烟煤难以广泛利用的问题,实现山西省煤化工产业的转型跨越和绿色发展。

二、关键技术选择

生化处理是煤化工废水处理的主体和核心工艺。基于煤化工废水水质复杂、水量波动大的特点,目前普遍采用"厌氧+好氧"的生化处理方式。结合目前的不完全统计得知,国内煤化工项目所采用的主体生化工艺包括A/O或多级接触氧化等单体工艺,以及 EBA 工艺、Bio Dopp、厌氧生物流化床(3T-BAF)等多种组合工艺。早期部分企业由于重视程度不够,采取工艺往往不当,采用传统的厌氧、缺氧、好氧工艺,运行中发现工艺对高浓有毒有机废水的耐受性和处理效能较低,出水难以达标,处理废水的效果很不理想。碎煤加压气化废水因其难处理的特征,对生化工艺的要求则更为苛刻和严格,解决碎煤加压气化废水处理问题也是当前煤化工废水生化处理的研究重点。山西晋丰煤化工有限公司采用"臭氧+活性炭过滤+反渗透膜分离"的回用工艺路线处理公司污水处理站可排放的煤化工废水回用水用作脱盐水、净化系统蒸发冷凝器补水、循环水装置补水,回收利用率达60%（张国昀，2014）。当今，废水回用技术应用是煤化工废水处理的发展趋势，通过废水回用技术力求实现煤化工废水的零排放。煤化工企业要根据废水来源和水质情况，以及回用水质指标来设计废水处理和回用系统，才能做到煤化工废水的零排放，真正地解决煤化工项目的水资源和水环境问题（李克健等，2014）。

气流床煤气化是当今国际上最先进的煤气化技术之一，与水煤浆气化技术相比，粉煤气流床加压气化技术具有煤种适应性广、原料消耗低、碳转化率高、冷煤气效率高等技术优势，有更强的市场竞争力（苏学军，2014）。但是，目前我国还没有该技术的应用经历，正在建设和已经签约的十多个粉煤加压气化项目都是引进 Shell 专利技术，花费了大量外汇。"九五"期间华东理工大学、兖矿鲁南化肥厂（水煤浆气化及煤化工国家工程研究中心）、中国天辰化学工程公司圆满完成了国家"九五"科技攻关项目"新型（多喷嘴对置）水煤浆气化炉开发"，在兖矿鲁南化肥厂建成国内首套具有自主知识产权的水煤浆气化炉及中试装置，并取得突破性成果（马兆芳等，2005）。依托已有多喷嘴对置式中试气化炉（内衬耐火砖），上述三家单位又共同承担了国家"十五"科技攻关计划课题"粉煤加压气化制合成气新技术研究与开发"，建设具有自主知识产权的粉煤加压气化中试装置。2004年7月装置正式投运，首次在国内展示了粉煤加压气化技术的运行结果，填补了国内空白，技术指标达到国际先进水平（任照彬，2004）。2005年6月15日在该中试装置上成功运行了以 CO_2 为输送介质的粉煤加压气化，取得了宝贵的运行数据。迄今为止，以 CO_2 为输送介质的粉煤加压气化数据国际上未见报道。2005年底，在该装置上进行了褐煤的干燥与输送研究，为拓宽该技术的煤种适用性获得了具有参考价值的数据。所以该粉煤加压气化中试装置的建设和运行，在国内具有开创性作用，在我国煤气化技术发展史上具有重要的意义。山西在今后的发展中应依托国内的技术优势，加大研发投入，攻克技术难关，为山西省现代煤化工产业发展奠定了基础。

低阶煤利用中的煤热解多联产技术是以低阶煤热解为基础，进行热电气多联产，可以进一步实现煤炭资源的分级高效利用。根据热解工艺的不同，煤热解多联产技术分为以流化床热解为基础的热电气多联产技术、以移动床热解为基础的热电气多联产技术和以焦热载体热解为基础的热电气多联产技术。目前国内主要有浙江大学、清华大学、中科院过程工程研究所等单位进行以流化床热解为基础的循环流化床热电气多联产技术研究开发；以移动床热解为基础的热电气多联产技术的国内研发单位有北京动力经济研究所、中科院工程热物理研究所及北京蓝天新源科技有限责任公司；以焦热载体热解为基础的多联产工艺技术的研究机构包括鲁奇鲁尔公司、大连理工大学、清华大学等。低阶煤利用中的煤炭分质利用是煤炭综合利用有效方式。一方面可生产油品满足国内日益紧张的油气缺口，另一方面实现煤炭资源的高效、高附加值利用。分质利用项目的水耗只有传统煤化工的1/7，投资只有传统煤化工的1/3（分质利用项目耗水0.4~5吨/吨标煤，投资约0.1亿元/吨标煤；煤制甲醇项目水耗约3吨/吨标煤，投资约0.4亿元/吨标煤），是一种具有发展前景的煤炭高效清洁转化方式。随着技术的不断进步，以及油品质量和环保等问题的进一步解决，分质利用将成为今后低阶煤清洁高效利用的重要发展方向之一。

第四节　山西煤化工产业链研发策略及政策建议

一、研发策略

这里借助一个四象限图（见图4-14）对山西煤化工产业链技术策略进行选择与分析。图4-14中，横坐标为山西专利占比，纵轴为相对增长率，结合优势环节判断方法，得出第一象限中的环节是优势环节，第二象限中的环节定是潜力环节，第三象限中的环节是薄弱环节，第四象限中的环节是衰退环节。图中每个圆圈代表一个创新链环节。

适合进行技术引进策略的创新链环节有"水煤浆气化技术""煤直接液化技术""煤焦油技术""焦炭"。"煤焦油技术""焦炭"这两个环节中

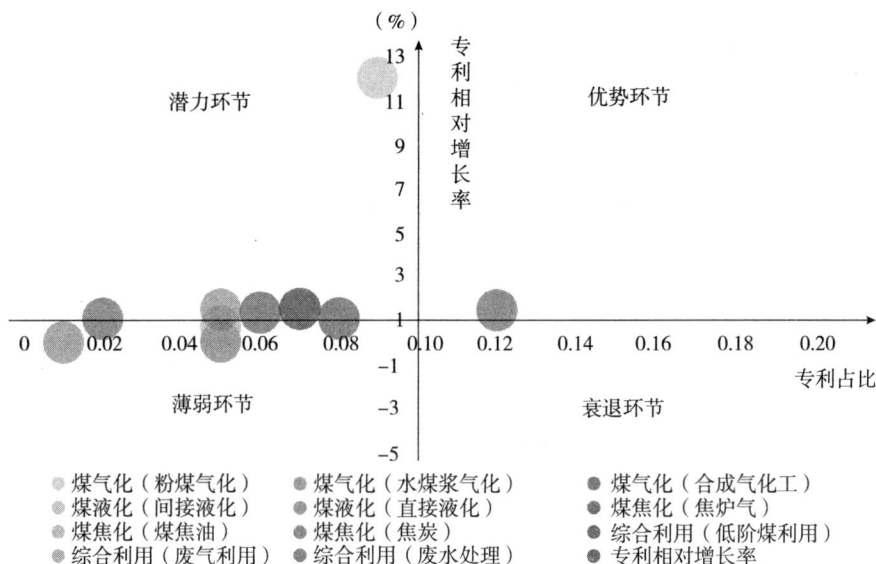

图4-14 山西煤化工产业链技术优势四象限

的"含碳物料的干馏生产煤气、焦炭、焦油或类似物、燃气轮机装置，喷气推进装置的空气进气道，空气助燃的喷气推进装置燃料供给的控制"技术是煤化工领域的技术热点，而山西在这两处是薄弱环节且没有研究基础，选择该策略可以快速突破该技术瓶颈，促进山西煤化工产业链整体的发展。

按照技术研发策略选择模型，给出各个产业链环节的技术路径。

适合进行自主研发策略的创新链环节有"合成气化工技术""粉煤气化技术""煤间接液化技术""焦炉气技术""废水处理技术""废气利用技术""低阶煤利用技术"。其中，"合成气化工"环节中的"烃油裂化，液态烃混合物的制备，如用破坏性加氢反应、低聚反应、聚合反应""不包含在其他类目中的燃料；天然气；不包含在C10G或C10K小类中的方法得到的合成天然气，液化石油气""在燃料或火中使用添加剂；引火物""含一氧化碳可燃气体化学组合物的净化和改性""蒸汽机装置；贮汽器"；"粉煤气化技术"环节中的"由固态含碳物料通过包含氧气或蒸汽的部分氧化工艺生产含有一氧化碳和氢气的气体"；"低阶煤利用"环节中的"土层或岩石的钻进"；"废水处理"环节中的"水、废水、污水或污泥的处理技术"是煤化工领域的技术热点，而且"合成气化工"环节在山西煤化工产业链中具有比较优势，技术实力较强。选择自主研发策略既可以提高自我创新能力，又可以促进山西煤化工产业链更好地发展。"粉煤气化技术"环节中的"由固态含碳物料通过包含氧气或蒸汽的部分氧化工艺生产含有一氧化碳和氢气的气体"；"低阶煤利用"环节中的"土层或岩石的钻进"；"废水处理"环节中的"水、废水、污水或污泥的处理技术"是煤化工领域技术热点。而且这三个环节在山西煤化工产业链中具有发展潜力，虽然专利占比不高，但是近年来专利增长较快，说明山西近年来投入了研发且研究成果产出较快，因此具有一定的研发基础。如果自主研发条件具备，不需要其他企业的帮助，则可以进行自主研发策略。

适合进行合作研发策略的创新链环节有"煤间接液化""焦炉气技术""废气利用技术"。"煤间接液化""焦炉气技术""废气利用技术"环节中的"含碳物料的干馏生产煤气、焦炭、焦油或类似物""化学或物理方法，如催化作用、胶体化学，其他有关设备""燃气轮机装置，喷气推进装置的空气进气道，空气助燃的喷气推进装置燃料供给的控制"是煤化工领域技术热点，而且这三个环节在山西煤化工产业链中有发展潜力，虽然专利占比不高，但是近年来专利增长较快，说明山西近年来投入了研发且研究成果产出较快，因此具有一定的研发基础。如果研发条件不能满足技术创新需求，选择合作研发策略较合适，通过其他企业的帮助来完成创新链环节的技术创新，实现共赢。

二、政策建议

（一）发展循环经济

煤化工是高耗能、高污染产业，一定要在源头预防及妥善处理好"三废"的排放。发展循环经济的模式：一是组织企业内部各工艺、装置间物料循环，将整个生产过程所产生的水、气等物质参与到其中，把废弃物转化为工业原料，实现废渣、煤气、余热蒸汽、工业用水的闭路利用，形成一个闭合的、可循环的生态的循环经济框架结构；二是组织企业间循环，以山西天脊集团煤焦化循环经济园区为例，通过产业链延伸，发展下游产业，上游企业的废弃物有部分是下游企业的原材料，通过市场交易建立基地产业循环经济框架。制定政策促进煤化工企业循环经济：一是技术政策，推动洁净煤技术发展，鼓励环保节能与资源循环再利用的技术、工艺和设备的研究和开发，强化技术更新与创新，加强公众环保督促意识，强化社会监督机制，建立环境监测体系，提高执法能力。二是财税政策，对产生污染的企业征收费用，迫使排污者外部效应内部化，控制排污量；对治理环境污染，采用先进工艺与设备、环保技术的企业给予企业亏损补贴、税前还贷、财政贴息、减免增值税、土地使用税等优惠政策。三是投资政策，建议政府部门设立专门机构管理保障相关工作的运行，给予适当的投资或设立专项贷款或基金，对洁净煤技术加大研发投入。

（二）建立有效应对挑战的机制

研发拥有自主知识产权的核心技术，将引进国外成熟技术和自主研发相结合，并与国内煤化工研究机构合作发展关键技术，减轻对国外技术的过度依赖；对聚烯烃产品结构进行优化，提高专用高端料市场份额。多方引资：一是投资主体多元化，拓宽资金筹措渠道。新型煤化工属于资金密集型产业，资金筹措是发展煤化工产业的基本前提，通过争取银行信贷、重组企业上市、发行企业债券等途径，加大融资力度，促进投资主体和投资方式的多元化。二是招商引资，与大型化工企业联合经营，提升产业发展水平，实现强强联合，充分发挥双方互补优势；加快重点项目建设，增强企业市场竞争能力，提升抗风险能力。金融支持：一是构建科学的投融资体系，由政府搭建融资平台，提供多渠道的融资服务和税收优惠政策，支持转型发展，推动产业集聚和产业集群的形成；设立山西煤化工产业投资基金，注重投资基金和政府的配合，减少资金入市障碍，鼓励保险资金、企业年金、商业银行、民间资本等入市，吸引更多的资金来源。二是加强与商业银行的协作往来，由多家金融机构或银行向一个项目或一家企业提供银团贷款，解决单个银行承载的困难，满足企业巨额融资需求。

（三）培养和引进煤化工人才

建立有利于人才有序流动和激励机制，加快培养专业人才，加强与省内外高等院校的合作，实现产学研的有效对接；动员有实力的大学、职业院校设置煤化工专业，实行对口培养和在岗职业培训；充分发挥行业协会、技术转让服务机构、咨询机构的作用，定期或不定期举行煤化工技术培训、指导、合作和交流。引进高层次煤化工人才，加强引进和储备煤化工人才，实行先进、科学、高效的管理和经营模式，强化鼓励出国人才回国创业优惠政策措施，建立能够吸引和发挥优秀人才的机制，为科技人员创造更加适宜的工作环境，提供更多的学习交流机会。积极开拓市场，一是准确定位、细分市场、扬长避短，及时调整技术路线，规避国际低成本的石化产品竞争；二是建立自己的产品销售渠道，培养产品应用加工、高附加值研究与售后技术服务队伍，把握市场引导的主动权。

（四）加强开发区域建设

自"硅谷"形成以来，世界各国在建设各类开发区方面已进行了比较成功的实践，如北京的中关村、青岛的橡胶谷等，对区域经济产业链的发展都起到了很好的促进作用，增强了产业的交流互通，是优化企业成长环境的重要方式。为此，应该制定、引导、鼓励高新技术企业群的政策，将其发展与地区优势结合起来，充分发挥区域结构功能，在煤化工产业集群方面，发展初期应首先确立纵向主导产业，主要包括：煤炭、焦化、焦炭等产品；煤炭、液化、汽油、柴油等产品；煤炭、气化、甲醇、合成氨、烯烃等化工产品。构建多元化运行，加强统筹规划和宏观调控，建立完善园区管理体制，强化组织协调；实现产业集群和资源集中，坚持一体化、基地化、集约化，建立煤化工领域共性技术平台，发挥规模效益，搭建行业内部上下游资源有效衔接。

（五）加强低阶煤技术创新

建议山西省相关企业、研究单位和设计单位加大研究开发力度，不断提高煤炭分质利用的技术和装备水平。积极开展跨行业合作，推进低阶煤分质利用多联产，延伸产业链，生产高附加值产品，不断提高低阶煤资源利用效率。同时要采取有效环保措施，确保生态环境不受破坏，实现产业的可持续发展。同时，建议山西省相关政府部门积极支持低阶煤分质利用产业发展，做好产业规划和布局，支持相关企业在低阶煤资源丰富、配套条件较好的地区开展分质利用示范项目建设。依托示范项目，加强科技创新攻关力度，形成"基础科研、研发平台、重大装备、示范工程"四位一体的创新体系，加快先进技术成果推广应用。鼓励跨行业合作，促进低阶煤分质利用多联产和产业链延伸。按照税收公平和适度原则，研究制定适合低阶煤分质利用的油品税收政策，促进产业健康发展。

第五章
山西煤机装备产业链技术评估

第一节　概况

一、产业概况

煤矿机械是专门用于煤矿开采的机械，煤矿机械的生产在我国有着举足轻重的作用。从 2006 年我国实施"十一五"规划以来，煤炭工业改革与发展取得了重大成就（郭淑芬、张倩，2011）。据统计，2006 年和 2007 年分别实现原煤产量 23.8 亿吨和 25.36 亿吨，2008 年达到 27.16 亿吨，2009 年达到 29.1 亿吨，2010 年突破 32 亿吨。煤炭企业的经济结构调整加快，原煤产量超过千万吨的企业已达到 34 家，全国大型煤炭企业的非煤产业产值已达到其总产值的 50% 以上。煤炭行业生产力水平有了新的提高，国有重点煤矿采煤机械化水平达到 86.5%。建成安全高效矿井 219 对。随着煤炭工业的发展，我国煤机制造业也实现了较快的发展。据 115 家企业统计，2010 年实现总产量 193.7 万吨，工业总产值达到 600 亿元，销售产值达到 700 亿元，共生产采煤机 546 台，掘进机 972 台，刮板运输机 4872 台，皮带输送机 3298 台，液压支架 40660 架（赵波，2011）。

预计未来几年，国内煤机装备需求量达到 700 亿~900 亿元，山西的煤机装备需求在 200 亿~300 亿元，所以说发展山西煤机装备制造业有着广阔的市场前景。而且山西作为煤炭能源的生产大省，给山西煤机装备制造业的发展提供了得天独厚的地域优势。因此，加快山西煤机装备制造业的发展就显得尤为重要（龚莹莹，2010）。

二、产业技术创新

近年来，我国煤矿机械技术水平显著提高，取得了长足的进展，与国外的差距正在逐渐缩小。山西省煤机装备制造业经过几十年的发展已形成较为完善的体系，在国内拥有较高的知名度并占有一定的市场份额，但在激烈的竞争中还没有占领市场的制高点，不仅与国际知名厂商有较大差距，甚至在国内同行的竞争中也不占优势，所以，山西省的煤机装备行业要继续向前发展，成为世界煤机装备产业基地，还需做更大的努力（王海涛，2014）。

2014年，太重集团煤机公司和西山煤电公司牵头承担"十二五"智能制造装备发展专项"煤炭综采成套装备智能系统开发与示范应用"项目为国内首套智能型千万吨级综采成套装备，国家补1亿元予以支持，形成了一批具有自主知识产权的专利技术52项（其中发明专利23项，实用新型专利29项）。"十一五"期间完成了国家科技支撑计划课题"年产千万吨级矿井大采高工作面成套装备及关键技术研究"（2007BAB13B01）；承担着"十二五"时期国家发改委智能制造专项"煤炭综采成套装备智能系统开发与示范应用"项目（发改办高技〔2011〕2548号）。完成和正在承担国家自然科学基金项目4项，省部级科技项目30多项。获省部级科技奖10多项。山西省编制完成"5117"重点产业链，首批七个产业链凝练出367个项目。太原市新认定14户市级企业技术中心，代表企业包括山西天地煤机装备有限公司、山西阳煤化工机械有限公司、太原晋西春雷铜业有限公司等。这14户市级企业技术中心共实施创新项目200多个，拥有专利成果300多个、发明专利50多个，参与制定国家及行业标准50多个。

2015年，第十三届中国企业发展论坛暨实施国家"三大战略"渤海新区峰会拉开帷幕。峰会发布了2015年度中国创新力企业百强榜单，太重煤机榜上有名。经省知识产权局推荐，中国专利奖评审委员会评审，国家知识产权局审核，山西省三项发明专利被授予第十七届中国专利优秀奖。获奖专利项目分别是：山西太钢不锈钢股份有限公司的"高强度抗疲劳耐大气腐蚀中厚板及其制造方法"、山西晋煤集团金鼎煤机矿业有限责任公司的"用于液压支架自动焊接的双面装卡工件的位装置"、中铁十七局集团有限公司、秦皇岛天业通联重工股份有限公司的"一种小曲线铁路箱梁架桥机"。

2016 年，山西新富升机器制造有限公司、中国煤炭科工集团太原研究院等煤矿采掘运装备研发企业，积极开展了煤矿采掘运装备数字化集成设计技术的研究。课题组已完成数字化设计平台硬件装置、采煤机扭矩轴试验台、刮板输送机链轮啮合试验台、掘进机截割特性试验台等 10 余套装置的研发；12 项专利获得授权，其中 5 项是发明专利；获批国家软件著作权71 个；获山西省科学技术二等奖 3 项、山西省高校科技一等奖 1 项、山西省与全国煤炭行业教学成果一等奖各 1 项；制定企业标准 17 项。项目成果已在太重煤机、山西煤机等多家企业成熟应用，效果良好。

三、煤机装备产业链界定

围绕煤炭工业实际需求和煤机装备产业关键技术瓶颈，部署创新链，提升山西省煤机装备产业技术水平，对有效解决煤炭行业资源回收率差、生产效率低、安全状况差、采掘工艺落后等问题，实现煤炭清洁、安全、高效生产利用具有重要意义。根据煤机装备产业链相关文献，依据煤炭开采及加工方式，对煤机装备领域的专家进行煤机装备产业链相关问题咨询，最终确定了山西煤机装备产业链，该产业链如图 5-1 所示，山西省煤机装备产业链纵向为露天开采、井工开采、洗选装备链条。

露天开采链条中细分为挖掘、破碎、运输三个技术环节。挖掘指的是直接从地表揭露并挖掘煤炭或其他矿产品的工作，常用的煤机装备有电铲、各式挖掘机等；破碎指的是运用某些机器设备或人工的方法减少煤粒度的过程，常用的煤机设备有牙轮钻机、各式破碎机；运输指的是用交通工具把煤从一个地方运到另一地方，常用的煤机设备有自卸车、履带输送车、可移式输送机等（郭淑芬、张倩，2012）。

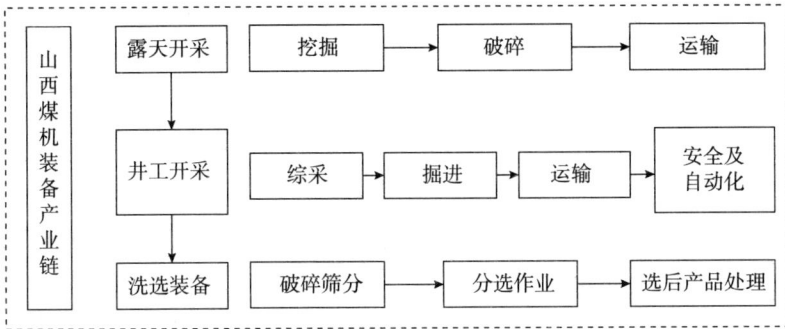

图 5-1 煤机装备产业链

井工煤矿链条中又细分为综采、掘进、运输、安全及自动化四个技术环节。综采指的是工作面全部实现综合机械化，常用的煤机设备有采煤机、刮板机、液压支架等；掘进指的是在采矿等工程中，开凿地下巷道，包括打眼、爆破、通风、清除碎石、安装巷道支柱等，常用的煤机设备有掘进成套装备、短壁开采装备等；井工运输中常用的煤机装备一般有提升机、带式输送机、柴油动力车等；安装设备及其自动化指的是供配电通信系统、灾害预警、人员定位等（张倩，2012）。

洗选装备链条中细分为破碎筛分、分选作业、选后产品处理三个技术环节。破碎筛分指的是将煤粒子群按煤粒子的大小、比重等粉体学性质进行分离的方法，常用的煤机设备是振动筛、跳汰机；分选作业常用的煤机设备是分选机；选后产品处理一般包括脱水、干燥、加工三个流程，常用的煤机设备有旋流器、离心机、过滤机等。

煤机装备产业链针对煤矿安全、高效、绿色、智能化开采的需求，重点围绕煤炭工业实际需求和煤机装备产业关键技术瓶颈，部署创新链，提升山西省煤机装备产业技术水平，对有效解决煤炭行业资源回收率差、生产效率低、安全状况差、采掘工艺落后等问题，实现煤炭清洁、安全、高效生产利用具有重要意义。

四、数据检索

针对山西煤机装备产业链各个环节，分别进行专利数据检索，检索式如表 5-1 所示。结果得到 14179 件专利，时间跨度为 2000~2016 年。

表 5-1　煤机装备产业链专利检索式

环节	检索式	数量
破碎	（破碎 OR 爆破 OR 钻孔 OR 钻机） AND （设备 OR 装备） AND 煤 AND （露天 OR 地面 OR 井上）	419
挖掘	（铲 OR 挖掘 OR 倒推） AND 煤 AND （设备 OR 装备）	577
运输	（运输 OR 输送 OR 胶带运输 OR 履带 OR 自卸车） AND 煤 AND 露天	252
综采	（综采 OR 电牵引 OR 刮板机 OR 液压支架 OR 井筒冻结 OR 滚筒机 OR 螺旋钻） AND （井工 OR 井下）	1374
掘进	（掘进 OR 短壁开采 OR 巷道 OR 破碎） AND（设备 OR 装备） AND 煤 AND （井工 OR 井下）	1067
运输	（运输 OR 输送 OR 提升机）AND （设备 OR 装备） AND（井下 OR 井工）AND 煤	1082
	（矿井提升机 OR 单轨吊车 OR 卡轨车 OR 齿轨车 OR 蓄电池动力车） AND 煤	81
安全及自动化	（安全 OR 电液控制 OR 监测 OR 预警） AND 煤 AND（设备 OR 装备） AND （井工 OR 井下）	1934
破碎筛分（分级）	（分选机 OR 旋流器 OR 筛分机 OR 破碎机 OR 振动筛 OR 离心机 OR 跳汰机 OR 过滤机 OR 洗选 OR 重介） AND 煤 AND （设备 OR 装备）	2261
分选作业	（破碎机 OR 筛分机） AND 煤	3360
选后产品处理	（脱泥 OR 脱水 OR 脱介筛） AND 煤 AND （设备 OR 装备）	1772

第二节　山西煤机装备产业链宏观技术特征

一、世界专利分析

（一）热点技术分析

对煤机装备领域的热点技术进行识别，可以了解煤机装备领域具有国际发展趋势的技术，掌握全球煤机装备技术发展趋势，为山西省制定煤机装备领域相关技术研发提供参考建议，更准确地找出山西煤机装备产业链的具体研发策略。

国际专利分类号 IPC 是国际通用的专利文献分类、文献检索工具，能够很好地反映专利中所涉及的技术。这里采用的世界煤机装备数据来源于欧洲专利局网站，利用检索词［（"coal mine" and equipment）or（"coal mine" and machine）］检索出 3893 件专利，将这些专利下载并存入 Excel 表格中。将所有专利的 IPC 分类号信息进行整理，统计每个 IPC 小类的专利数量，统计结果如图 5-2 所示。

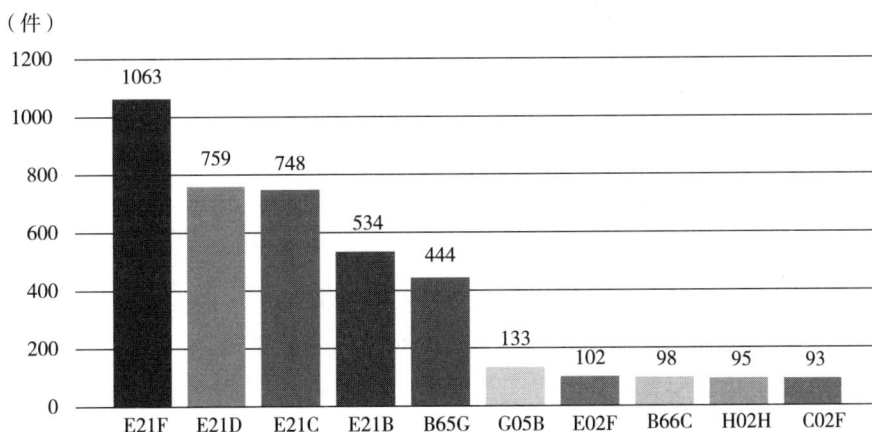

（件）

IPC小类	数量
E21F	1063
E21D	759
E21C	748
E21B	534
B65G	444
G05B	133
E02F	102
B66C	98
H02H	95
C02F	93

图 5-2　煤机装备专利数量排名前十的 IPC 小类

在图 5-2 中，我们发现 IPC 小类为 E21F 的专利数量最多，达到 1063 件，E21F 表示矿井、隧道中或其自身的安全装置，运输、充填、救护、通风或排水，这属于煤机装备产业链井工开采链条中安全和运输环节的技术。E21D 的专利数量为 759 件，表示竖井、隧道、平硐、地下室，这属于煤机装备产业链井工掘进环节的技术。E21C 的专利数量为 748 件，表示采矿或采石，这属于煤机装备产业链综采环节技术。E21B 的专利数量为 534 件，表示土层或岩石的钻进，这是一个综合技术领域，它既可以用于露天采煤，也可以用于井工的技术。B65G 的专利数量为 444 件，表示运输或贮存装置，属于露天和井工链条中运输环节的技术。G05B 的专利数量为 133 件，表示一般的控制或调节系统；这种系统的功能单元；用于这种系统或单元的监视或测试装置；属于井工链条中安全及自动化环节的技术。E02F 的专利数量为 102 件，表示挖掘、疏浚，属于露天挖掘的技术；B66C 的专利数量为 98 件，表示起重机或用于起重机、绞盘、绞车、滑车的载荷吊挂元件或装置；H02H 的专利数量为 95 件，表示紧急保护电路装置；C02F 的专利数量为 93 件，表示水、废水、污水或污泥的处理，属于选后产品处理环节的装备。综上所述，根据煤机装备专利数据的 IPC 小类信息统计，得出如下结论：

（1）煤机装备领域的研究成果最多的是煤机装备产业链的井工开采链条中运输环节，此环节的专利数量远大于其他环节。其中井工开采中运输环节的热点技术主要涉及起重机及用于起重机、绞盘、绞车或滑车的载荷吊挂元件或装置。

（2）煤机装备领域专利数量排在第二名的井工掘进和第三名的综采基本相同，具体热点技术细节为竖井、隧道、平硐、地下室及采矿采石。这说明煤机装备领域井工掘进和综采过程中的问题都是十分受重视的，体现出这两个环节在井工开采中占据着十分重要的地位。

（3）煤机装备产业链上专利数量排在第四名的是钻进，这是一项既可以用于露天采煤又可以用于井工开采的综合领域的技术。这说明在开采链条上煤机装备技术具有良好的柔性。其中的具体热点技术涉及土层或岩石的钻进。

（4）煤机装备专利数量排名前十的 IPC 小类中有 8 个代表了煤机装备产业链中的井工开采链条的技术，具体热点技术细节涉及掘进、综采、运输、安全及自动化。

（二）技术发展趋势分析

近年来专利数量变化大的热点技术即为发展潜力技术，因此这里通过计算热点技术的专利数量平均增长率来识别发展潜力技术，发展潜力技术即为未来煤机装备领域的技术发展方向。表 5-2 为各个热点技术所属的创新链链条情况。

表 5-2　各 IPC 与创新链的对应关系

IPC 小类	热点技术	所属链条及环节
B66C	矿井或隧道中或其自身的安全装置，运输、充填、救护、通风或排水	井工（安全和运输）
C02F	竖井、隧道、平碉、地下室	井工（掘进）
E02F	采矿或采石	井工（综采）
E21B	土层或岩石的钻进	露天和井工
B65G	运输或贮存装置，例如：装载或倾斜用输送机；车间输送机系统；气动管道输送机	露天和井工（运输）
E21F	一般的控制或调节系统；这种系统的功能单元；用于这种系统或单元的监视或测试装置	井工（安全及自动化）
H02H	挖掘；疏浚	露天（挖掘）
G05B	起重机；用于起重机、绞盘、绞车或滑车的载荷吊挂元件或装置	井工（运输）
E21D	紧急保护电路装置	井工（安全）
E21C	水、废水、污水或污泥的处理	洗选（选后产品处理）

从热点技术的专利平均增长率结果中，我们发现近三年专利数量平均

增长率排在前三名的热点技术分别为"起重机；用于起重机、绞盘、绞车或滑车的载荷吊挂元件或装置""水、废水、污水或污泥的处理""挖掘；疏浚"，它们的增长率数值分别为 0.40、0.32、0.27。"起重机；用于起重机、绞盘、绞车或滑车的载荷吊挂元件或装置"是井工运输环节的技术，以其高平均增长率成为煤机装备领域的发展潜力技术；"水、废水、污水或污泥的处理""挖掘；疏浚"技术同样以其高平均增长率成为煤机装备领域的发展潜力技术。另外，煤机装备产业链中"土层或岩石的钻进"是一种综合性技术，既可以用于露天开采又可以用于井工开采，以其高平均增长率成为当今煤机装备领域的发展潜力技术。

根据当前煤机装备领域的热点技术及发展潜力技术的分布，我们可以很清楚地知道煤机装备领域的发展方向，煤机装备领域的发展潜力技术一定是未来煤机装备领域的技术发展方向。"起重机；用于起重机、绞盘、绞车或滑车的载荷吊挂元件或装置""水、废水、污水或污泥的处理""挖掘；疏浚"这三个技术是未来煤机装备产业链的发展方向。另外，热点技术中的煤机装备产业链井工链条的掘进、综采、运输、安全及自动化相关技术和露天开采链条运输环节的"运输或贮存装置，如装载或倾斜用输送机；车间输送机系统；气动管道输送机"技术也是未来的煤机装备产业链技术发展方向。煤机装备领域的相关科研人员和政策制定者在进行工作时应该考虑以上煤机装备热点技术，使煤机装备产业链更好地发展，促进煤机装备产业链整体效益的最大化。

二、国内专利分析

（一）专利申请时间趋势分析

通过分析图 5-3 可知，2005 年以前煤机装备领域专利申请数量处于平稳发展阶段；2006 年以后，煤机装备领域专利数量出现上涨，虽然在 2013 年出现了下降趋势，但其基数还是非常大的，2015 年的申请量比 2010 年之前的任何一年都要高。而且从相对于 2005 年的专利申请数据情况来看，近五年来平均相对增长率达到了 2.7%。上述情况表明煤机装备的发展势头依然很迅猛。

（件）

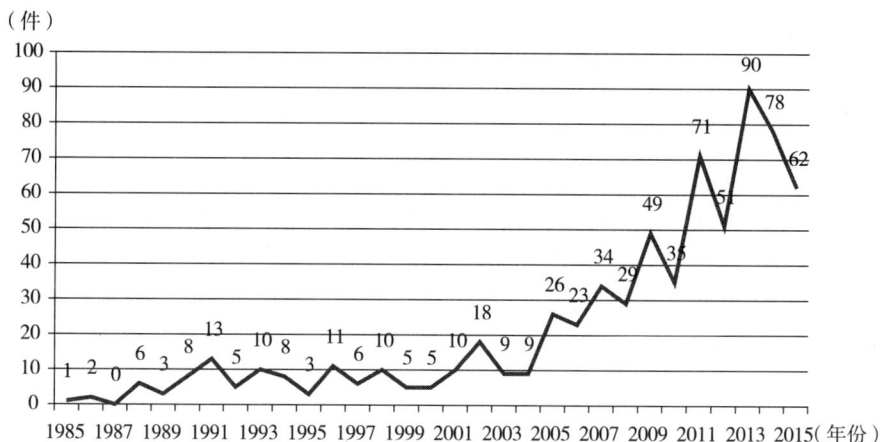

图 5-3　煤机装备产业相关专利申请趋势

究其原因，2005 年之前，我国的煤机装备行业有一系列的问题，比如设备陈旧、工艺落后、技术工人紧缺、资金投入渠道狭窄等问题。但是从 2005 年之后，我国加快了煤机装备行业的政策支持和资金支持，所以煤机装备相关专利从 2005 年开始增长。从 2012 年开始，我国出台了"十二五"时期煤炭行业健康发展的总体目标，煤炭工业新的发展形势对煤矿装备提出了更高更新的要求，也带来了新的发展机遇，同时选择山西开展煤炭工业可持续发展的试点，进一步给煤机装备领域发展提供了新的推动性力量。

（二）专利申请地区分析

通过图 5-4 我们可以看出，山东、山西和北京地区的煤机装备相关专利的申请数量处在全国的前三名，分别为 90 件、76 件和 69 件。山东省煤炭资源比较丰富，具有储量较多、赋存条件较好、品种多样、煤质优良的优势。再加上山东地处华东沿海经济发达地区，交通方便，能源需求大，所以其煤机装备领域发展强势。山西也是一个煤炭资源大省，自然申请量比较高。北京是我国的科技中心，有浓厚的科研氛围，许多高校、科研机构坐落于北京，这为煤机装备的研究提供了条件。

从图 5-4 中看出，煤机装备产业相关专利的申请地区是煤炭资源丰富

（件）

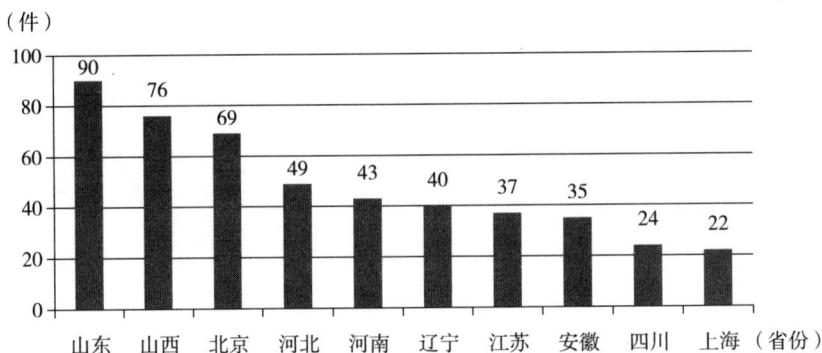

图 5-4　煤机装备相关专利申请地区

的地区和经济发达的地区，申请量高于其他的地区。这些地区对于这些专利的需求高于其他地区，在这方面的专利关注度也明显高于其他地区。

（三）专利发明人分析

对煤机装备的专利发明人进行分析，通过发明人的发明专利的数量统计，可以推测出哪些人在煤机装备领域的技术创新方面比较突出。

从图 5-5 中可以看出，常建勇的发明数量比其他人都多，经查证，常建勇为金易通科技（北京）股份有限公司的法人代表，包括郭庆文和姚昆亮等都是该公司的员工。金易通科技（北京）股份有限公司是一个国家高新技术企业，与德国在相关的煤机装备领域进行技术合作，是煤机装备领域非常重要的企业之一。

（件）

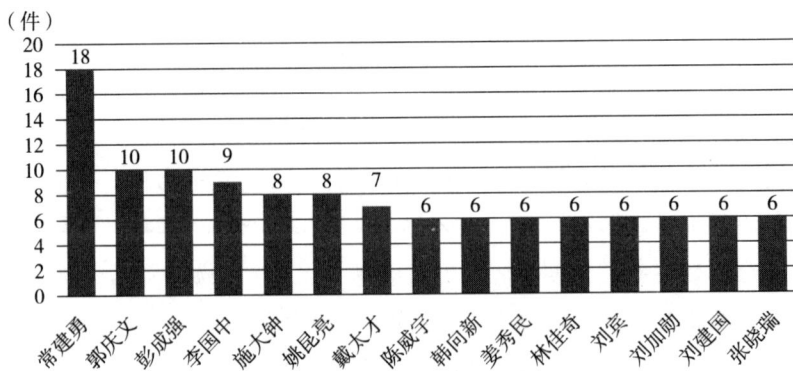

图 5-5　煤机装备专利申请人

除第一名以外的专利申请量排在前十五名的发明人专利申请量相差不大。大部分都是煤机装备相关企业的员工，说明企业对于煤机装备领域的重视程度要远远高于高校和科研机构。值得注意的一点是，韩向新、姜秀民、刘加勋和刘建国是上海交通大学的教师，这充分说明了上海交通大学在煤机装备领域有很强的科研能力。

山西在煤机装备领域虽然专利申请数量不少，但是并没有特别突出的人才和科研团队，所以要加强煤机装备面人才的培养，整合优势资源，营造一种创新的氛围，加大科研方面的投入，并做好相关人才的引进工作。

（四）专利申请主体分析

将申请人大致分为企业、研究所、个人、高校四类。如图 5-6 所示，这四类中企业的申请数量最多，达到了 55%，由此可以看出企业对于煤机装备的关注度远高于大学、研究所和个人，这也印证了申请人分析的内容。

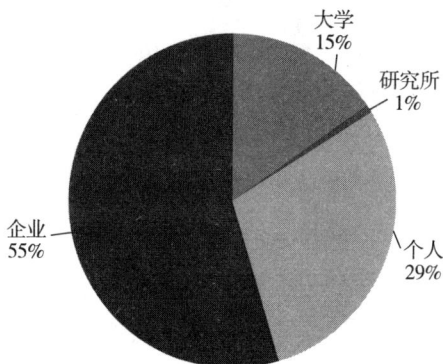

图 5-6　煤机装备相关专利申请人属性

根据图 5-7，各公司专利申请数量并没有太大的差距，并没有出现一家独大的情况。山西方面，山西潞安矿业（集团）有限责任公司和山西焦煤集团有限责任公司的申请数量都已经达到了全国前十名。山西潞安矿业（集团）有限责任公司在企业技术工艺、装备水平、效率效益始终名列全行业前茅，是山西五大煤炭企业集团之一。从煤机装备专利申请量来看，山西潞安集团坚持建设创新型企业，全面推进科技创新、金融创新、人才创新等，推进了企业由资源驱动型向创新驱动型、综合效益型转型，取得了很好的效果。山西焦煤集团有限责任公司在煤机装备领域共申请了四件专利，在全国范围内也是非常有竞争力的。山西焦煤集团有限责任公司是以煤炭开采加工为主，集矿井建设、煤矿机械制造、机电设备修造、发供电、化工、建筑安装、建材、运输、进出口贸易及三产服务业于一体的主业突出、综合发展的多元化大型企业集团。由此可见，山西企业在煤机装备制造业方面还是有一定优势的。

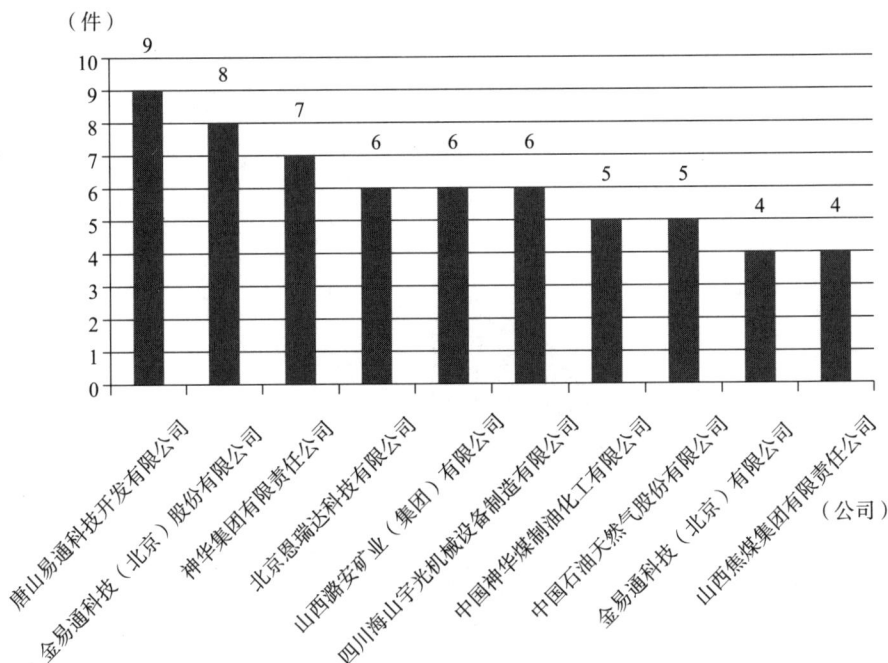

图 5-7　煤机装备公司专利申请情况

高校的申请量如图 5-8 所示，河南理工大学的申请数量处于第一名，达到了 7 件，通过查阅相关的资料，我们发现，河南理工大学是我国第一所矿业高等学府，在矿产领域拥有十分雄厚的力量。上海交通大学的申请数量紧随其后，达到了 6 件。这也不难理解，上海交通大学的煤机装备专业也是该学校的强势学科。在山西, 太原理工大学在煤机装备相关专利的申请数量上排在第三位, 专利申请数量达到了 6 件。结合煤电产业相关数据, 这充分说明了太原理工大学的煤炭相关专业是其优势学科。这对于山西来说是一个非常好的机会, 利用太原理工大学的优势, 结合相关企业, 提高教育质量, 产学研相结合, 充分利用研究所和大学人才资源, 减少公司的研发费用, 实现新的发展。

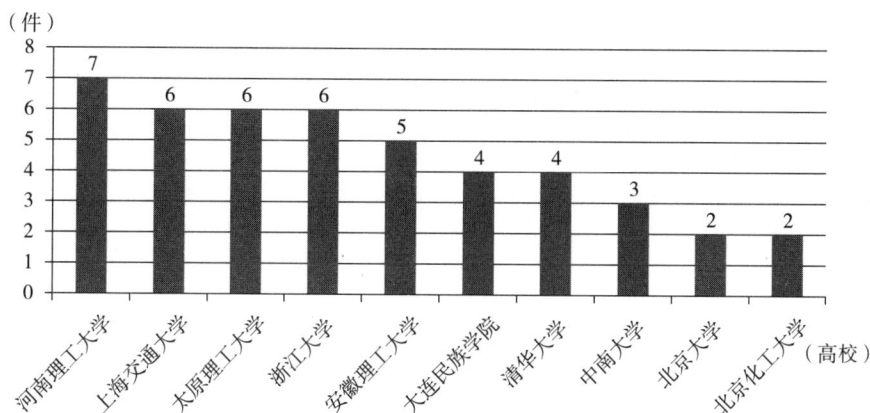

图 5-8　煤机装备领域大学专利申请情况

(五) 技术成熟度分析

利用专利指标法对煤机装备领域的专利进行分析, 通过计算技术生长率、技术成熟系数、技术衰老系数和新技术特征系数四个指标的历年值, 生成图表并观察数据变化趋势, 并判断技术所处的生长周期。我们计算了从 2005 年到 2015 年的煤机装备专利数据得到了图 5-9。

煤机装备领域已经处于技术生命周期的成长期。可以看出, 技术生长率曲线比较平缓, 技术成熟度曲线稍微有些上涨, 新技术特征系数和技术衰老系数没发生太大的变化。结合煤机装备领域的特征, 得出煤机装备领域暂时还处于成长期, 但是已经表现出了一些成熟期的特征。所以, 结合相关研究, 我们认为山西应该更加注重创新的力度, 对于一些薄弱产业可以进行技术引进, 或者进行自主研发。对于有一定产业基础的

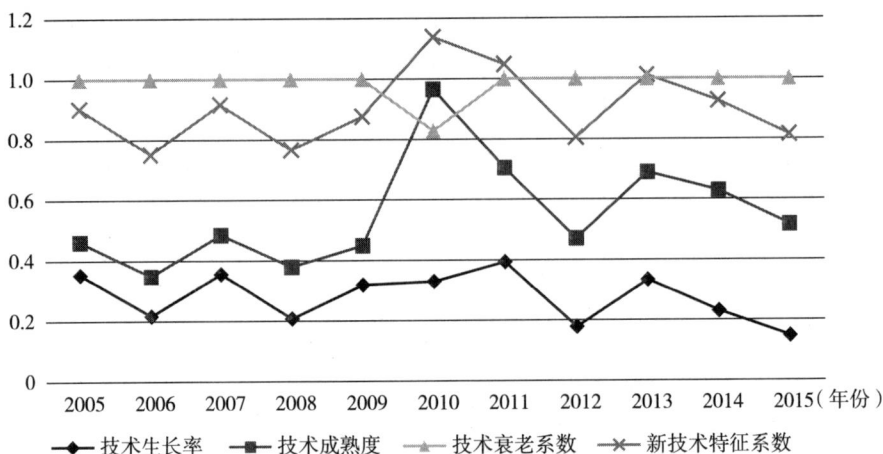

图 5-9　煤机装备专利指标

产业，应该抓紧进行技术创新。加快煤机装备业高新技术和实用技术的转化，加快关键技术的研发，提高煤机装备设计制造及工艺水平，实现产业升级。

三、山西专利分析

（一）专利申请机构

图 5-10 给出了山西煤机装备专利所有人的排名情况。按照专利申请数量降序排列，在前 10 名机构当中，山西天地煤机装备有限公司表现突出，拥有该领域 208 件专利，中国煤炭科工集团太原研究院、山西晋城无烟煤矿业集团、太原理工大学都表现出较强的创新实力，分别申请 147 件、128 件、101 件专利。可以看出在山西煤机装备领域的领先机构中，仅有太原理工大学一所高校，从整体上看，煤机装备领域是以企业为主要研发力量的产业。

图 5-11 展示了山西煤机装备专利申请机构合作网络。从整体上看，形成了三个大的创新网络。以山西天地煤机装备有限公司、中国煤炭科工

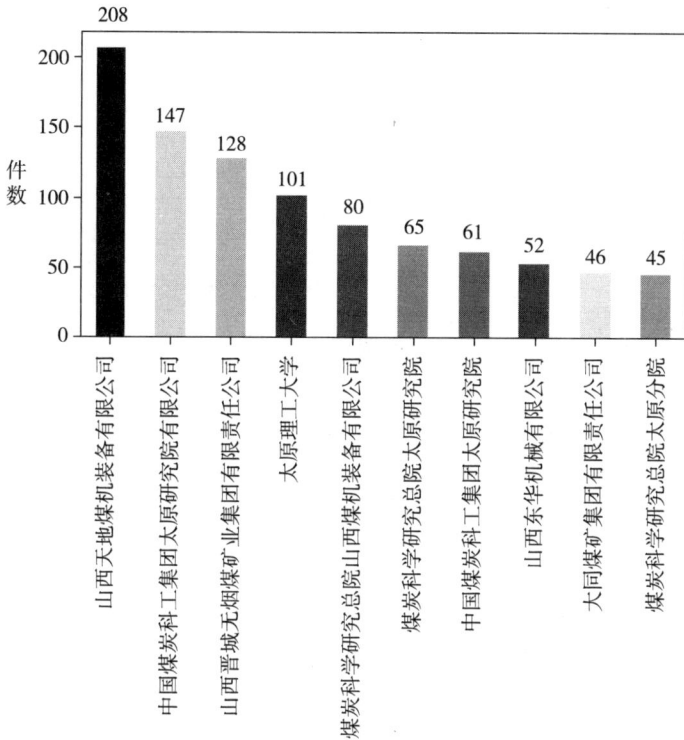

图 5-10　山西煤机装备专利申请机构（前 10 名）

集团太原研究院有限公司、山西天地矿山技术装备有限公司为主的机构形成了最大的合作网络；太原理工大学、山西潞安环保能源开发公司、山西煤炭地质 115 勘察院形成了合作较为紧密的网络；煤炭科学研究总院太原研究院、山西煤机装备公司、煤炭科学研究总院太原分院形成了规模较大的网络。另外，以晋城无烟煤矿业集团、山西平阳广日机电有限公司、山西晋煤技术研究院公司等为代表的机构也分别形成了各自的合作关系，不过网络节点规模相对较小，合作关系零散。

（二）专利发明人

图 5-12 给出了山西煤机装备专利发明人排名情况。按照专利数量降序排列，专利数量在 59~76 件，说明这些发明人具有较高的创新能力。在

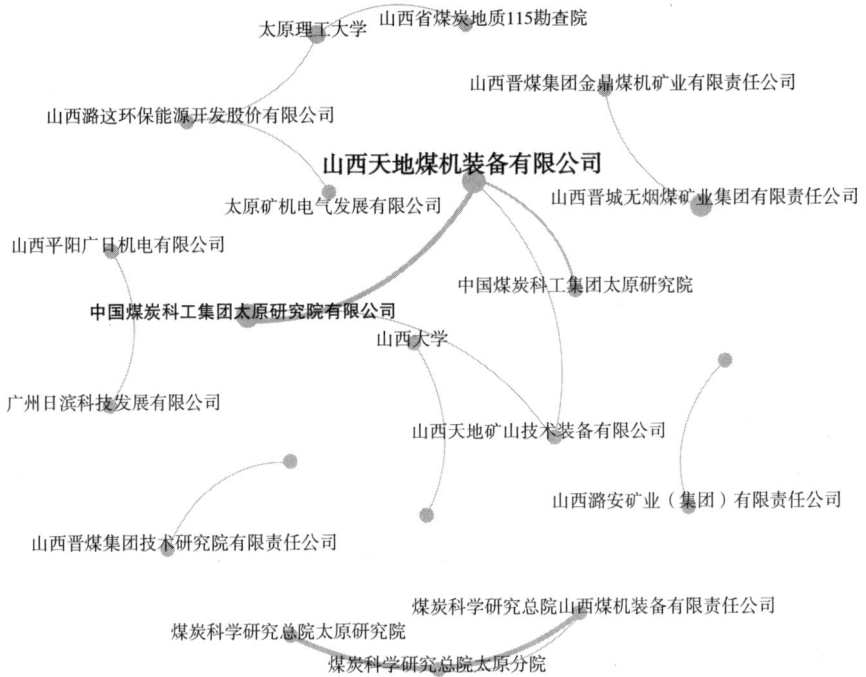

图 5-11　山西煤机装备专利申请机构合作网络

前 10 名发明人当中，马丽是最高产的专利发明人，是中国煤炭科工集团太原研究院有限公司的工作人员，另外除了闫振东是山西晋煤集团金鼎煤机矿业有限责任公司的工作人员外，其余都是中国煤炭科工集团太原研究院的工作人员，反映了中国煤炭科工集团太原研究院有限公司在煤机装备领域的突出创新实力。

图 5-13 展示了山西煤机装备专利发明人合作网络。整体上，山西省在该领域存在四个规模较大的创新群体。在图形左上方，形成以马丽、刘磊为代表的中国煤炭科工集团太原研究院创新群体；在图形右上方，形成以赵瑞萍、杨振声等为代表的中国煤炭科工集团太原研究院有限公司创新群体；在图形右下方，形成以雷煌、周旭、赵明岗等为代表的煤炭科学研究总院太原研究院创新群体；在图形左下方，形成以王步康、闫振东等为

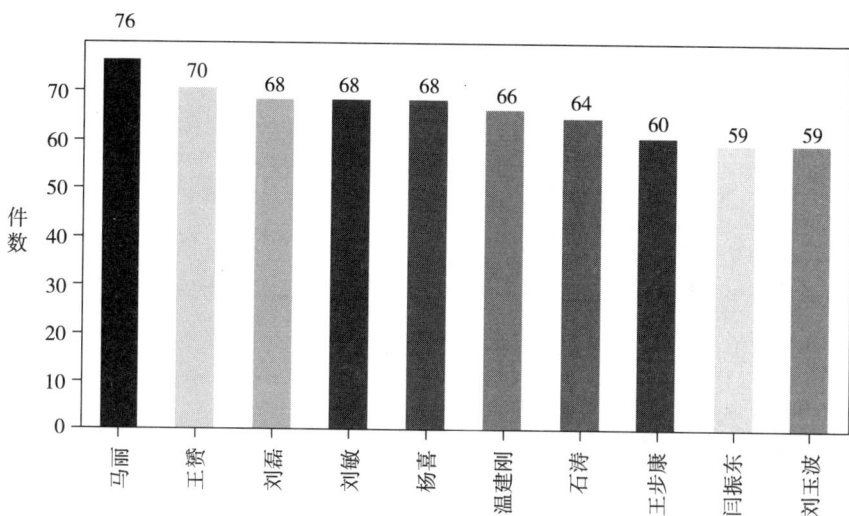

图 5-12　山西煤机装备专利发明人（前 10 名）

代表的山西晋煤集团金鼎煤机矿业有限责任公司创新群体。这些不同研发机构的创新群体是山西省煤机装备创新的中坚力量。另外，其他创新群体则在人数规模、成果产出方面处于劣势。

（三）技术主题词分析

图 5-14 展示了山西煤机装备技术专利主题词关联图谱。图中以技术主题词为节点，主题词在同一专利标题或摘要的共现关系为边，构建主题词关联图谱。节点大小反映了主题词的词频，边的粗细反映了主题词的共现程度。可以看出，整体上形成了完整的技术群落，围绕关键词"煤矿"或"采煤"或"矿用"形成了若干个技术子群。图形左方，主要集中于矿用安全技术的研究；图形中部，主要集中于利用采煤机、掘进机进行采煤的关键技术研究；图形右方，集中于煤矿的井下开采技术研究；图形左下方，主要为露天煤矿开采的研究。

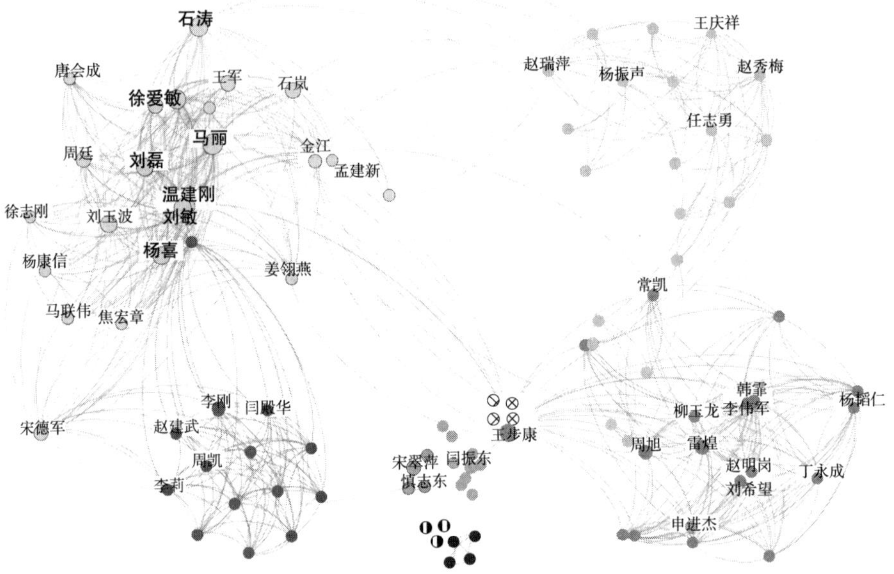

图 5-13　山西煤机装备专利发明人合作网络

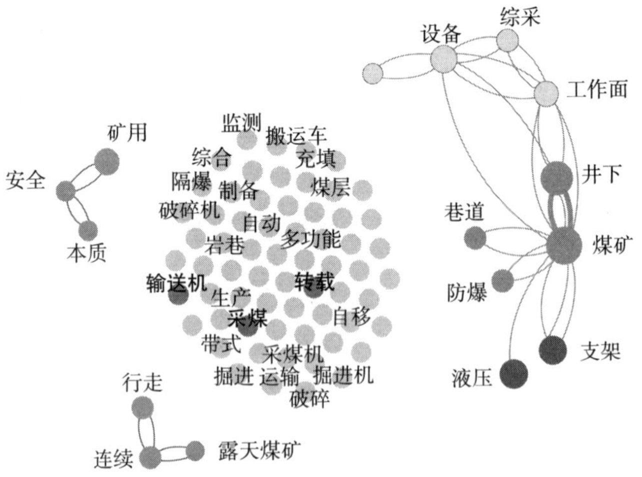

图 5-14　山西煤机装备技术主题词关联图

第三节 山西煤机装备产业链技术微观特征

一、产业链关键技术环节比较优势分析

结合煤机装备热点技术和山西省煤机装备产业链技术比较优势，作用在创新链上形成了一个反映煤机装备热点技术分布特征的山西煤机装备产业链优势环节分布图，如图 5-15 所示。

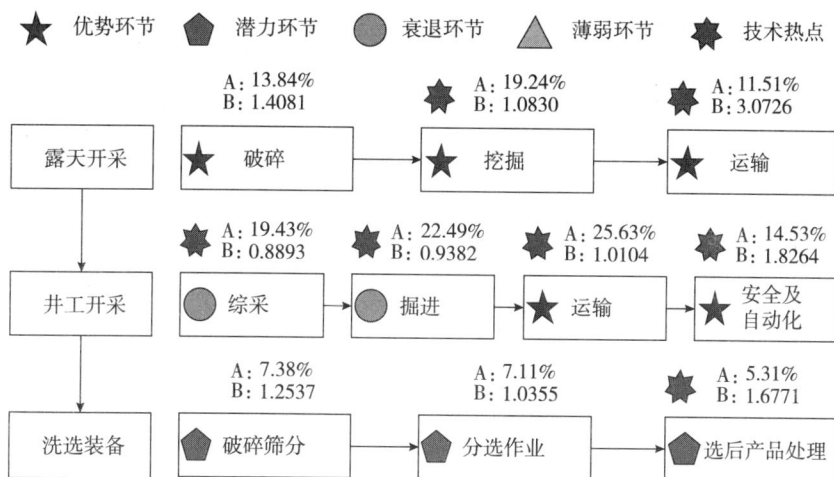

图 5-15 煤机装备产业链技术环节特征

注：A：山西专利占比；B：山西专利相对增长率。

（1）优势环节。露天开采链条中的破碎、挖掘及运输环节和井工开采链条中的运输、安全及自动化环节的山西专利占比大于 10%，并且山西专利相对增长率大于 1。这说明这五个环节的研究成果丰富，整体创新实力较强，且近年来的科技成果产出速度较快，高于全国的增长速度，因此这五个环节属于优势环节。

（2）潜力环节。洗选装备链条中的破碎筛分、分选作业、选后产品处理，这三个环节的山西专利占比小于 10%，山西专利相对增长率大于 1。

这说明，这三个环节的科研成果在全国占比较小，研发基础相对薄弱，技术实力弱，但是近年来的科研成果产出速度较快，高于全国的增长速度，因此这三个环节属于潜力环节。

（3）衰退环节。井工开采链条中的综采和掘进这两个环节的山西专利占比大于10%，山西专利相对增长率小于1。这说明这两个环节的科研产出成果丰富，在全国占有很大的比例，但是近年来的科研成果产出速度较慢，低于全国的增长速度，很可能是遇到了技术瓶颈，需要立刻突破该瓶颈，这样山西煤机装备产业链才能更好地发展，因此这两个环节是衰退环节。

（4）在露天开采链条中，破碎技术是山西的优势环节，在钻孔技术上，采用牙轮钻机适用于各种硬度矿岩的钻孔作业，国外的牙轮钻机工作可靠，寿命长，但价格昂贵，零部件供货周期长，是否选用应进行综合分析后确定，国产牙轮钻设备可靠，价格实惠，目前应用较多，所以是值得大规模应用的技术。目前新出现的液压凿岩技术在国内应用很好，但还需在优势基础上向国外学习。挖掘技术方面，既是优势环节也是技术热点，高能效大型矿用液压挖掘机关键部件国产化，电铲和液压铲是挖掘机的两个重要选择，目前来看液压反铲比正铲有更好的选采性能、更强的挖掘力、能更好地形成不同角度边坡，对于这种技术山西已经有一定的优势，可以将技术规模化，紧跟技术热点。在运输方面，既是优势环节又是技术热点，履带运输机、转载车在煤机装备上应用很广，技术已经十分娴熟，可以紧跟技术热点，把技术规范化，形成强有力体系。

在井工开采链条中，综采技术是衰退环节，同时是技术热点，说明山西在综采方面还需要进一步提高，发展综采技术，目前，综放开采技术在我国许多国有重点煤矿企业已经全面普及，相关采煤技术已经达到世界先进水平。然而，随着煤炭资源的深部开采，以往煤矿浅部开采时无须面对的问题如地压、瓦斯、水、温度在深部都需面对，需要从国外进口时，也要进行学习。掘进技术是衰退环节，同时是技术热点并且是有发展潜力的技术，尤其在煤巷高效快速掘进技术上，要加强对爆破工艺的研究，可以联合高效进行自主研发。该链条运输技术是优势环节，也是技术热点，并且是有发展潜力的技术，从欧洲专利局数据分析看，起重机是有发展潜力的技术，在山西优势基础上要发展起重机技术。安全及自动化是优势环节和技术热点，自动化与通信技术上要在优势基础上实现与其他环节的配合，同时借鉴国外的煤机装备井工开采结构。

在洗选装备链条中，破碎筛分、分选作业和选后产品处理都属于潜力环节，对于潜力环节，要重视高新技术在煤机装备行业中的作用，应该通过加强自主创新、提高对民族品牌的认识，加大对国产洗选设备制造的国家扶持力度，发挥行业的组织指导作用，齐心合力振兴国产洗选设备制造业。大型跳汰机、浮选机经过近几年的发展，已实现重大突破，整机质量已和进口产品差距不大，基本上能够满足国内生产需要。筛分机、离心脱水机差距在逐步减小，国产中小型筛分设备质量已产生质的进步，完全能满足中小型选煤厂要求。但在大型、特大型选煤厂的关键设备中仍需要部分进口，实现煤炭洗选装备全部国产化。

总之，对于优势环节，要坚持向煤矿机械的高端化和系列化及成套化方向发展；对于潜力环节，要不断提高创新能力，重视高新技术，推进重大装备研发进程，部分需要进口的部件，也要向国外学习；对于衰退环节，处于非技术热点并且有发展潜力的技术环节，整合资源，丢掉旧技术，处于技术热点并且有发展潜力的技术环节，主要依靠进口，实现产业升级，技术更新，同时山西要加强自主研发，产学研结合，实现煤机装备国产化。

二、关键技术选择

山西省贯彻落实省委、省政府创新驱动发展战略部署和"131 工程"，在"十二五"时期科技重大专项"采掘运装备数字化集成设计技术与系统"项目成果斐然。结合以上对山西煤机装备产业的技术优势的分析及当前煤机装备产业发展趋势的分析，这里选出几个山西应该优先发展的煤机装备产业技术，分别是"煤巷快速掘进技术""高可靠智能化液压支架技术""超长距离带式输送机技术"，做出以下技术分析：

目前，掘锚机组在国外已经趋于成熟并且得到了广泛应用。澳大利亚长壁工作面巷道 80%以上采用锚掘一体化施工。目前，悬臂式挖进机是较为先进的挖掘设备，它在煤矿中的使用越来越频繁，但是现在大多数都是采用钻爆法进行岩巷挖掘。我国在 20 世纪 80 年代初期，为了适应煤矿机械化生产发展的需要，采用技贸合作方式引进了当时具有先进技术水平的 AM50 型、S-100 型悬臂式掘进机。现在和未来最主要的挖掘技术是综掘法作业线，这种作业的掘进速度是目前最快的，它主要是引进了带式输送机和悬臂式掘进机等设备。在山西方面，2012 年，EBZ315 重型掘进机设计中，通过对高效切割技术、抗冲击大载荷回转机构、截割断面监测技术等一些关键技术进行攻关研究，研制成功了我国首台配套机载钻机系统的 EBZ315 大断面煤巷掘进机，该机技术先进，体现出了截割能力强、稳定性好、遥控操作方便、自动化程度高、性能可靠等特点。项目的实施填补了我国在大断面煤巷重型掘进机方面的空白，并开展了掘进及支护一体化的研究，使国产掘进机的单机掘进效率得到大幅提高。2014 年，《关于围绕煤炭产业清洁安全低碳高效发展重点安排的科技攻关项目指南》中，重点围绕煤巷高效快速掘进工艺技术，煤巷高效快速工作面顶板控制技术，掘进工作面单巷掘进一次成型、连续运输、掘锚平行作业工艺技术，快速掘进滑轨推进和可伸缩滚筒技术等开展技术攻关，煤巷快速掘进技术与成套装备研发是山西最优先发展的产业创新项目，未来也将推进煤巷高效快速掘进关键技术及成套装备工程示范，发展绿色开采技术（褚洁华，2003）。

西方采煤大国当前基本实现了对液压支架的可编程电液控制，而跟机手把单向邻架控制或本架控制水平是现阶段中国对于液压支架的主要控制方式，这样的控制方式虽然对煤层地质条件变化适应性较强、造价较低、制造容易、控制系统也比较简单，但却存在着更为严重的缺陷（黄学文等，2010）。同煤集团晋华宫煤矿目前主要采用的是 ZZS6000/17/37 型四柱支撑掩护式液压支架，其是大同煤矿集团公司为适应高产高效工作面开采而自行设计的。该型号支架已在采煤条件较好的中厚煤层工作面得到了广泛应用，其支护性能已达到国内领先水平。钢板焊接成的箱型结构可用作掩护梁，其下端通过前后连杆和底座铰能形成四连杆机构，这种四连杆机构可使支架前梁顶端和煤壁之间间距固定，保证支架工作的稳定性。在山西方面，2014 年，太原理工大学宋建成教授依托"煤矿电气设备和智能控制"山西省重点实验室，开发了自主知识产权的煤矿无人值守工作面液压支架电液控制系统，开发了综采工作面输送设备状态监测及故障诊断系统，获得了 12 项产品的煤安和防爆合格证，制定了 6 项企业标准，申报国家发明专利 10 项，授权 4 项，获软件著作权 6 项（钟龙俊，2012）。项目成果"煤矿无人值守工作面液压支架电液控制系统"完成了在晋煤集团古书院矿综采二队 152304、152305 和 152308 工作面的工业运行。2015 年 2 月 10~11 日，由山西平阳重工机械有限责任公司牵头承担的 2014 煤机装备产业链重点攻关项目"高可靠智能化液压支架及其关键技术开发"项目启动和方案界定会在太原召开。来自山西平阳重工机械有限责任公司、山西天地煤机装备有限公司、太原理工大学、太原科技大学、山西平阳广日机电有限公司 5 家产学研合作联合攻关单位的近 20 余人参加会议。会议就项目组织机构安排、项目总体规划和进度安排、任务分解及责任人确定等问题进行了研究部署，并就各承担单位的课题任务进行了界定。

带式输送机发展上，我国工作面顺槽可伸缩带式输送机最大装机功率为 4×250kW，国外产品可达 4×970kW，国产带式输送机的装机功率为国外产品的 30%~40%，固定带式输送机的装机功率相差更大。我国带式输送机最大运量为每小时 3000 吨，国外已达每小时 5500 吨，我国带式输送机的最大输送长度为 33.1 千米，单条带式输送长度最长为 15 千米。国外带式输送机的输送长度可达 145 千米，单条带式输送最长可达 19.2 千米。我国带式输送机多采用调速型液力耦合器和硬齿面减速器，国外带式输送机传动方式多样，如 BOSS 系统和 CST（软启动）可控传动系统等，控制精度较高。目前世界上的输送机已向长距离、高带速、大输送量、高可靠性发展，我国在这方面还有很大的发展空间。在山西方面，太原理工大学负责的基于能量转换的矿用倾斜带式输送机防抱死安全制动关键技术的项目，该发明技术是将重力势能和惯性能自动转化利用，无须外动力就可形成可调可控的液压制动力矩；模糊 PID 溢流同步控制和过零速释放机械势能产生稳车制动机理，保证了输送机滚筒防抱死性能；非制动工况零阻尼回路和机械势能静态平衡使制动器不发热、无磨损；长距离输送带张力自动调节，保证了制动力矩有效传递（范建等，2014）。获发明专利 4 项，被多家设计院和专业煤矿机械厂采纳应用，在 100 多条串联主煤流生产线上发挥着巨大作用，新增利润 40181 万元。获得 2010 年度国家技术发明二等奖。2017 年 4 月 15 日，在中国煤炭工业协会和中国煤炭学会组织的表彰会上，山西煤矿机械制造股份有限公司研制的我国首套具有自主知识产权的千万吨级综采工作面智能型输送系统荣获一等奖。经山西省科技厅的创新链讨论，超长距离带式输送机是山西最优先发展的技术，尤其是平面转弯技术、监控与故障诊断和低运行阻力输送技术，对于关键部件国产化有极高的技术需求，也是具有发展前景的技术。

第四节　山西煤机装备产业链研发策略及政策建议

一、研发策略

图 5-16 给出了山西煤机装备产业链关键技术环节比较优势。

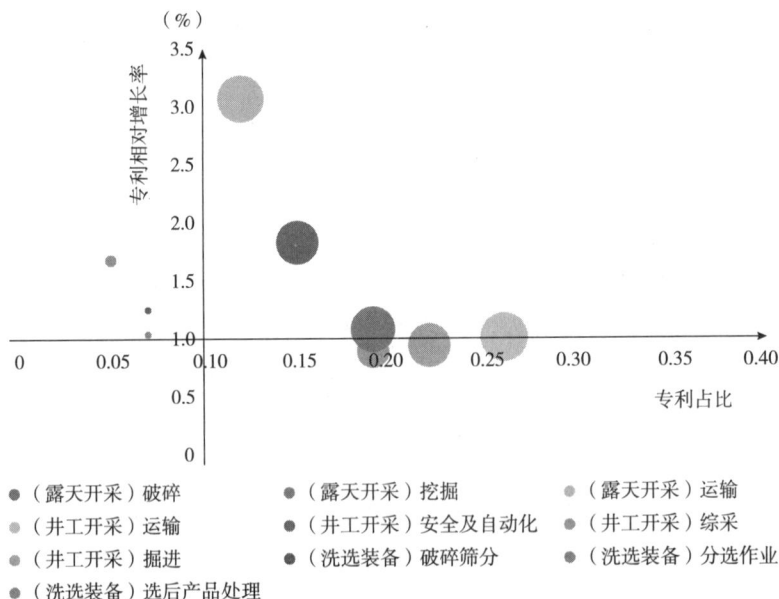

图 5-16　山西煤机装备产业链技术优势四象限

按照技术研发策略选择模型，给出各个产业链环节的技术路径。

适合进行技术引进策略的创新链环节有井工开采链条中的"掘进"环节的"竖井、隧道、平硐、地下室"技术、"综采"环节的"采矿或采石"技术，这两项是煤机装备领域的热点技术，而山西在这两处是薄弱环节且研究基础不太雄厚，选择该策略可以快速突破该技术瓶颈，促进山西煤机装备产业链整体的发展。井工开采的"综采"和"掘进"这两个环节拥有的专利虽然较多，但是近年来发展缓慢，可能遇到了技术瓶颈或减少了此处的研发，如果是遇到了技术瓶颈，考虑到时间紧迫的因素选择技术引进的发展策略较合适。

适合进行自主研发策略的创新链环节有露天开采链条中的"破碎""挖掘""运输"，井工开采链条中的"运输"和"安全及自动化技术"。其中，井工链条中的"安全及自动化技术"和"运输"环节中的"矿井或隧道中或其自身的安全装置，运输、充填、救护、通风或排水技术""起重机技术""用于起重机、绞盘、绞车或滑车的载荷吊挂元件或装置技术""一般的控制或调节系统技术""这种系统的功能单元技术""用于这种系统或单元的监视或测试装置技术""紧急保护电路装置"，露天开采链条和井工开采链条中的"土层或岩石的钻进技术"，"运输"环节的"运输或贮存装置技术，如装载或倾斜用输送机技术""车间输送机系统技术""气动管道输送机技术"是煤机装备领域的技术热点，而且这五个环节在山西煤机装备产业链中具有比较优势，技术实力较强。选择自主研发策略既可以提高自我创新能力又可以促进山西煤机装备产业链更好地发展，并且在山西煤机装备产业链中是优势环节，虽然专利占比高且近年来专利增长较快，说明山西近年来投入了研发且研究成果产出较快，因此具有一定的研发基础。如果自主研发条件具备，不需要其他企业的帮助，则可以进行自主研发策略。

适合进行合作研发策略的创新链环节有洗选装备链条中"选后产品处理"。"选后产品处理"环节中的"水、废水、污水或污泥的处理"技术是煤机装备领域的技术热点，而且这三个环节在山西煤机装备产业链中有发展潜力，虽然专利占比不高，但是近年来专利增长较快，说明山西近年来投入了研发且研究成果产出较快,因此具有一定的研发基础。如果研发条件不能满足技术创新需求,选择合作研发策略较合适,通过其他企业的帮助来完成创新链环节的技术创新,实现共赢。

适合进行保持现有的技术研发优势策略的创新链环节有洗选装备链条的"破碎筛分技术""分选技术"。这两个环节中不涉及当前煤机装备技术热点,但却是山西的优势环节,近年来的专利增长较快,山西在这两处具有较强的研发基础,选择保持技术优势策略较合适,山西已经投入了这两个环节的技术研发,考虑山西煤机装备产业链整体的发展,选择继续进行现有的技术研发策略比较合适。

二、政策建议

当前,煤机装备行业竞争激烈,外资巨头抢占中国煤机装备市场,大型煤机装备企业整合重组,激起了煤机装备行业重组洗牌的浪潮。同时,煤炭产业转型发展、循环发展、集约发展和高碳产业节能减排的刚性约束,对煤炭装备高端化和煤矿生产服务提出了更高的要求。此外,在煤机装备制造自动化、高端化、智能化和为煤矿生产提供超值服务方面也面临着起步晚、发展慢等诸多重大挑战。在这个关键时期,抓住机遇,迎接挑战,克服困难和问题,深入研究和正确选择山西煤机装备发展的战略具有非常重要的意义和作用。

山西发展煤机装备制造业有着独特的产业优势。首先,较为丰富的煤炭资源和实力雄厚的煤炭生产企业使山西煤机装备制造业的发展拥有得天独厚的先天条件,使其在露天开采和井工运输、安全及自动化环节占有优势地位。其次,山西的煤机装备制造企业的生产装备能力比较先进,拥有露天挖掘、井工运输及洗选中选后产品处理的具有发展趋势的技术。与此同时,山西也应该看到自身的产业劣势:煤机企业科研意识不强,缺乏对综采、掘进技术设备的投入,使其一直处于缓慢发展阶段。

由此,针对山西煤机装备产业技术发展背景,结合前述分析,提出如下政策建议。

(1) 通过自主创新与技术引进,为多种煤矿提供如井下"采、掘、自、运"和露天"破、掘、运"等的全系列、多品种煤机成套装备,把山西省煤矿井下综掘综采和露天开采成套设备做大、做强和做精。牢牢把握市场与资源优势,建设大型煤炭洗选成套设备研制的平台基地。凭借山西省煤炭资源、煤炭企业和市场优势,加强政策引导和资金扶持,以太重煤机、山西焦煤、山西森特、阳泉华越等企业为主体通过实施产学研联合、自主开发、引进技术,攻克关键技术,重点发展破碎机、浮选机、过滤机等具有潜力的产品,形成煤炭洗选项目整装成套设备制造能力,建设国内高水平的大型煤炭洗选成套设备的研发基地。

(2)山西应以煤矿井下安全配套装备和煤机关键部件为先导,提升煤矿安全装备和煤机配套产品制造能力。安全生产是山西煤炭经济和煤机装备业的重中之重。以山西防爆电机、山西华鑫汾西重工、永济电机、山西兰花汉斯瓦斯抑爆设备公司等企业为主体,重点发展矿用防爆电机、防爆风机、防爆开关等煤矿安全生产设备,以及煤机装备电气系统、煤矿数字化矿山网络通信系统等配套产品。

(3)山西煤机装备制造业首先应转变观念,强化服务意识,把服务当作一种新的产业、新的事业来做。服务不仅能增加效益,而且具有增强企业影响力、树立企业形象的重要作用。"在山西煤机所面临的短板当中,技术创新成果转化是当前亟待解决的问题。"对于煤机企业存在的短板问题,未来应充分利用多年来创新发展积累起来的资源、资本、人才、技术优势,继续加强技术创新,以先进的理念、完美的设计和先进的工艺技术、完善的产品性能来增强产品的先进性;进一步加强资本运作,促进资本与装备、技术、工艺、服务的有机结合和良性互动,将先进的技术工艺转化为推进煤炭产业集约、高效、低碳、安全发展的先进生产力;加快专利技术向产品转化,产品向产业转化的速度和进程。

(4)深入拓展外部市场,与大型煤炭生产企业联合,扩大企业对外产品的销售量,提升技术服务、树立企业品牌,从而应对煤机产业面临的挑战。只要山西煤机装备制造业深入挖掘和创造新的比较优势,就有信心、有能力在激烈的市场竞争中永立不败之地。

(5)针对山西煤机装备市场现状,还应整顿规范市场秩序,整合煤机装备资源，提高产业集中度。在煤机装备制造方面，山西应借鉴陕西和河南的发展经验，将中小煤机装备企业或者煤炭生产与煤机装备制造企业予以整合，实现由单枪匹马发展到团队作战，将人力、物力、财力有效凝聚起来，将煤炭企业资源优势转化为煤机装备企业发展优势。长期以来，山西以井工煤矿为主，露天煤矿很少，这对发展大型煤炭企业、提高生产设备水平，开辟煤机装备市场都大有裨益。然而，随着新建矿井日趋饱和，山西对新的生产设备需求逐渐减少。因此，从长远考虑，山西下一步应在立足本省市场的基础上，开拓西北市场。相比国外和其他省份，对于西北市场，山西更便于调查研究，沟通交流，及时根据客户需求研制产品。此外，针对以小煤矿为主的湖南、湖北等省份边角煤炭资源开采设备采用较多的特点，山西的煤机装备制造企业在生产大型现代化煤机装备的生产设备的同时，也要针对客户需求，研制小型的综采设备。

第六章 山西煤电产业链技术评估

第一节　概况

一、产业概况

中国改革开放以后的能源行业发展十分迅速，特别是电力行业正在进行着大踏步式的发展，取得了巨大的成就。进入 21 世纪后，我国电力行业的装机容量、发电量等指标的上升速度令世界震惊。虽然在总的装机容量中，国家有意识地将水电与新能源的比例不断提高，但是从总体上来看，我国发电机组还是以火电为主。在我国，过去三十多年，煤炭一直占一次能源生产和消费总量的 70% 左右。从中国国情来看，煤炭是中国经济发展的基石，虽然今后其比重会逐步下降，但煤炭仍将处于主体战略地位。国务院《能源发展战略行动计划（2014-2020 年）》指出，2020 年，中国煤炭消费量约 42 亿吨，占一次能源消费比例约为 62%。电力是最清洁、最便捷的二次能源。因此，煤炭高效转化为电力仍是其未来努力和发展的主要方向，也是未来煤炭需求的主要增长空间（叶春，2008）。

煤电产业是山西省重要的支柱产业，目前已成为全省工业中利润最大的行业。截至 2013 年底山西省发电装机容量为 5767.27 万千瓦，燃煤机组约占 90%。2013 年总发电量 2625.4 亿千瓦时，其中火电 2527.13 亿千瓦时，占 95% 以上。燃煤机组中，煤粉炉电站占比约为 80%，循环流化床锅炉电站占比约为 20%。国内发电机组性能和技术水平与世界同量级发电机组水平相当，山西省选用机组水平基本与先进水平同步。

"十三五"期间，山西将加快建设晋北、晋中、晋东三大煤电基地，优化电源结构，推动煤电产业优化升级，加大一次能源转化力度和电力为主的二次能源输出力度。集约化发展大型坑口电站，扩大晋电外送规模。晋北基地，依托晋北动力煤优势加快煤电一体化进程；晋中基地，利用洗中煤、煤泥、煤矸石等低热值燃料重点推进低热值煤电厂建设；晋东基地，重点推进以动力煤为主的阳煤、潞安集团煤电一体化，努力做大做强煤电支柱产业。到 2020 年，全省一次能源生产总量达到 8 亿吨标煤左右，煤炭产能控制在 12 亿吨左右，产量控制在 10 亿吨以内；电力装机容量力争达到 1.3 亿千瓦，其中外送电装机规模达到 6000 万千瓦。

二、煤电产业技术体系

煤电行业高效清洁发展的主要方向是提高设备的效率，减少煤炭的消耗。现阶段煤电行业主要是煤粉发电技术和循环流化床锅炉发电技术。近几年来，随着大型电力设备制造水平的快速提高以及以大代小政策的落实，大型火电机组可靠性和效率显著提高。另外，煤电产业链还包括废弃物处理和输变电。

（一）燃煤发电相关技术

在燃煤发电部分，主要包括的技术为环流化床燃烧发电技术和整体煤气化燃气——蒸汽联合循环技术。

1. 循环流化床燃烧发电技术

循环流化床燃烧（Circulating Fluidized Bed Boiler，CFB 或 CFBB）发电技术具有清洁高效、污染物排放量低、燃料适应性广、复合调节范围大、一级灰渣易于综合利用等优点。近二十年该技术迅猛发展，从小容量工业锅炉走向大型发电行业，是煤清洁燃烧发电的重要技术之一。国外CFB 的研究始于 20 世纪 70 年代，它是由鼓泡床沸腾炉和化工行业的 CFB工艺发展而来的。目前国外虽然开发研制、生产 CFBB 的公司、厂商较多，但从 CFBB 设计结构特点上主要可分为三大流派。

（1）以德国鲁奇（Lurgi）公司为代表的鲁奇型 CFBB。鲁奇型 CFBB 采用外置式换热器（EHE）设计，鲁奇公司在有利于锅炉受热面布置、炉膛温度及锅炉负荷控制、再热器布置及汽温调节等方面做出了成功的探索，同时也为机组的大型化创造了有利条件。该技术特点是调温、排放特性好，主要缺陷是系统复杂、成本高和运行水平要求高。

（2）芬兰奥斯龙公司的百炉宝（Pyroflow）型 CFBB。该公司开发的 Pyroflow 型 CFBB 技术采用热水循环、绝热旋风筒、炉内布置受热面、n 管等技术。为解决圆筒型高温绝热旋风分离器给锅炉整体布置带来的困难，该公司提出了紧凑式（Pyroflow-Compact）布置的概念，即将圆筒型分离器改为方形，使其形状与方形的炉膛与尾部烟道相匹配，从而简化了锅炉的布置，节省了钢耗量。

（3）美国福斯特·惠勒（Foster Wheeler）公司的 CFBB Foster Wheeler 公司是美国三大电站锅炉制造商之一。它提出了汽冷分离器和一体式返料换热器（INTREX）技术。该公司大型 CFB 的主要特点是独特的管道式床下点火装置、汽冷式旋风分离器、整体式换热床定向风帽、固体物料回送采用 J 阀等。

我国已经掌握了世界领先的 CFB 技术，具备了开发创新的能力，形成了自主知识产权的 CFB 技术，达到了国际先进或者领先水平。值得注意的是，CFB 锅炉燃料不仅在劣质煤和特种燃料大规模利用上有其优势，同时还可以降低成本控制污染物排放。随着 CFB 锅炉低能耗技术的逐渐完善，循环流化床锅炉机组在供电效率和可靠性方面已与煤粉锅炉相当。今后应充分发挥 CFB 锅炉燃烧技术的优点和高可靠性、高参数相结合，降低污染物排放，发展超临界/超超临界参数 CFB 锅炉机组。

2. 整体煤气化燃气——蒸汽联合循环技术

整体煤气化燃气——蒸汽联合循环（Integrated Gasification Combined Cycle，IGCC）走的是一条由燃煤变燃氢的技术路线，煤通过气化和脱硫、除尘等净化处理后，转化为含有一氧化碳和氢气的合成气，这些合成气随后再进入燃气轮机发电。IGCC 发电系统是将煤气化技术和高效的联合循环相结合的先进动力系统。它由两大部分组成，即煤的气化与净化部分和燃气—蒸汽联合循环发电部分。第一部分的主要设备有气化炉、空分装置、煤气净化设备；第二部分的主要设备有燃气轮机发电系统、余热锅炉、蒸汽轮机发电系统。IGCC 的工艺过程如下：煤置备后经气化成为中低热值煤气，经过净化，除去煤气中的硫化物、氮化物、粉尘等污染物，变为清洁的气体燃料，然后送入燃气轮机的燃烧室燃烧，加热气体工质以驱动燃气透平做功，燃气轮机排气进入余热锅炉加热给水，产生过热蒸汽驱动蒸汽轮机做功。

与超临界技术仅仅追求消耗更少的煤炭不同，IGCC 不仅在二氧化硫、氮氧化物和粉尘排放上很小，而且在控制温室气体排放上也有着巨大的潜力。因为在合成气进入燃气轮机之前，就可以将一氧化碳脱除，而仅燃烧氢气的燃气轮机几乎不会排放任何温室气体。在未来的 5~15 年内，该技术的供电效率有望达到 50%~52%，而污染物排放只有相同容量超临界参数燃煤电站的 1/3。

（二）废弃物处理

电厂排出的废弃物主要包括粉煤灰、炉渣、脱硫石膏、煤矸石等，废气主要包括硫化物和氮化物。

1. 粉煤灰处理技术

粉煤灰是火电厂排放量最多的固体废弃物，最早处理粉煤灰的方法是回填和露天堆放。目前我国在粉煤灰处理主要包括分为建筑、环保材料等几个方面，主要方向包括粉煤灰水泥，混凝土掺合料、填筑材料、吸附处理工业废水、制作絮凝剂，高分子筛和过滤介质等方面。

同国外相比，尽管我国粉煤灰的利用率低于欧洲一些发达国家，但从利用量上讲，我国还是处于世界第一位。值得注意的是：虽然我国粉煤灰目前的利用率已经由 1989 年的 24% 增加到了 40% 左右，但与先进国家（欧美等）粉煤灰利用率已经达到 70%~100% 相比，这个利用率还是很低，并主要用于筑路基和回填，建筑业所用不多，剩下的部分还贮存在灰库中。

2. 脱硫石膏综合利用技术

工业发达国家对 SO_2 的排放都制定了严格标准，火力发电厂都已经安装了烟气脱硫装置。其中80%的脱硫装置为石灰石—石膏湿法工艺。日本和德国是世界上脱硫石膏主要生产国和利用国，其次为美国、英国、奥地利、荷兰。

3. 废气脱硫脱硝技术

烟气脱硫主要是以钙基原料为吸收剂，但存在脱硫产物的资源化问题且耗水较高。目前大规模采用的选择性催化还原法（SCR）烟气脱硝技术效率高；选择性非催化还原法（SNCR）烟气脱硝技术成本低，但是效率也低；低氮燃烧技术实现简单，成本最低。

（三）输变电技术

1. 张力架线技术

张力架线技术是目前在架线中比较常见的技术，它成功地解决了施工断电问题，可以在不断电的情况下进行，这样不仅大幅度地增进了施工速度，还保障了人们正常的工作生活，减少了一些经济损失。它存在的优点主要是：第一，全机械化的张力架线方法研发，减少了架线人员的劳动强度，提高了架线效率，从而缩短了施工期限；第二，张力架线采用的是一种悬浮的架线方法，架在高空，杜绝了与地面接触，避免了线圈与地面摩擦而产生的损耗，减少了电晕产生，在很大程度上提升了施工的安全性能；第三，通过分层架线减少了施工难度。

2. 飞艇挂线技术

架线工作是输变电工程的收工工程阶段，所谓飞艇挂线技术，就是在架线中使用全长7米、高2米的飞艇，通过热气飞艇上的动力系统和遥控系统操作实现空中架线目的。具体操作是飞艇腹部搭载着细绳，地面操作人员用遥控器指挥飞艇向各座电塔飞去，然后，每座电塔守候施工人员将细绳套进电塔上，实现架线工程。这种"飞艇挂线"不在地面工作，不仅避免了破坏地面农作物、保护了生态环境，而且还缩短了工期。

3. 冷喷锌技术

目前，我国在输变电工程中采用钢架结构作为基础结构，受季节和气候的影响较大，容易发生腐蚀。为了解决这一问题，人们研发了冷喷锌技术，就是在钢架结构表面涂抹金属和金属镀金的防腐方法。冷喷锌技术具有以下优点：第一，冷喷锌技术是在钢架结构涂抹金属锌替代了电化学反应，避免了钢架发生氧化的可能；第二，过去进行热喷锌技术需要进行酸洗过程，酸洗废液容易污染环境，冷喷锌技术不会有废液的产生，在某种程度上保护了环境；第三，冷喷锌技术与热喷锌技术的差别是冷喷锌在较低温下进行，减少了资金投入，增加了工程安全系数。

4. 高压直流输变电技术

高压直流输变电技术具有高稳定性、高容量的特点，在满足远距离输电的同时也对异步联网做出卓越贡献，它是计算机技术和光纤技术在输变电工程中的应用与快速发展。高压直流输变电技术具有两个"不需要"新兴技术特点，一种是不需要输送电能和距离一起进行，另一种是不需要在两个交流系统之间同时进行的技术。鉴于两个"不需要"特点，人们通常使用高压直流输变电技术进行区域化管理，这样的优点是用电系统发生故障时，高压直流输变电技术能迅速、准确地找到事故发生的位置和发生原因，同时，能在最短的时间内启用交流系统，能在最快的反应时间内控制用电事态的发展，有效地避免更大的损失，保证群众的正常生活、生产用电。

5. 基础移位技术方法

输变电基础移位技术是在不改变原有建筑基础的前提下，将原有的建筑钢架结构进行平移尺度、平移方法的新型技术方法。使用基础移位技术一般是在输变电施工过程中，由于地基塌陷、混凝土基础坍塌、旧线改造等原因造成钢架结构基础移位的产生，需要在原有的地基不远处重新搭建钢架结构塔，使用基础移位技术，不需要进行重新建筑安装，采用千斤顶缓慢移动地基，使其达到预定的位置、高度。最后，对平移之后的建筑物进行固定。基础移位技术方法的优点是节约了重新安装建筑结构所造成的经济损失，同时还保证了施工质量。

三、典型实践

（一）IGCC 在我国的实践

2006 年，我国在 IGCC 煤气化技术研究上取得了一系列进展。"干煤粉加压气化技术"课题，通过国家科技部的验收，该系统处理煤能力为 36t/d。

"新型水煤浆气化技术"课题通过验收，该系统出力为1150t/d。

在国家"十一五""863"计划重大示范项目华能天津绿色电站和华电杭州半山IGCC电站中，其中天津250MW示范项目是中国首座自主创新的IGCC电站，采用华能2000t/d气化炉，E级燃机，2012年4月完成试车任务。

多个IGCC发电项目列入发电企业的发展规划。华能集团在"十一五"期间，在汕头建成12万千瓦级具有自主知识产权的煤气化联合循环发电系统的示范工程。大唐集团在天津大港、北京房山、广东东莞和深圳开始了IGCC项目的规划，设计总容量4000MW；中电投廊坊2×400MW的IGCC热电项目初步可行性研究报告通过审查。此外，神华集团、山东兖州矿务局等煤炭集团也纷纷加入到IGCC发电项目行列。

在国际上，主要的煤气化工艺和燃气轮机技术均进行过示范，煤气化和多种燃料供给方式也都有示范经验，相比而言，我国对IGCC的关键技术研究和应用尚处于起步阶段。

(二) 山西省基于流态重构的超临界300~350MW低热值煤循环流化床锅炉关键技术及装备开发取得重大成就

循环流化床锅炉是近二十年来发展起来的新一代高效、低污染清洁燃煤锅炉，它具有煤种适应性广、燃烧效率高、氮氧化物排放低、低成本石灰石炉内脱硫和负荷调节比大、调节快等突出特点，受到世界各国的普遍重视，也是目前煤矿坑口电站大规模高效清洁利用煤矸石、洗中煤、煤泥等低热值煤的唯一手段。其中，超临界350MW低热值煤循环流化床锅炉更具有布置灵活性强、调峰性能高等特点，是目前各国研究的热点之一。

2014年，太原锅炉集团联合清华大学、太原理工大学、晋能电力集团，通过公开招标共同承担了"基于流态重构的超临界300~350MW低热值煤循环流化床锅炉关键技术及装备开发"省级煤基低碳重大科技攻关项目。经产学研合作联合攻关，2015年1月，世界首台由太原锅炉集团提供的50MW超低排放循环流化床锅炉机组在山东淄博热电集团公司正式投入运营，标志着全球第三代超低排放循环流化床锅炉产品技术正式诞生。经太原锅炉集团和清华大学煤燃烧国家工程研究中心测试，该锅炉氮氧化物原始排放为 20mg/Nm³（国家超低排放标准 50mg/Nm³），炉内石灰石脱硫效率大于 99%，锅炉出口二氧化硫排放小于 5mg/Nm³（国家超低排放标准为 35mg/Nm³）。

2015 年 6 月，在芬兰举办的国际循环流化床会议上，该项目的技术成果一经公布，就在国际学术界产生了巨大反响，其极高的炉内脱硫效率、极低的氮氧化物原始排放性能达到世界最高水平，被认为是循环流化床技术的重大突破。该技术的广泛应用将会极大地节省锅炉烟气污染物治理投入与运行费用，并将为我国的节能减排做出巨大贡献。

2015 年 9 月，晋能洪洞超临界 350MW 低热值煤循环流化床锅炉技术方案通过了中国国际工程咨询公司在北京组织的专家评审。以秦裕琨院士为组长的评审组一致认为：该方案设计科学、合理、可靠，具有节电和超低排放独特优势，结构新颖，对低热值燃料的清洁发电利用具有很好的示范作用和推广应用前景。

（三）国家"863"计划项目"燃煤烟气 CCUS 关键技术"顺利通过项目验收

2017 年 7 月 5 日，国家"863"计划主题项目"燃煤烟气 CCUS 关键技术"（编号：2012AA050100）项目验收会在北京召开。项目验收专家组听取了项目首席专家作的项目进展情况报告，审阅了有关资料，并进行了质询答疑。该项目由浙江大学牵头承担，西北大学、中国科学院上海高等研究院、西南化工研究设计院有限公司等作为协作单位。

该项目采用 60Co-γ 射线诱变获得了高效固碳藻种，固定 CO_2 效率和生长速率比野生型藻种明显提高，在山东烟台建成了 10 万平方米燃煤电厂烟气养殖微藻固定 CO_2 的示范工程，养藻系统每年捕集利用电厂烟气 CO_2 收获微拟球藻藻粉能力达到 500 吨。研发了焦炉气补 CO_2 甲烷化制天然气技术，在河北迁安建成投产 100000Nm³/h 焦炉气补 CO_2 甲烷化制天然气的示范工程，连续运行 72h，结果表明 CO_2 总转化率达到 99.9%。开发了针对鄂尔多斯盆地低孔低渗储层利用 CO_2 驱油提高采收率的技术，开展了 Baseline 环境监测方法研究和部分监测，构建了 CO_2 泄漏的近地表环境影响评价指标体系，在陕西靖边实施 5 口井现场注入 CO_2 约 4.3 万吨，提高采收率 5% 左右。开发了基于 SAPO-34 分子筛膜的新型制备技术，在山西潞安建成了处理量为 $50Nm^3/h$ 的膜分离捕获 CO_2 实验装置，并运行了 1000 小时以上，完成了分子筛膜处理 $10000Nm^3/h$ 原料气分离 CO_2 的成套技术工艺包编制。

（四）太钢"超超临界火电机组钢管"填补空白

2015 年 1 月 18 日，在太钢集团轧钢车间正在进行的超超临界耐热钢小排量工业化试制，生产量达到了三百余吨，即将应用在山西的晋北电厂。

由太钢集团参与的"600℃超超临界火电机组钢管创新研制与应用"项目在 2014 年度国家科学技术奖励大会上获科技进步一等奖，这项技术不仅填补了我国技术的空白，同时也正在打破我国长期依赖进口的被动局面。超超临界发电燃烧效率高，污染排放少，是当前煤电产业最先进高效的发展方向，在欧美、日本等发达国家和地区被广泛采用。锅炉核心部件的关键材料不锈钢无缝钢管制造流程复杂，冶炼、制管技术难度极高。太钢集团经过不断的创新研究，终于成功生产出了这种特种钢。其部件比较特殊，服役条件非常恶劣，可以在 620℃高温和 29 兆帕的压力条件下，长期服役十万小时保持不变形，和目前世界上最先进的，比如说德国和日本生产的管材相比，它的服役温度能够高 15℃，服役强度能够高 4 兆帕。这种钢材在国内每年有 600 亿元的市场需求，目前全部依赖进口。太钢试制成功后，进口价格立刻下降了 60%。该产品在大批量工业化生产后，不仅可为我国的超超临界发电技术做出贡献，也将成为山西材料行业新的经济增长点。目前，太钢集团正在研制的 650℃和 700℃超超临界新一代耐热合金正在进行最后的测试，不久后将与美国、日本同类产品同期上市。

四、煤电产业链界定

围绕煤电产业发展重点、发展方向，结合新兴电力技术、节能减排技术及先进材料、装备发展趋势，针对山西煤电产业存在的关键性技术需求，根据煤电产业链相关文献，依据煤电的产业链，对煤电领域的专家进行产业链相关问题咨询，最终确定了山西煤电产业链，如图 6-1 所示。

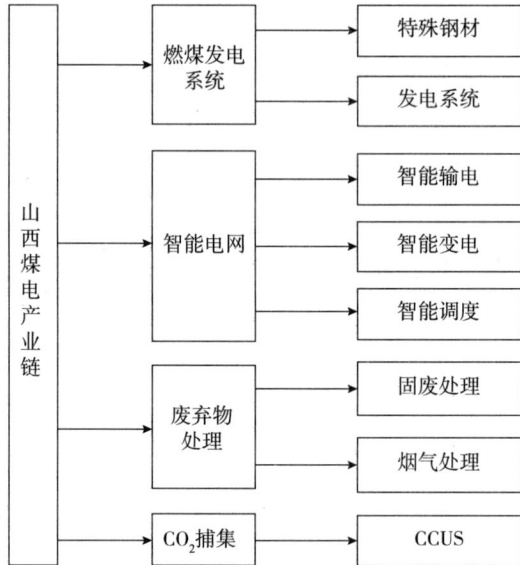

图 6-1 山西煤电产业链

煤电产业链以燃煤发电系统、智能电网系统、废弃物处理系统和 CO_2 捕集利用封存系统四大产业板块为基础。燃煤发电细分为特殊钢材和发电系统两个部分；智能电网系统细分为智能输电、智能变电和智能调度三个部分；废弃物处理分为固废处理和烟气处理两个部分；CO_2 捕集方面没有进行细分。

燃煤发电系统分为特殊钢材和发电系统。从整个燃煤发电系统来看特殊钢材属于不可缺少的一部分，因为材料问题始终是一个无法绕过的问题，只有解决了材料问题，才有可能提升燃煤锅炉的效率等问题。

智能电网系统中，智能电网即以物理电网为基础，将先进的信息化、通信、计算机、测量控制技术和发电、配电、输电、用电等基础设施高度地结合起来，形成新型智能化的电网。智能电网的本质是能源的替代和兼容利用，它包括电能流、信息流在电网中的自由流动和与其他网络接口交互的含义。智能电网的主要特征有安全、自愈、兼容、高效、交互、优质、集成、协调等特性，所以将智能电网分成智能输电、智能变电和智能调度等方面。

废弃物处理链条中，煤电产业的废弃物按照形态一般分为固态和烟气两种，主要包括硫化物、硝化物和一些粉尘等。由于固废和烟气处理方法不相同，所以将废弃物处理系统划分为固废处理和烟气处理两个方面。

CO_2 捕集、利用和封存系统是将产生的 CO_2 进行收集，并对收集的 CO_2 采用化学转化、食品添加、地下存储等方法，进行利用、存储。由于链条属于新兴的技术，仍处于一个整体探索阶段，所以没有进行细分。

煤电产业链重点围绕煤炭分质利用、低热值煤发电、煤基多联产技术、燃煤发电机组过程节能降耗、污染物控制与超低排放、智能电网运行与控制等技术，加强煤电产业的技术创新，进一步实现煤炭洁净燃烧发电、减少污染物排放，促进山西煤电产业技术水平的不断提升。

五、数据检索

针对山西煤电产业链环节，分别设计相应的专利检索式，如表6-1所示。

表6-1　山西煤电产业链专利检索式

环节	检索词	检索数量
特殊钢材	（耐热合金 OR 奥氏体不锈钢）AND（临界）	98
发电系统	（煤粉锅 or（循环流化床锅炉 AND（节能 OR 稳定））OR IGCC OR 整体煤气化联合循环发电）AND（煤）	1440
智能输电	（特高压 OR 柔性 OR 轻型高压直流）AND 输电	3026
智能变电	智能变电站 OR 智能变电技术	2341
智能调度	（（（实时 AND（监控 OR 预警））OR 调度计划 OR 安全校核 OR 调度管理）AND 电网）NOT 车 NOT 操作系统　NOT 无人机 NOT 汽轮机 NOT 光伏 NOT 电池	2994
固废处理	（粉煤灰 OR 脱硫石膏）AND（脱硫 OR 脱氮）AND（煤）	1931

环节	检索词	检索数量
烟气处理	（（（湿法 OR 干法）AND 脱硫）OR （（SCR OR SNCR）AND 脱硝）OR （（布袋法 OR 静电法）AND 除尘）OR （重金属提取））AND 煤	1938
CO_2捕集封存	（CO_2捕集 AND （钙基吸收剂 OR 金属氧化物））OR （CO_2封存 NOT 油）OR （CO_2利用）	114

第二节　山西煤电产业链宏观技术特征

一、世界专利技术分析

对煤电产业的热点技术进行识别，可以了解煤电产业的具有国际发展趋势的技术，掌握全球煤电产业技术发展趋势，为山西省制定煤电产业相关技术研发提供参考建议，更准确地找出山西煤电产业链的具体研发策略。

国际专利分类号 IPC 是国际通用的专利文献分类、文献检索工具，能够很好地反映专利中所涉及的技术。这里采用的世界煤电产业数据来源于欧洲专利局网站，利用检索词［（Coal-fired power）or（coal electricity）］检索出 3893 件专利，将这些专利下载并存入 Excel 表格中。将所有专利的 IPC 分类号信息进行整理，统计每个 IPC 小类的专利数量，结果如图6-2所示。

从统计中可以发现 IPC 小类为 F24H 的专利数量最多，达到 197 件，F24H 表示矿一般有热发生装置的流体加热器，如水或空气的加热器，F22B 的数量为 106 件，表示蒸汽的发生方法；蒸汽锅炉，F24C 的数量为 94 件，燃料或能源不限于固体燃料，F01K 的数量为 142 件，表示蒸汽机装置、贮汽器，不包含在其他类目中的发动机装置，应用特殊工作流体或

（件）

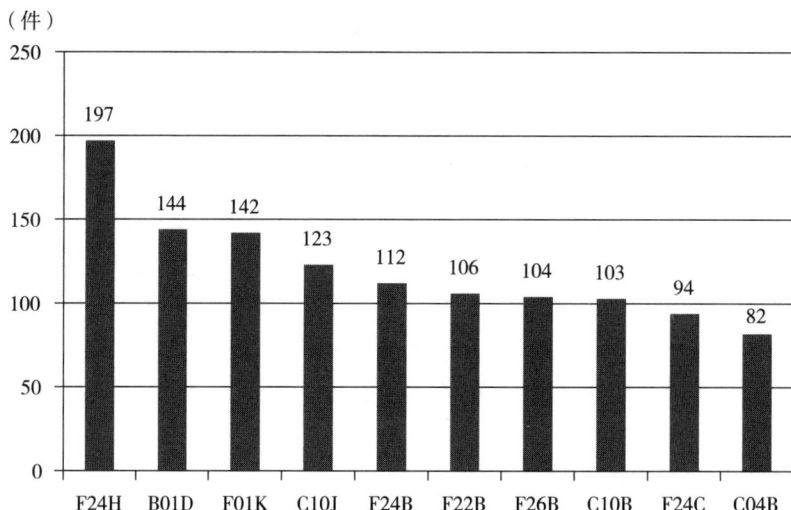

图 6-2　世界煤电产业专利数据排名前十的 IPC 小类

循环的发动机，这些属于煤电产业链燃烧锅炉中技术。B01D 的专利数量为 144 件，表示用湿法从固体中分离固体，固体物料从固体物料或者流体中分离，C04B 的专利数量为 82 件，表示石灰、氧化镁、矿渣、水泥、其他组合物，这属于煤电产业链中固废处理技术。C10B 的数量为 103 件，表示含碳物料的干馏生产煤气、焦炭、焦油或类似物；C10J 的数量为 123 件，表示由固态含碳物料通过包含氧气或蒸汽的部分氧化工艺生产含有一氧化碳和氢气的气体，这些都属于烟气处理技术。

综上所述，根据世界煤电产业专利数据的 IPC 小类信息统计，得出如下结论：

（1）世界煤电产业领域的研究成果最多地集中在燃烧锅炉中的相关技术，属于发电系统中的一节，此环节的专利数量远大于其他环节。其中燃烧锅炉就包含循环流化床锅炉的研发和超临界发电等技术。

（2）世界煤电产业专利数量排在第二名为烟气处理领域环节，具体热点技术细节为烟气脱硫、脱氮和脱硝等技术。这也与全球正在进行的大量环保工作有关，这说明世界煤电产业中对于烟气污染物的关注程度很高，符合现在环保的思想。

（3）煤电产业链上专利数量排在第三名的是固废处理，与第二项一样，都属于废弃物处理中的一个环节。这项技术主要包含粉煤灰提取氧化铝、脱硫石膏及白炭黑等技术。

（4）世界煤电产业专利数量排名前十的 IPC 小类中基本上都是涉及循环流化床技术、超临界发电和废弃物处理技术，其中循环流化床和超临界发电也是低污染环保的一种发电方式，由此可见，煤电产业越来越注重环保问题。

二、国内专利技术分析

（一）专利申请时间分析

如图 6-3 所示，煤电领域专利总体申请量呈现上涨趋势。2009 年开始呈现井喷式增长，其后每年的专利申请量都相当可观。虽然从 2012 年开始，专利申请趋势出现小幅下降，但是其年申请量也非常可观，基本上 2012 年以后每年都在 300 件以上。而且从相对于 2005 年的专利申请数据情况来看，近五年来平均相对增长率达到了 71.6%。

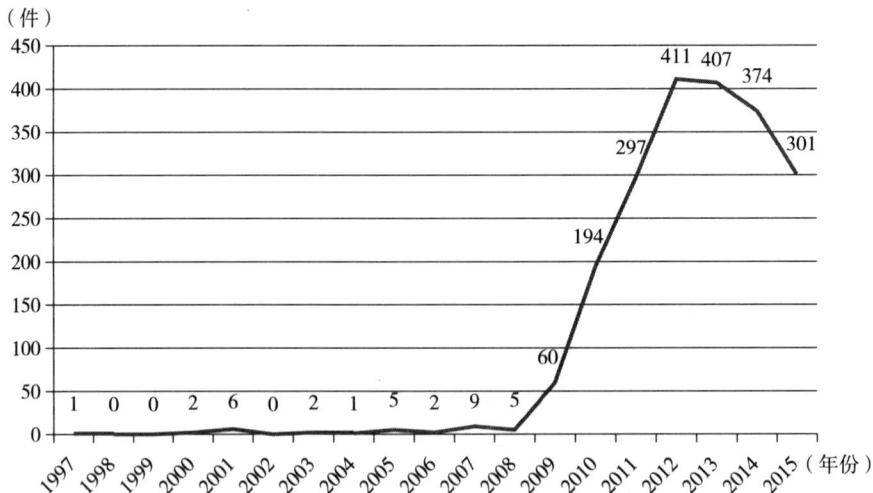

图 6-3　煤电产业相关专利申请数量变化

2009 年的专利爆发，源自于 2007 年，我国连续出台了《"十一五"电力工业发展的基本思路》《关于"十一五"深化电力体制改革的实施意见》《可再生能源中长期发展规划》等一系列措施，目的是增加节能减排，实现可持续发展。2009 年以后煤电产业出现了大量各种关于提高传输效率和节能减排的新型专利。从 2012 年以后，我国加大了对于非煤发电的投资力度，同时一些外部环境的变化，包括政策和环境的约束愈加严格，碳排放压力加大、电力市场化价格竞争加剧、上网电价降低等一系列原因，导致了该产业相关专利的申请数量出现了减少的趋势。

(二) 专利申请地区分析

从图 6-4 中来看，煤电产业专利的申请地区可以大致分为两类：第一类包括北京、江苏、上海和广东；第二类为其余的省市。而且在前十位的省份中，大部分都处于我国的东部沿海地区，而我国的中部和西部地区相关的专利申请数量很少。究其原因，东部地区的经济科技实力非常强，对于电的需求能力和关注程度远大于其他地区，所以东部地区申请量远远超过中部和西部地区。山西省煤电产业相关专利申请数量为 20 件，处于中低水平，所以山西要发展煤电产业任重而道远。

（件）

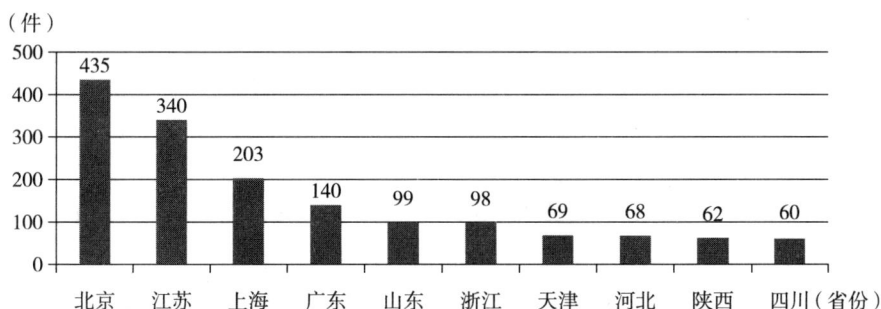

图 6-4　煤电产业相关专利申请数量前十位省份

(三) 专利发明人分析

对煤电产业的专利发明人进行分析，通过发明人的发明专利的数量统计，可以推测出哪些人在煤电产业领域的技术创新方面比较突出。

从图 6-5 中来看，煤电产业的专利发明人之间的差距不大。而且山西也并没有特别突出的人。具体来看，吴海生的发明数量最多，经查证，吴海生大部分的煤电方面的专利都属于智能输变电方面，张炜与吴海生属于同一单位，专利都属于这方面。陈立泉和胡勇胜都属于中科院物理研究所，他们的专利都属于耐高温材料方面。

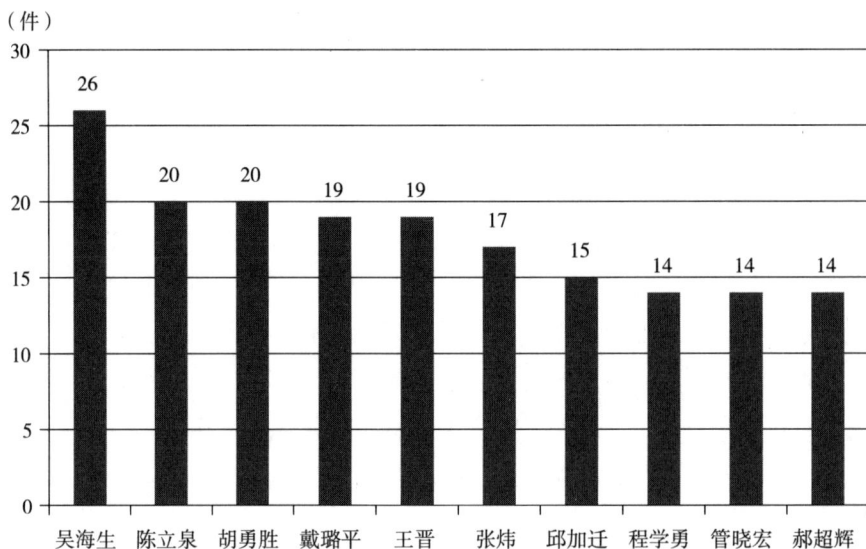

图 6-5　煤电产业相关专利发明人发明数量

(四) 专利所有人分析

我们将专利所有人大致分为企业、研究所、个人、高校四类。如图 6-6 所示，这四类中企业的专利申请数量最多，占到了 69%。

从图 6-7 中可以看出，国家电网公司的专利申请量遥遥领先，达到了 372 件。前九名里面也有五家国家电网下属的分公司。国家电网公司是中国最大的电网企业，其主营业务就是投资、建设和运行经营电网。由此可见，国家电网公司在煤电产业有很强的竞争力。

山西方面，国网山西省电力公司在山西的公司中排名第一。山西省电力公司是国家电网公司的全资子公司，以电力生产、建设、调度、经营及

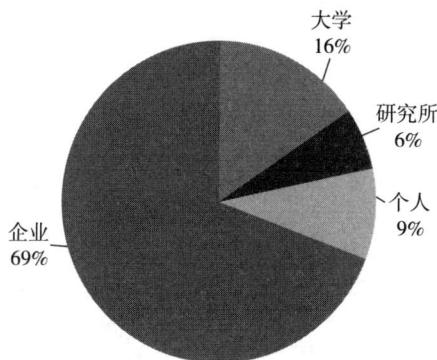

图 6-6　煤电产业相关专利申请人类别

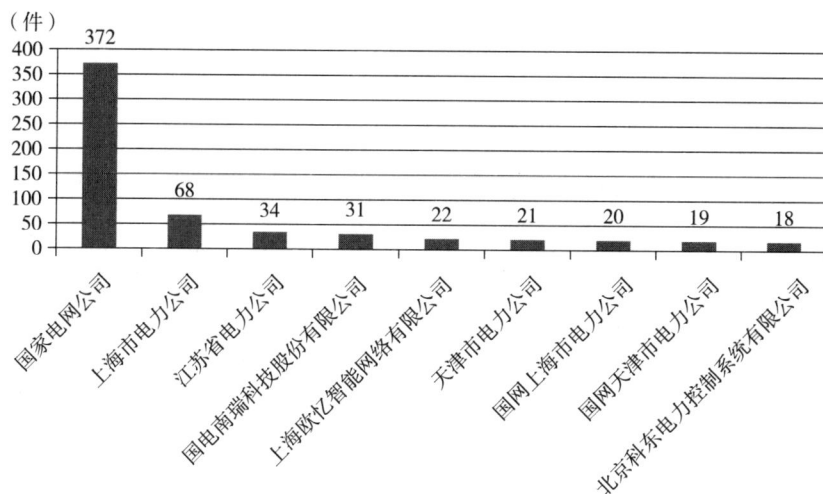

图 6-7　煤电产业领域相关专利公司申请数量前 9 名

电力规划研究等为主营业务，承担着全省 3400 万人民和广大电力客户的电力供应任务，肩负着为山西经济社会发展提供电力保障的基本使命。从整体上来讲，山西煤电产业的相关企业专利申请量并不高。

在高校的申请量中，如图 6-8 所示，各高校相关专利申请数量比较平均。在山西高校方面，太原理工大学的申请量很靠前，达到了 12 件，处于全国的前列。太原理工大学在煤炭相关领域的科研能力比较突出。

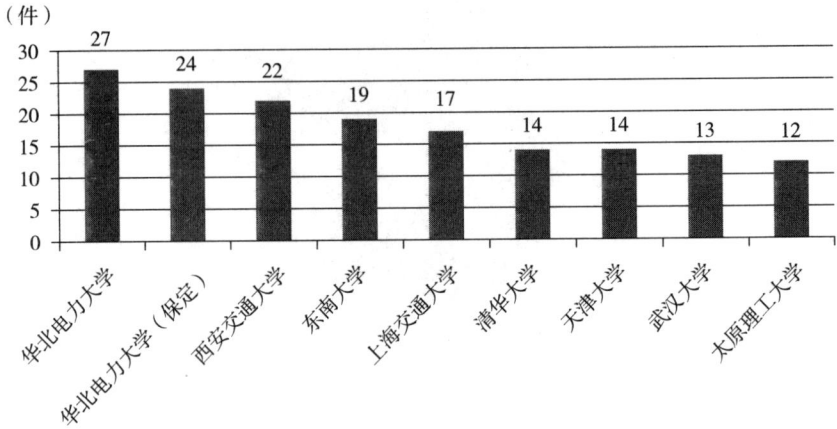

（件）

图6-8 煤电产业领域相关专利大学申请数量前9名

（五）技术成熟度分析

技术成熟度分析是从技术生命周期的角度分析的，技术生命周期是定量分析专利最常用的方法之一。技术生命周期通常划分为萌芽期、成长期、成熟期、衰退期四个时期。通过分析专利技术所处的发展阶段，可以得出未来技术的发展方向。

利用专利指标法对煤电产业的专利进行分析，通过计算技术生长率、技术成熟系数、技术衰老系数和新技术特征系数四个指标的历年值，生成图标并观察数据变化趋势，并判断技术所处的生长周期。通过计算从2005~2015年的煤电产业专利数据，得到相关指标，如图6-9所示。

从图6-9中可以看出，煤电产业专利的技术生长率处于一个下降状态，技术成熟度有所增长，技术衰老系数没变，新技术特征系数处于增长趋势，这说明了煤电产业处于技术生命周期的成长期。结合专利分析，从全国的范围来看，国家电网公司一家独大，山西在这方面很不具有竞争能力。就山西而言，可以进行技术引进，或者进行自主研发。对于有一定产业基础的产业，应该抓紧进行技术创新。加快煤产业高新技术和实用技术的转化，加快关键技术的研发，提高煤电产业设计制造及工艺水平，实现产业升级。

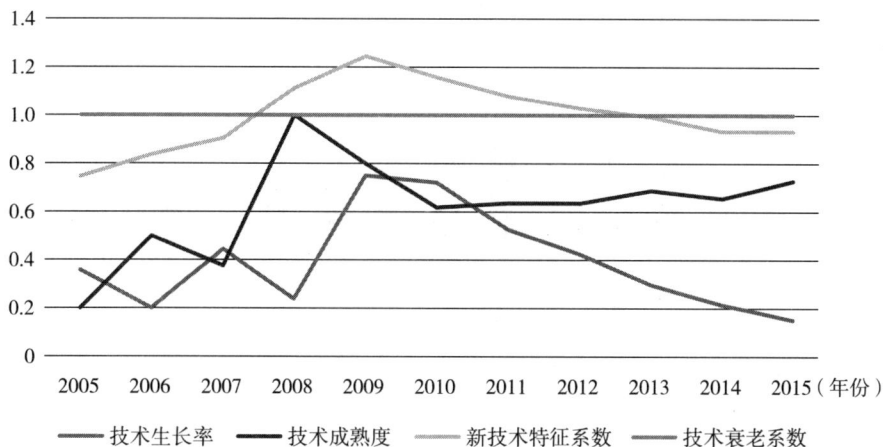

图 6-9 煤电产业专利技术成熟度

三、山西专利技术分析

（一）专利申请机构分析

图 6-10 给出了山西省煤电专利所有人的排名情况。按照专利申请数量降序排列，在前 10 名机构当中，太原理工大学表现突出，拥有该领域 28 件专利，国家电网公司、国网山西省电力公司电力科学研究院、山西大学都表现出较强的创新实力，分别申请 21 件、19 件、11 件专利。虽然太原理工大学和山西大学作为高校代表，具有活跃的创新表现，但整体上，仍以企业为主要的研发力量。

图 6-11 展示了山西煤电专利申请机构合作网络。从整体上看，形成了一个大的创新网络。以国家电网公司、山西省电力科学研究院、山西电力公司晋城供电公司、华大天元电力科技有限公司为主的机构形成了最大的合作网络。另外，以山西大学、大唐国际发电股份公司、太原理工大学等为代表的机构也分别形成了各自的合作关系，不过网络节点规模相对较小，合作关系零散。

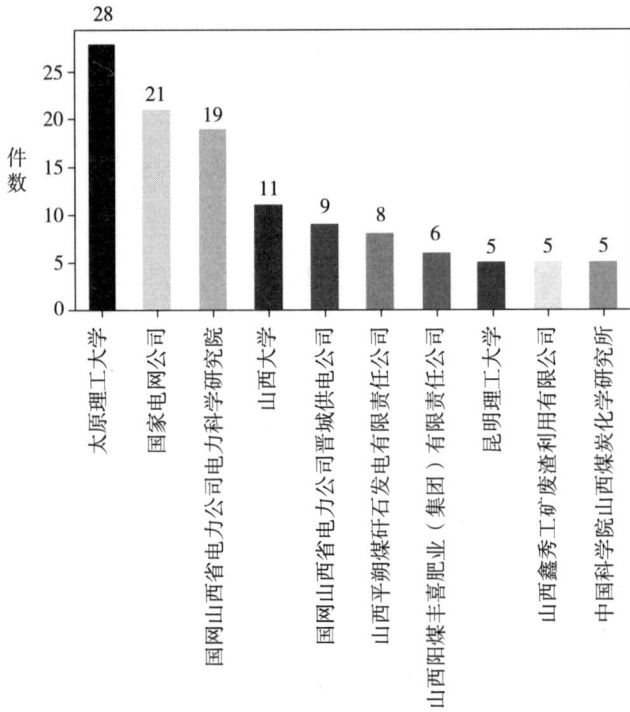

图 6-10　山西煤电专利申请机构（前 10 名）

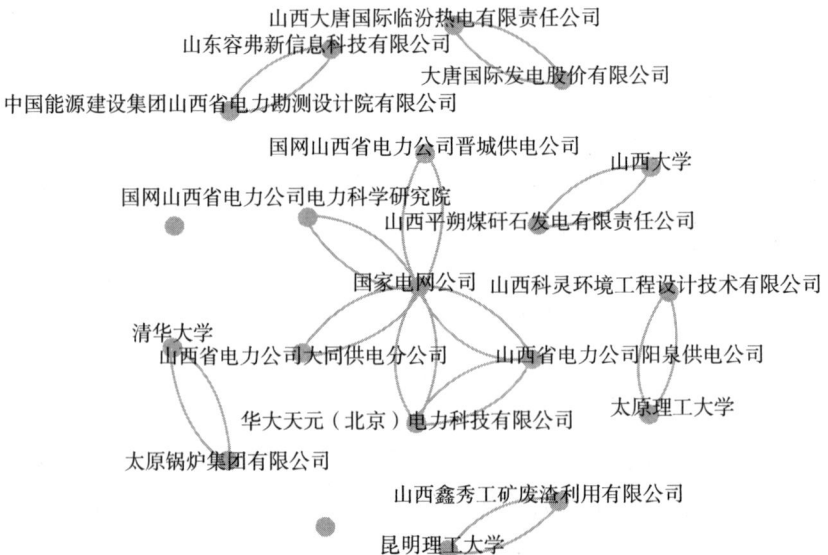

图 6-11　山西煤电专利申请机构合作网络

（二）专利发明人分析

图 6-12 给出了山西煤电专利发明人排名情况。按照专利数量降序排列，专利数量为 7~21 件，说明这些发明人具有较强的创新能力。在前 10 名发明人当中，上官炬是最高产的专利发明人，是太原理工大学教师，另外随后四名包括张智聪、刘守军、杜文广、杨颂也都是太原理工大学人员，反映了太原理工大学在煤电领域的突出创新实力；张悦、马振国、郝伟是山西省电力公司电力科学研究院的研究人员，也反映出电力公司在煤电领域的地位举足轻重。

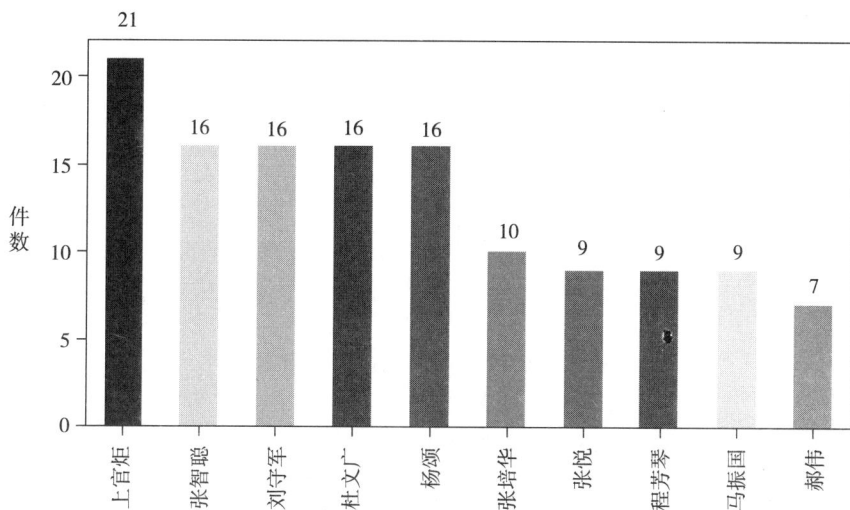

图 6-12　山西煤电专利申请发明人（前 10 名）

图 6-13 展示了山西煤电专利发明人合作网络。整体上，山西省在该领域存在五个规模较大的创新群体。在图形左上方，形成以苏俊哲、张召述为代表的山西鑫秀工矿废渣利用有限公司创新群体；在图形中上方，形成以上官炬、张智聪等为代表的太原理工大学创新群体；在图形右上方，形成以张悦、李瑞、马振国等为代表的国网山西省电力公司电力科学研究院创新群体；在图形中部，形成以韩喜民、高永梅等为代表的山西阳煤丰喜肥业集团创新群体；还有图形左下方，形成了以张培华、程芳琴等为代

表的山西平朔煤矸石发电有限责任公司创新群体。这些不同研发机构的创新群体是我省煤电技术创新的中坚力量。另外其他的创新群体则在人数规模、成果产出方面处于劣势。

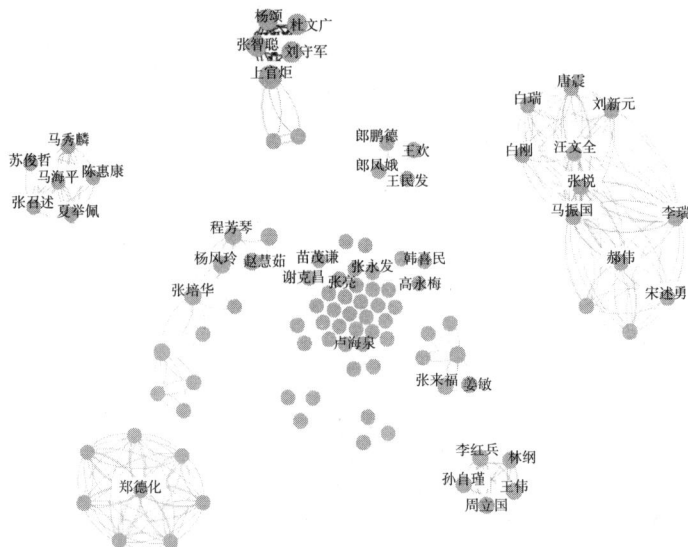

图 6-13　山西煤电专利发明人合作网络

（三）专利技术主题词分析

图 6-14 展示了山西煤电专利技术主题词关联图谱。图中以技术主题词为节点，主题词在同一专利标题或摘要的共现关系为边，构建主题词关联图谱。节点大小反映了主题词的词频，边的粗细反映了主题词的共现程度。可以看出，整体上形成了完整的技术群落，围绕关键词"脱硫"或"制备"或"生产"或"电网"或"智能"形成了若干个技术子群。图形左上方，主要集中在脱硫技术的应用；图形中上方，主要集中于粉煤灰、脱硫剂等材料的制备技术；图形右上方，集中于原料的生产；图形右下方，主要为电网数据标准的相关研究；图形中下方，主要集中于智能电网、智能变电站的相关技术研究。

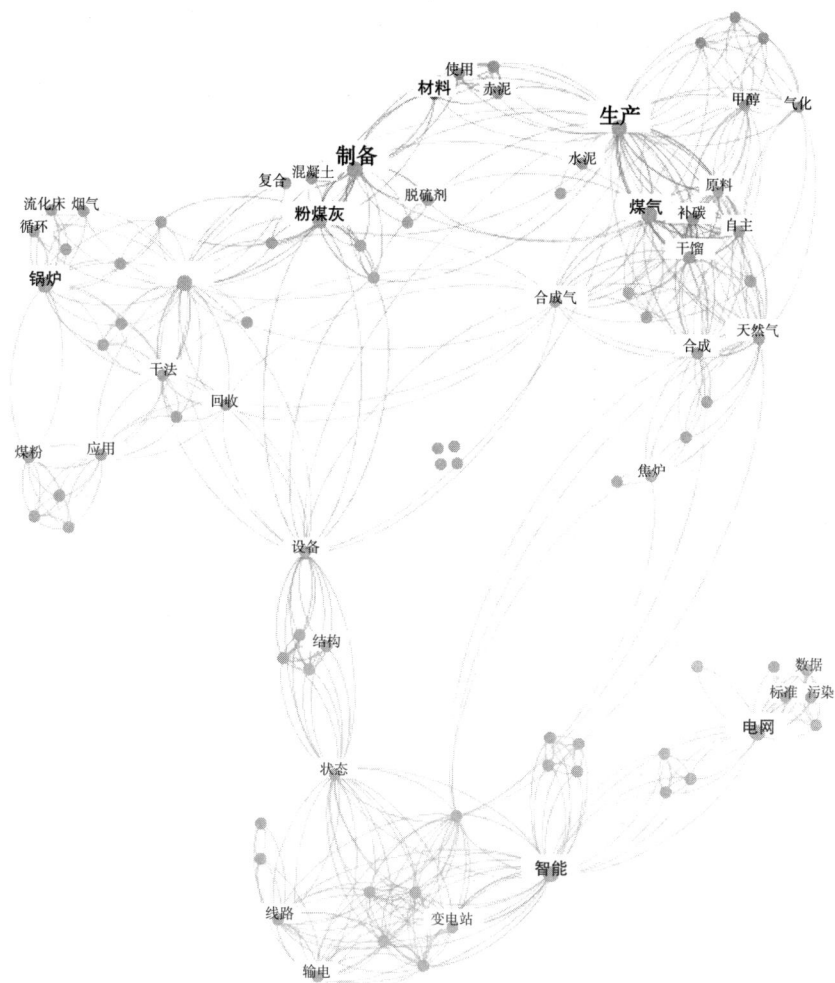

图 6-14　山西煤电专利技术主题词关联图谱

第三节　山西煤电产业链微观技术特征

一、产业链关键技术环节比较优势

结合山西煤电产业链各环节的专利规模和专利增长速度对各环节的优势进行判别，再结合前面对煤电产业热点技术的分析，这里形成了一个山西煤电产业链优势分布图，如图6-15所示。

下面从四种环节具体阐述山西煤电产业链技术优势分布结果。

（1）优势环节：山西专利占比大于10%并且山西专利相对增长率大于1可以判定为优势环节，从图6-15中可以看到，在煤电产业领域山西并没有优势环节。煤电产业是山西省重要的支柱产业，目前已成为全省工业中利润最大的行业，但是山西省在煤电产业上面的技术优势并不突出，这说明山西省需要加大产业的研发投入力度，尽快发展相关的技术。

（2）潜力环节："发电系统""智能控制""固废处理""烟气处理"这四个环节的山西专利占比小于10%，山西专利相对增长率大于1。这说明，这四个环节的科研成果在全国占比较小，研发基础相对薄弱，技术实力弱，但是近年来的科研成果产出速度较快，高于全国的增长速度，因此这四个环节属于潜力环节。

（3）薄弱环节：煤电产业链条中的"智能输电""智能变电""特殊钢材""CCUS"这四个环节的山西专利占比小于10%且山西专利相对增长率小于1。这说明这四个环节的科研产出成果较少，近年来的科研成果产出速度较慢，低于全国的增长速度，技术创新实力较弱，因此这四个环节是薄弱环节。

（4）在煤电产业的燃煤发电系统链条中，超临界发电、超超临界发电和整体煤气化联合循化发电系统（IGCC）是当前发展的重点，其中系统中过热器、再热器以及脱硫系统的管材，国内需求主要依赖进口，价格昂贵，成为燃煤发电系统的重要瓶颈。美国、日本等国技术处于国际领先水

★ 优势环节　⬠ 潜力环节　● 衰退环节　▲ 薄弱环节　✦ 技术热点

A: 山西专利占比　　B: 山西专利相对增长率　　D: 技术热点的具体技术环节

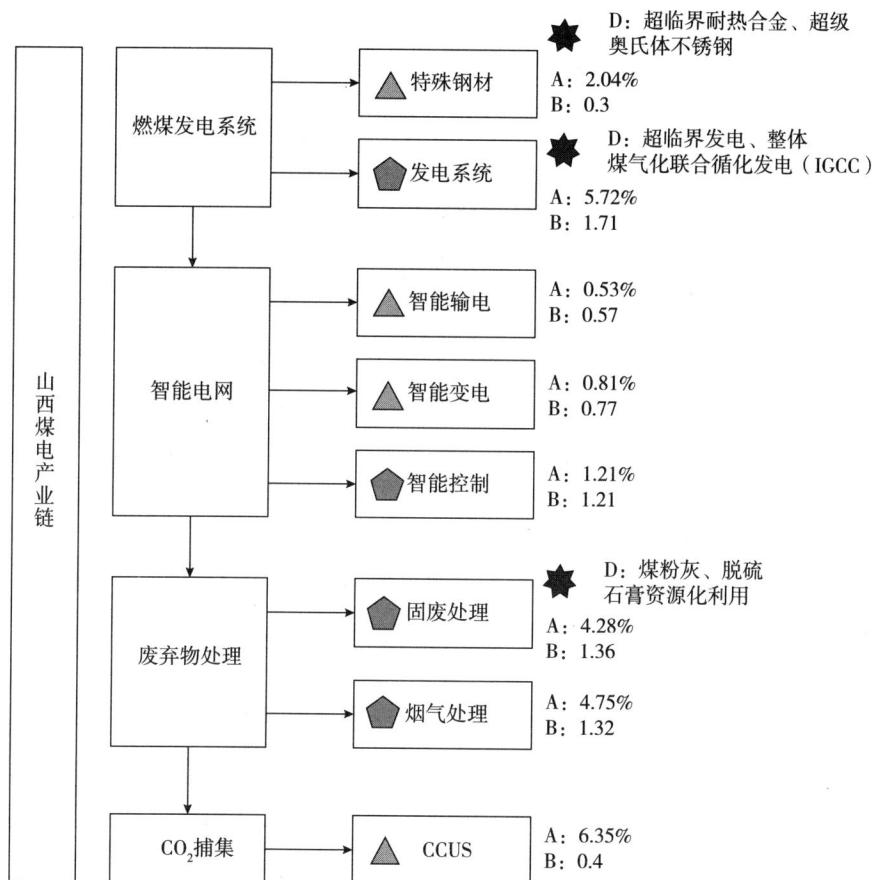

图 6-15　山西煤电产业链关键技术环节比较优势

平。国内首次由太钢进行了超临界发电机组初步工业性研究与试制，宝钢和东特抚钢正在研制。太钢小试、中试产品技术指标基本达到国际同类产品水平，但批量化生产技术达不到要求。目前，山西省太锅 50MW 基于流态重构的循环流化床锅炉实现了超低热值煤（<1500 卡/千克）燃烧，技术处于国际国内同类产品领先水平，但是低热值煤发电 300~350MW 大型超临界循环流化床锅炉亟须开发。发电系统属于山西省的潜力环节，同时

考虑到特殊钢材也是发电系统中特别重要的一部分，所以山西省应该依托太钢、太锅等企业和各大高校科研院所进行有针对性地投入，提升相关技术能力。

在智能电网链条中，智能电网的发展在全世界正处于起步阶段，在绿色节能意识的驱动下，智能电网成为世界各国竞相发展的一个重点领域。欧美各国对智能电网的研究开展较早。"十二五"时期是我国智能电网全面建设阶段。所以山西省智能电网相关技术整体比较薄弱。但是在智能控制方面，针对山西省智能电网在监管和电价、能源结构和分布特点、电网发展、通信信息系统、研究基础等方面存在的差距，开展多变量智能解耦控制、分布式能源接入配电网控制、信息流与能量流相互作用、基于锂电池储能装置的大容量化等关键技术研究，推进山西省智能电网建设，技术达到国际先进水平。

在废弃物处理链条中，针对污染物处理的核心产品烟气换热器（GGH）与脱硝催化剂模块主要依赖进口、污染物脱除效率需进一步提高等问题，开展低成本高效烟气 SCR 脱硝催化剂技术、锅炉低氮燃烧技术及装备研制、燃煤烟气前端监测及高效治理技术等关键技术研究、装备研制，达到烟气污染物处理效率提高 10%，成本降低 20%。开展超细粉煤灰高掺量技术、耐火纸和纤维增强陶瓷制备、氧化铝提取等技术研究，促进山西省固废大宗、高值利用。山西省在废弃物处理方面都属于潜力环节，有一定的研发基础，可以继续加大投入力度，促进产业发展。

在 CO_2 捕集链条中，我国已成为世界上 CO_2 排放最多的国家之一，其中约 45% 来自燃煤电厂。CO_2 捕集、利用和封存（CCUS）技术成为一种战略性技术需求。由于受成本制约等问题，CO_2 的捕集、利用技术难以规模化实现，很多国家都在开展研究工作，但都没有取得实质性突破。山西省在 CCUS 技术链各环节都已具备一定的研发基础，但距离规模化、全流程示范应用仍有很大差距。针对 CO_2 捕集的能耗和成本问题、CO_2 规模化利用问题和地质封存长期安全性问题，开展 CO_2 驱煤层气、高效固化铵盐捕集剂的放大制备、炭基纯化剂的制备及改性等关键技术研究，不断拓展 CO_2 利用途径，解决 CO_2 减排的瓶颈性难题。

二、关键技术选择

煤电产业是典型的高耗能、高污染产业，同时也是山西省碳排放最大的行业，年排放 CO_2 在 2 亿吨以上。随着国家对节能减排、改善生态环境的高度重视，先进的燃煤发电技术越来越受到产业界的青睐。加强煤电产业的技术创新，有利于山西省煤电产业技术水平的不断提升，进一步降低发电能耗、减少污染物的排放，走出一条高碳产业低碳发展之路。结合前面对山西煤电产业的技术优势的分析及当前煤电产业发展趋势的分析，这里选出几个山西应该优先发展的煤电产业技术，它们分别是"发电系统""固废处理""智能电网""CCUS"。

发电系统主要包括整体煤气化联合循环发电（IGCC）和超（超）临界发电技术。这两项技术是当前发展的重点。整体煤气化联合循环发电（IGCC）技术把洁净的煤气化技术与高效的燃气—蒸汽联合循环发电系统结合起来，既有高发电效率，又有极好的环保性能，是一种有发展前景的洁净煤发电技术（许世森，2005）。在目前技术水平下，IGCC 发电的净效率可达 43%～45%，今后有望达到更高。而污染物的排放量仅为常规燃煤电站的 1/10，脱硫效率可达 99%，二氧化硫排放在 $25mg/Nm^3$ 左右，远低于排放标准 $1200 \ mg/Nm^3$，氮氧化物排放只有常规电站的 15%～20%，耗水只有常规电站的 1/3～1/2，对于环境保护具有重大意义（焦树建，1996）。2012 年 12 月 12 日，中国首座煤气化联合循环电站——华能天津 IGCC 示范电站投产。自从 2014 年开始山西永鑫西山煤化工有限责任公司整体煤气化联合循环发电（IGCC）联产 120 万吨/年甲醇及配套项目，开始进行研发。超临界、超超临界火电机组具有显著的节能和改善环境的效果，超超临界机组与超临界机组相比，热效率要提高 1.2%～4%，一年就可节约 6000 吨优质煤（乌若思，2006）。未来火电建设将主要是发展高效率、高参数的超临界（SC）和超超临界（USC）火电机组，它们在发达国家已得到广泛的研究和应用。超（超）临界发电技术。山西方面，推进煤电一体化发展，大力发展大容量、高参数超临界、超超临界燃煤发电机组，加快燃煤发电升级与改造，全面推进高效清洁燃煤机组建设，重点加快晋北、晋中、晋东三大国家级千万千瓦级现代化大型煤电外送基地建设，鼓励新建机组设计采用超超临界参数，除热电机组外，限制超临界机组建设数量，禁止建设亚临界参数机组，淘汰普通高温高压机组。加快进度，努力实现百万千瓦机组零的突破。到2020年，全省电力装机容量力争达到1.3亿千瓦，其中，煤电装机容量力争达到9200万千瓦。此外，还要继续推进煤电项目前期工作（规模2000万千瓦以内）。到2020年，60万千瓦级机组在燃煤火电装机中占比力争超过40%，百万千瓦级机组在燃煤火电装机中占比力争超过8%（刘建成，2005）。

固废处理方面，燃煤发电造成的固废对环境造成很大的污染破坏，粉煤灰、脱硫石膏的资源化利用是今后发展的重点，通过对固体废物的全过程监控，基本实现"减量化、资源化、无害化"的现代管理目标。我国固体废物主要用作工程建设材料等方面，如煤矸石做原料和燃料，生产烧砖、瓦、水泥熟料，制作混凝土与加气混凝土等建筑材料，用作沸腾炉和煤矸石电厂的燃料等。这些综合利用项目节省了大量的制砖用黏土，节约土地、煤炭等资源。制成的建材性能好、耐用，收到了良好的环境效益、经济效益和社会效益（陈孟伯、陈舸，2009）。山西省已经进行了超细粉煤灰高掺量技术、耐火纸和纤维增强陶瓷制备、氧化铝提取等技术研究，促进山西省固废大宗、高值利用。

智能电网是电网技术发展的必然趋势。通信、计算机、自动化等技术在电网中得到广泛深入的应用，并与传统电力技术有机融合，极大地提升了电网的智能化水平。传感器技术与信息技术在电网中的应用，为系统状态分析和辅助决策提供了技术支持，使电网自愈成为可能。调度技术、自动化技术和柔性输电技术的成熟发展，为可再生能源和分布式电源的开发利用提供了基本保障（张文亮等，2009）。通信网络的完善和用户信息采集技术的推广应用，促进了电网与用户的双向互动。当前我国智能电网建设如火如荼，各大企业纷纷响应政策号召，研究智能电网技术与产品，积极推出智能电网设备。自2009年以来，国家电网公司应用了输变电设备状态监测、故障综合分析告警、配电网自愈等一批先进适用技术（肖世杰，2009）。自2010年开始，山西已经开展相关的智能电网方面的研究，尤其是山西电力公司，做了大量的相关工作，对于推进山西省智能电网建设，起到了关键作用。

CO$_2$捕集利用和封存（CCUS）技术是碳捕获与封存（CCS）技术新的发展趋势，即把生产过程中排放的二氧化碳进行提纯，继而投入到新的生产过程中，可以循环再利用，而不是简单的封存。与CCS相比，可以将二氧化碳资源化，能产生经济效益，更具有现实操作性。通过CCUS技术有望实现化石能源使用的近零排放，减排潜力巨大，因此受到国际社会特别是发达国家的重视。近十年来，CCUS技术发展迅猛，已被证明可行并在世界各地得到了利用。根据全球碳捕集与封存研究院（GCCSI）的最新报告，2016~2017年会有七个大规模CCUS项目在不同的国家陆续投入运营，而且横跨了很多工业部门。这将使全球大规模CCUS项目总数增加到22个。过去十年，中国政府也先后资助吉林油田、神华集团、胜利油田和延长油田等开展CCUS技术在中国的示范。特别指出，神华集团鄂尔多斯咸水层封存项目作为亚洲第一个全流程CCS项目，积累了大量经验。

第四节　山西煤电产业链研发策略及政策建议

一、研发策略

这里借助一个四象限图（见图6-16）对山西煤电产业链技术策略进行选择与分析。在图6-16中，图中每个圆圈代表一个创新链环节，圆圈的大小代表了该环节的研究热度情况。横轴为山西专利占比，纵轴为相对增长率，结合优势环节判断方法，得出第一象限中的环节是优势环节，第二象限中的环节定是潜力环节，第三象限中的环节是薄弱环节，第四象限中的环节是衰退环节。

按照技术研发策略选择模型，给出各个产业链环节的技术路径。

适合进行技术引进策略的创新链环节主要是特殊钢材、智能输电和智

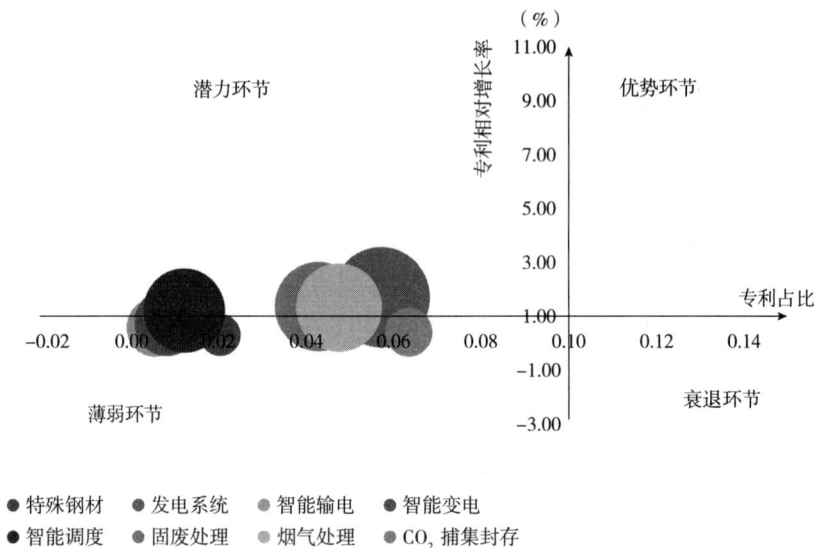

图 6-16　山西煤电产业链技术优势四象限

能变电。这三个环节中特殊钢材中包含超临界耐热合金和超级奥氏体不锈钢等材料，这些材料是组成超临界发电和超级循化流化床的关键部件，需要快速在该技术上有所突破，所以最好进行相关的技术引进工作。在智能输电和智能变电方面，山西的技术比较薄弱，这也是一个亟须解决的问题，从山西的专利占比和专利相对增长率来看，在智能输电和智能变电方面，考虑到整体创新链的发展，选择技术引进策略较合适。

适合进行自主研发策略的创新链环节有"发电系统""智能控制""固废处理""烟气处理""CCUS"。首先智能控制和 CCUS 方面这两个链条都属于世界前沿技术，这几年才发生发展起来的，所以，国家还在大力扶持相关产业的发展。虽然山西在专利占比和专利相对增长率方面不是很高，山西省对于智能控制和 CCUS 有了一些研究，况且，这两项技术都是这几年内才兴起的技术，世界范围内技术基础都差不多。所以适合独立研发。发电系统链条主要是整体煤气化联合发电系统内和超（超）临界发电，山西的相关企业已经对这两个技术进行了相关的研发工作，虽然专利的数量不是很多，但是专利的相对增长率比较高，所以在这两个方面山西具有一定的技术基础，可以进行自主研发。

二、政策建议

（一）注重生态效益，推行绿色煤电

IGCC 是一种新兴的"绿色煤电"，它的脱硫率为98%，NO_x 排放为常规电站的10%左右，粉尘排放基本为零，节水量为常规电站的33%~50%，是最有可能实现基本无温室气体排放的洁净煤技术。从能源战略高度来看，IGCC 对保障我国及山西煤电能源的生态安全性、改善环境质量有重要意义。考虑到 IGCC 涉及煤电与化工两个行业，作为煤炭能源重化工基地的山西省，应该从更高一级的层面进行组织与管理，打破行业界限，整合全省科研力量，以 IGCC 示范工程带动自主核心技术研发。IGCC 发电技术的发展是未来煤炭能源系统的基础，应用前景广泛，市场潜力巨大，加快 IGCC 发电技术的应用和推广具有战略意义。

（二）推行电力需求侧管理

"电力需求侧管理"（Power Demand Side Management，PDSM）是节约电力、提高能源效率的一个重要组成部分。电力需求侧管理侧重于从管理中要效益：它同时综合运用技术手段、经济手段和行政手段来提高用电效率，这种管理是通过优化用电方式，移峰填谷，提高终端用电效率和发、供电效率，达到科学用电、合理用电、均衡用电和节约用电的目的。这样可以在完成同样用电功能的情况下减少电量消耗和电力需求，从而缓解缺电压力，降低供电成本和用电成本，使供电和用电双方得到实惠，达到节约能源和保护环境的长远目的。电力需求侧管理与电力部门传统的用电管理相比在本质上不同，它是管理方式的一种演进和变革。首先，电力需求侧管理非常强调在提高用电效率的基础上取得直接的经济效益，它是一种运营活动，既讲求效率，又追求效益。其次，电力需求侧管理也非常强调建立电力公司与用户之间的伙伴关系。最后，电力需求侧管理摒弃不顾用户承受能力和经济利益而强行限电等做法去减少用电需求。

(三) 优化煤电结构, 提高转换效率——"上大压小"

"上大压小"是促进电力工业实现节能减排、调整产业结构、建设电力强省的重大举措。山西火力发电能耗高、污染重的主要原因是结构"小型化",因此,关停"小火电"是重中之重。从煤炭消耗看,大型高效发电机组每千瓦时供电煤耗为 290~340 克,而中小机组则达到 380~500 克,比大机组多耗煤 30%~50%。从污染物排放看,小火电机组排放的二氧化硫和烟尘排放量分别占到电力行业总排放量的 35% 和 52%。为优化山西省电源结构,加快转变经济增长方式,推动电力行业节能减排,山西省电力公司根据政府关停计划,配合关停小火电企业,完善关停手续,制定科学的供电预案,保障小火电机组关停后的电力供应,"十一五"期间,全省共关停小火电 73 家 188 台,共计 338.36 万千瓦。但总体来看,关停小火电的力度、速度和数量都不够大。

(四) 加快煤电产业研发平台建设, 提高产业创新能力

加强以太钢、太锅、国网山西电力公司等西山煤电公司为主体、产学研相结合的煤电产业技术创新体系建设。积极推进国内外科技合作,吸引省内外高等院校、科研机构和大企业参与煤电产业创新平台的建设,共同设立省级新材料重点实验室和技术转化基地。鼓励高等院校与企业联合培养研究生,在企业设立实习基地,合作建立博士后科研流动站。鼓励组建煤电相关领域的技术创新战略联盟,加快突破产业各领域的核心及关键技术,研发一批具有自主知识产权的产品,尽快实现技术和产品的升级。

(五) 采用灵活多样的方式, 培养和吸引人才

对产业发展中急需的高层次优秀人才,要有"争抢"意识,可采取高薪聘请、优厚待遇等办法引进到重点企业,根据《山西省引进优秀人才暂行办法》,设立煤电产业关键人才引进专项资金,由省财政列入年度预算,专项用于补助由省外和国外引进的关键人才。倡导大专院校、科研部门与企业联合,加强对企业现有工程技术人员的再培训,提高职工实际操作水平。鼓励技术要素参与收益分配,支持科技人员用科技成果入股创办科技型企业。进一步推进科技型中小企业的注册登记制度改革,促进全国各地

科技人员和留学人员前来独资或合伙创办企业。

（六）强化知识产权意识，加强知识产权创造、应用和保护

引导企业加大知识产权工作经费投入，允许企业将当年实际发生的知识产权经费全额计入管理费用。允许在课题经费预算中，将专利申请、维持等费用列入预算，并在下达的科技计划项目经费中专项列入专利申请经费，以鼓励具有自主知识产权的技术创新。建立奖励机制，加大职务发明奖励力度。鼓励企业制定新材料产品企业标准，提高企业技术创新水平；引导企业积极参与国际标准、国家标准和行业标准制定，掌握市场竞争的主导权。强化企业的品牌意识，不断提升山西新材料企业品牌的国内认知度和行业影响力。建立完善的区域知识产权保护协调机制和行业自律机制，加大知识产权保护力度。

第七章 山西煤焦化产业链技术评估

第一节 概况

一、产业概况

煤焦化即炼焦，又称煤炭高温干馏，指煤在隔绝空气条件下，加热至950~1050℃，经过干燥、热解、熔融、黏结、固化、收缩、成形等阶段，最终制得焦炭（谢克昌，2003），同时获得煤气、煤焦油，并回收其他化工产品的一种煤转化工艺。煤焦化后的产品有焦炭、煤焦油、煤气和化学品。煤焦化是以煤为原料，经过特定的工艺流程进行加工生产出焦炭、煤焦油、煤气及其他化学产品，属于高能源消耗、高三废排放产业（于泳波、徐凤菊，2010）。首先消耗一次能源煤炭、水和二次能源电、蒸汽、煤气，经过加工生产出二次能源焦炭、煤气和粗苯、焦油化产品。在炼焦过程中产生大量的废水、废气、废渣及粉尘等有害物质，对环境造成极大危害，经过近年来的快速发展，我国已成为世界上产量最大、出口最多的炼焦产业大国（李玉林等，2006）。炼焦行业盲目扩张影响了全行业的健康发展（郑明东，2010）。2014年3月，工业和信息化部对《焦化行业准入条件》进行了第二次修订，颁布了《焦化行业准入条件（2014年修订）》，并于2014年4月1日开始执行。

山西作为全国的煤焦化产品生产基地，其丰富的优质炼焦煤资源为焦化产业的发展提供了有利条件，煤焦化已然成为山西的重点支柱产业，山西煤焦化产量占全国总产量的比例一度高达19%，但山西长期粗放式的发展也造成了企业产能过剩、能耗虚高、污染严重等问题，山西煤焦化产业亟须加强科技创新，发展先进技术，形成以煤焦化为源头的现代煤化工产业链及其延伸链、创新链，促进产业结构优化升级。煤焦化产业链中，由于各地区实际情况有所差异及考虑到经济利益最大化的目标，我们对创新链上不同的环节需要根据实际情况采取不同的发展策略。山西需要凝练和实施创新链上的重大科技攻关，在煤焦化开采方式、煤焦化产品开发与产业链发展等关键领域取得了重大技术突破，进而促进山西煤焦化产业链更好地发展。

二、煤焦化产业链的界定

山西煤焦化产业链如图7-1所示。山西省煤焦化产业链纵向为焦炭生产、焦炉煤气利用、粗苯加工、煤焦油加工、节能减排链条。焦炭生产链条中细分为洗煤配煤、炼焦这两个技术环节。焦炉煤气利用链条又分为煤气净化链条和化产回收链条，粗苯加工链条细分为洗涤精馏技术环节，煤焦油加工链条细分为蒸馏和精细化加工这两个技术环节。节能减排链条分为污染减排和节能提效这两个技术环节。

煤焦化又称煤炭高温干馏，是指以煤为原料，在隔绝空气条件下，加热到950℃左右，经高温干馏生产焦炭，同时获得煤气、煤焦油并回收其他化工产品的一种煤转化工艺。

其中，焦炭生产是指烟煤在隔绝空气的条件下，加热到950~1050℃，经过干燥、热解、熔融、黏结、固化、收缩等阶段最终制成焦炭，主要技术有：煤分级预热调湿技术、民用洁净焦炭生产关键技术、精细配煤系统技术、干法和热化学熄焦技术。焦炉煤气是指对焦炉煤气的净化和回收，又称焦炉气，由于可燃成分多，属于高热值煤气。粗煤气或荒煤气，是指用几种烟煤配制成炼焦用煤，在炼焦炉中经过高温干馏后，在产出焦炭和焦油产品的同时所产生的一种可燃性气体，是炼焦工业的副产品，主要技

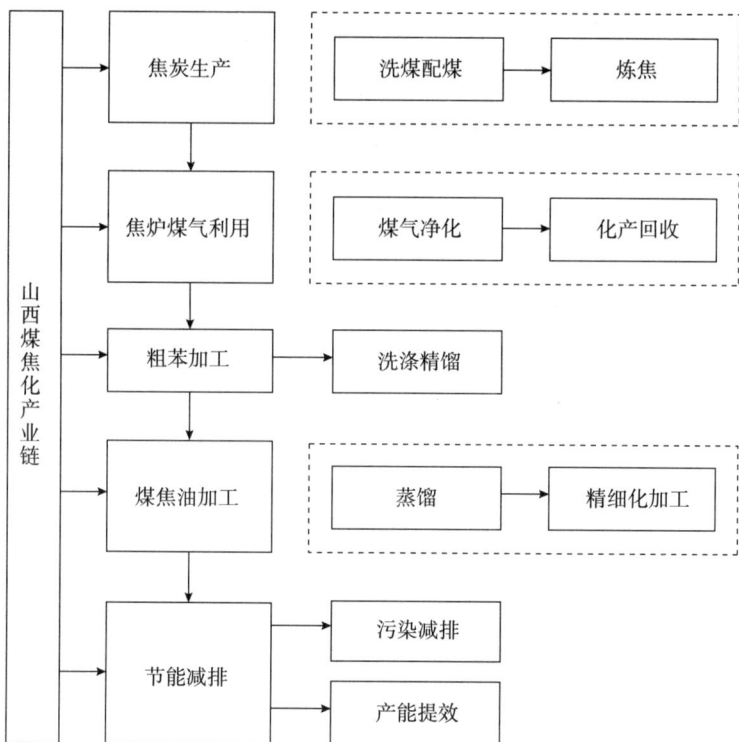

图 7-1　山西煤焦化产业链

术有：生产醇醚燃料技术、制氢技术、合成油技术、用于直接还原铁技术，制取天然气技术；煤热解生成的粗煤气中的产物之一，经脱氨后的焦炉煤气中回收的苯系化合物，其中以苯含量为主，称之为粗苯，是煤热解生成的粗煤气中的产物之一，粗苯加工有两种主流技术：一是酸洗法；二是加氢法。煤焦油是炼焦工业煤热解生成的粗煤气中的产物之一，其产量占装炉煤的 3%~4%，组成极为复杂，多数情况下是由煤焦油工业专门进行分离、提纯后加以利用，山西煤焦油技术主要包括煤焦油深加工的技术，如煤焦油高效分离及加氢提质综合利用集成技术、煤基道路沥青制备及低碳环保温拌技术。节能减排是指节约物质资源和能量资源，减少废弃物和环境有害物（包括三废和噪声等）排放，该环节主要包括焦化废水深度处理回用技术、焦炉煤气的清洁净化技术、废固体脱硫剂资源化、余热回收技术。

煤焦化产业链主要围绕气化焦及其气化技术、煤炭分质利用、炼焦工艺及设备创新研发及产业化、节能减排技术开发及产业化、焦炉气、粗苯、煤焦油等炼焦化产品精深加工技术，延伸焦化特色精细化工与材料产业链。

三、数据检索

针对山西煤焦化产业链环节，设计相应的专利检索式，如表 7-1 所示。

表 7-1　山西煤焦化产业链专利检索式

环节	检索式	数量
洗煤配煤	（焦炭生产 OR 焦炭）AND（洗煤 OR 配煤）	415
炼焦	（焦炭生产 OR 焦炭 ）AND 煤 AND（炼焦 OR 炼焦产品处理）	783
煤气净化	（焦炉煤气利用 OR 焦炉煤气 OR 粗煤气）AND 煤 AND（煤气净化 OR 净化 OR 直接还原铁 OR 合成氨 OR 合成甲醇 OR 合成天然气）	1050
化产回收	（焦炉煤气利用 OR 焦炉煤气 OR 粗煤气）AND 煤 AND 回收	912
洗涤精馏	（煤焦化 OR 粗苯加工 OR 粗苯 OR 轻苯 OR 重苯）AND（洗涤 OR 馏 OR 精制 OR 酸洗 OR 加氢 OR 萃取）	735
蒸馏	（煤焦油加工 OR 煤焦油）AND（蒸馏 OR 精馏）AND（轻油 OR 酚油 OR 萘油 OR 洗油 OR 蒽油 OR 沥青）	611
精细化加工	（煤焦油加工 OR 煤焦油）AND（精细加工 OR 萃取 OR 提取 OR 轻油馏分 OR 焦油馏分 OR 洗油馏分）	688
污染减排	（煤焦化 OR 焦化）AND 煤 AND （污染 OR 减排）	539
产能提效	（煤焦化 OR 焦化）AND 煤 AND（节能 OR 废水处理 OR 余热回收）	338

第二节　山西煤焦化产业链宏观技术特征

一、世界专利分析

（一）技术热点

通过对世界煤焦化领域的热点技术进行识别，发现煤焦化领域最具有发展潜力的技术，掌握全球煤焦化技术发展方向，凝练了煤焦化产业最优先项目技术攻关路径，加快山西煤焦化产业发展的思路、途径和对策，更准确地找出山西煤焦化产业链的具体研发策略。

国际专利分类号 IPC 是国际通用的专利文献分类、文献检索工具，能够很好地反映专利中所涉及的技术。这里采用的世界煤焦化数据来源于欧洲专利局网站，利用检索词（"coal" and "coking or carbonization"）检索出 2035 件专利，将这些专利下载并存入 Excel 表格中。将所有专利的 IPC分类号信息进行整理，统计每个 IPC 小类的专利数量，统计结果如图 7-2所示。

从图 7-2 中可以发现 IPC 小类为 C10B 的专利数量最多，达到 1851件，C10B 表示含碳物料的干馏生产煤气、焦炭、焦油或类似物；C10L 的专利数量为 173 件，表示不包含在其他类目中的燃料；天然气；不包含在C10G 或 C10K 小类中的方法得到的合成天然气；液化石油气；在燃料或火中使用添加剂；引火物，这是一个综合领域，属于煤焦化产业链焦炉煤气利用链条、粗苯加工链条和节能减排链条中的污染减排的技术环节。C10G的专利数量为 110 件，表示烃油裂化；液态烃混合物的制备，如用破坏性加氢反应、低聚反应、聚合反应，这属于煤焦化产业链的煤焦油加工链条和粗苯加工链条。G01N 的专利数量为 108 件，表示借助于测定材料的化学或物理性质来测试或分析材料，这属于煤焦化产业链的焦炭生产链条的洗煤配煤技术环节。C10K 的专利数量为 72 件，表示含一氧化碳可燃气体化学组合物的净化和改性，属于焦炉煤气利用链环。F26B 的专利数量为

（件）

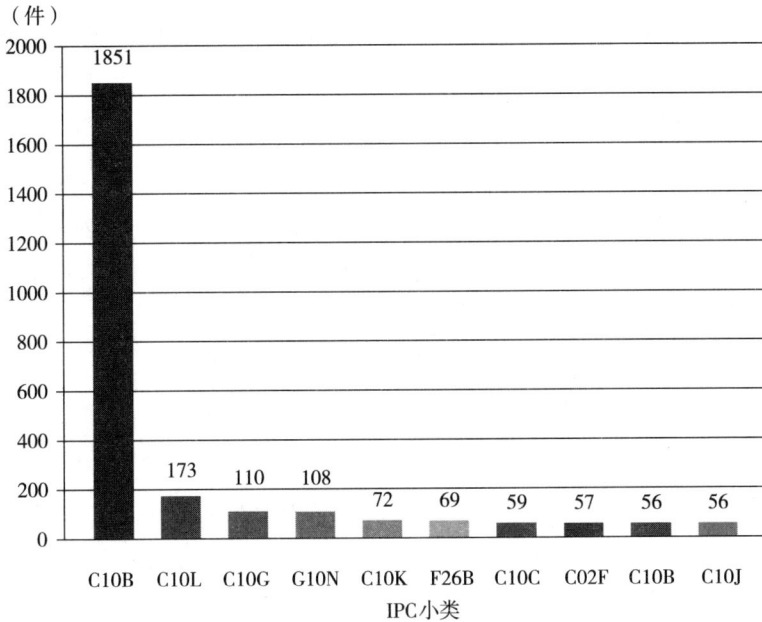

图 7-2　世界煤焦化领域专利数量排名前十的 IPC 小类

69 件，表示从固体材料或制品中消除液体的干燥，属于粗苯加工链条和焦炭生产链条的洗煤配煤技术环节；C10C 的专利数量为 59 件，表示焦油、焦油沥青、石油沥青、天然沥青的加工；焦木酸，这些属于煤焦油加工链环；C02F 的专利数量为 57 件，表示水、废水、污水或污泥的处理，明显属于节能减排链条中的污染减排技术环节；C01B 的专利数量为 56 件，表示非金属元素；C10J 的专利数量为 56 件，表示由固态含碳物料通过包含氧气或蒸汽的部分氧化工艺生产含有一氧化碳和氢气的气体，这两个 IPC 小类均属于煤焦化产业链的焦炉煤气利用链条的技术环节。综上所述，根据世界煤焦化专利数据的 IPC 小类信息统计，得出如下结论：

（1）世界煤焦化领域的研究成果最多的是煤焦化产业链焦炉煤气利用链条和煤焦油加工链条，这两个链条的专利数量远大于其他链条。根据 IPC 小类分析，其焦炉煤气利用链条涉及的热点技术比较多，主要有含碳物料的干馏生产煤气或类似物，天然气、液化石油气，含一氧化碳可燃气体化学组合物的净化和改性，非金属元素、其化合物和由固态含碳物料通过包含氧气或蒸汽的部分氧化工艺生产含有一氧化碳和氢气的气体；煤焦油加工链条涉及的热点技术有含碳物料的干馏生产焦油或类似物，烃油裂化、液态烃混合物的制备，焦油、焦油沥青、石油沥青、天然沥青的加工；焦木酸。

（2）煤焦化产业链上的焦炭生产链条中炼焦环节的专利数量排在第三名，热点技术主要涉及含碳物料的干馏生产焦炭或类似物，随着钢铁企业自配炼焦装置产能、省外炼焦装置产能大幅上升，说明世界煤焦化领域对炼焦技术的研究比较重视，研究成果较多。

（3）世界煤焦化领域专利数量排在之后是粗苯加工链条的洗涤精馏技术，具体热点技术细节涉及烃油裂化，以及液态烃混合物的制备，如用破坏性加氢反应、低聚反应、聚合反应，从固体材料或制品中消除液体的干燥以及涉及一些在燃料或火中使用添加剂、引火物。这说明世界煤焦化领域已实现高温高压气相加氢、低温气相加氢技术及其催化剂的国产化，国内重苯加工停留在萘和洗油层次，说明世界煤焦化领域对于完善粗苯精制技术，实现精细分馏，发展高附加值产品问题非常重视，体现了科技创新、低碳发展的思想。

（4）世界煤焦化领域中的另一个节能减排链条，尤其是污染减排环节，是优先发展技术，主要涉及的热点技术大致为水、废水、污水或污泥的处理。而产能提效环节还处于储备程度，不是优先技术环节。这说明世界比较重视环境污染的处理，炼焦化学工业污染物排放标准全面提升，也说明焦化废水深度处理回用技术目前处于研究试验或工程起步阶段，体现了循环发展、可持续发展的思想。

（5）世界煤焦化专利数量排名前十的IPC小类中有五个代表了煤焦化产业链中的焦炉煤气利用链条的技术，说明焦炉煤气利用是一个优先发展方面，以焦炉煤气和气化气为基础的多联产系统，将会具有更广阔的发展前景。

（二）技术发展趋势分析

近年来专利数量增加最快的热点技术是未来煤焦化领域的技术发展趋势。表7-2为各个热点技术所属的创新链条情况。

表7-2　各IPC与创新链的对应关系

IPC 小类	热点技术	所属链条
C10B	含碳物料的干馏生产煤气、焦炭、焦油或类似物	焦炭生产、煤焦油加工、焦炉煤气利用
C10L	不包含在其他类目中的燃料；天然气；不包含在C10G或C10K小类中的方法得到的合成天然气；液化石油气；在燃料或火中使用添加剂；引火物	焦炉煤气利用、粗苯加工、节能减排
C10G	烃油裂化；液态烃混合物的制备，如用破坏性加氢反应、低聚反应、聚合反应	煤焦油加工、粗苯加工
G01N	借助于测定材料的化学或物理性质来测试或分析材料	焦炭生产
C10K	含一氧化碳可燃气体化学组合物的净化和改性	焦炉煤气利用
F26B	从固体材料或制品中消除液体的干燥	粗苯加工、焦炭生产
C10C	焦油、焦油沥青、石油沥青、天然沥青的加工；焦木酸	煤焦油加工
C02F	水、废水、污水或污泥的处理	节能减排
C01B	非金属元素；其化合物	焦炉煤气利用
C10J	由固态含碳物料通过包含氧气或蒸汽的部分氧化工艺生产含有一氧化碳和氢气的气体	焦炉煤气利用

从热点技术的专利平均增长率结果中，我们发现近五年专利数量平均增长率排在前三名的热点技术分别为"借助于测定材料的化学或物理性质来测试或分析材料""水、废水、污水或污泥的处理""含一氧化碳可燃气体化学组合物的净化和改性"，它们增长率数值分别为0.12、0.12、0.08。"借助于测定材料的化学或物理性质来测试或分析材料"技术涉及煤焦化产业链焦炭生产链条，焦炭是世界的热门领域，同时也成为当今煤焦化领

域值得大力发展的技术。另外，"水、废水、污水或污泥的处理"技术涉及的是煤焦化产业链节能减排链条污染减排环节，在低碳、循环、绿色发展的时代潮流中，无疑是非常重要的技术，近年来相对高的增长率也说明了这一点。煤焦化产业链焦炉煤气利用链条中涉及的"含一氧化碳可燃气体化学组合物的净化和改性"技术，同样以其高平均增长率成为当今世界煤焦化领域的发展趋势。

根据当前世界煤焦化领域热点技术的近年专利变化情况，我们可以很清楚地知道世界煤焦化领域的发展趋势。"借助于测定材料的化学或物理性质来测试或分析材料""水、废水、污水或污泥的处理""含一氧化碳可燃气体化学组合物的净化和改性"这三个技术是未来煤焦化产业链的发展趋势。另外，热点技术中的"含碳物料的干馏生产煤气、焦炭、焦油或类似物"是一个综合技术，涉及煤焦化产业链焦炭生产链条、焦炉煤气利用链条和煤焦油加工链条，也是未来的煤焦化产业链技术发展趋势。煤焦化领域的相关科研人员和政策制定者在进行工作时应该考虑以上煤焦化热点技术，使煤焦化产业链更好地发展，促进煤焦化产业链整体效益的最大化。

二、国内专利分析

（一）专利申请类型分析

将专利按照专利类别（发明专利、实用新型、外观设计）分为三种，选取时间、专利申请量、专利类别为分析对象，如图 7-3 所示。

从图 7-3 中可以发现，自 2003 年以来，关于煤焦化的专利申请数量急速增长，其中 2014 年关于煤焦化的申请数量最多，达到 300 件。2016 年的数据还未统计完全，数量少能理解。结合政府近年来的政策，不难发现，2014 年关于煤焦化的专利申请数量达到最多，呈现"百花争鸣"盛状的原因，2013 年中央发布了《国务院办公厅关于进一步加快煤焦化（煤矿瓦斯）抽采利用的意见》的文件，中央政府大力鼓励煤焦化的发展。随着年份的增长，关于煤焦化的专利申请数量随之增加，年份与煤焦化的专利数量呈正相关，并且在近几年的增长波动较大，其中发明专利和实用新型

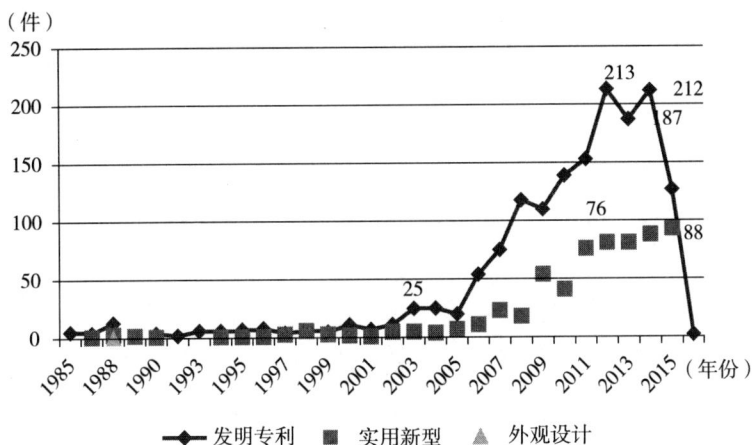

图 7-3　不同年份三种专利的申请量

申请量远大于外观设计，这点不难解释，关于煤焦化方面的技术研究侧重于技术而不是外观。综合可看出，关于煤焦化的技术创新近几年比较火热，以后的几年会出现更多的关于煤焦化的创新技术。

(二) 专利申请地区分析

分析关于煤焦化的专利分布区域，根据分布区域可以观察出关于煤焦化的研究比较热的区域。

观察图 7-4 发现，山东、北京位于第一名，辽宁、山西位于第二名，前两名关于煤焦化的专利申请数量分别为 236 件、207 件。北京作为中国的首都，是中国科技中心，对煤焦化的研究较多，原因是浓厚的科研氛围，许多高校、科研机构坐落于北京，这为煤焦化的研究提供了条件。山东省今日将焦化产业纳入煤化工行业管理，使焦化产业由单纯追求规模扩张向延伸产业链方向发展，在煤焦化技术创新中属于领头省份，发明了如此多的专利。山西和辽宁均为煤炭大省，丰富的优质炼焦煤资源为发展焦化产业提供了有利条件。2015 年 8 月 7 日，山西省经济和信息化委员会印发关于《山西省传统优势产业 2015 年行动计划》的通知，该《计划》明确了焦化产业 2015 年的行动目标、行动重点和工作措施。这些可看出山西对煤焦化的技术创新研究的重视。

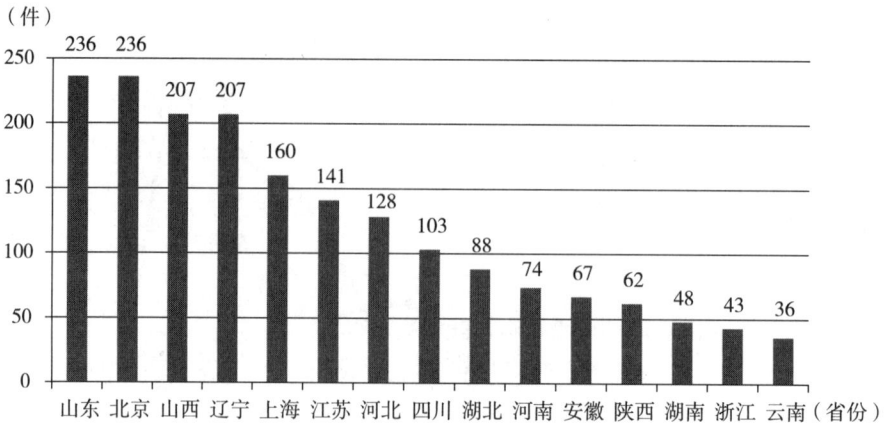

图7-4 煤焦化专利申请量排名前十五的中国省份

（三）专利发明人分析

对煤焦化的专利发明人进行分析，通过发明人的发明专利的数量统计，可以推测出哪些人在煤焦化技术创新方面较突出。

从图7-5中可以看出，专利申请量最高的煤焦化专利发明人发明数量第一名为34件，第二名为31件，第三名为26件。这三位均在赛鼎工程有限公司任职，在良好的公司环境中发明了最多的煤焦化专利，再一次说明了赛鼎工程有限公司的人才储备能力较强，对煤焦化的技术创新做出了巨大的贡献。

（四）专利申请主体类型分析

对煤焦化专利的研究机构进行分析，分为大学、研究所、个人、公司四种研究机构。通过对四种研究机构的煤焦化专利数量统计，可以反映出不同研究机构对煤焦化技术研究的创新产出及科研水平。

从图7-6中可以看出，公司的煤焦化专利申请最多，2/3的煤焦化专利都是公司申请的，其次是大学、个人、研究所。这种现象从侧面揭示了中国教育存在的一个普遍现象，教育与实际严重脱离，公司不得不自己结合实际情况来进行研究，因此这给大学及研究所敲响了警钟，研究一定要结合实际情况。

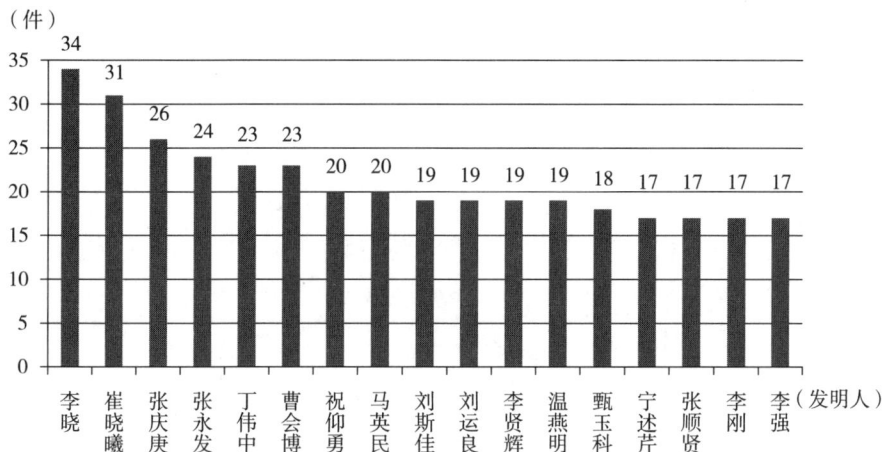

图 7-5　煤焦化专利申请量排名前十五的发明人

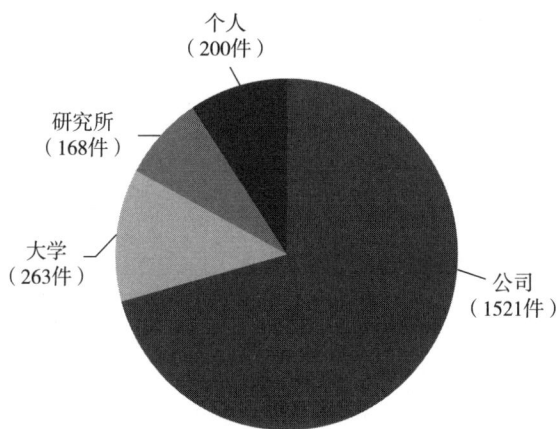

图 7-6　四种研究机构的煤焦化专利申请量

（五）专利技术生命周期分析

技术生命周期分为萌芽期、成长期、成熟期、衰退期。通过计算技术生长率、技术成熟系数、技术衰老系数、新技术特征系数，观察数据变化趋势，可以判断煤焦化技术在技术生命周期中所处的阶段，如图 7-7 所示。

可以发现技术生长率曲线为平稳的曲线，波动不大。技术衰老系数曲

系数

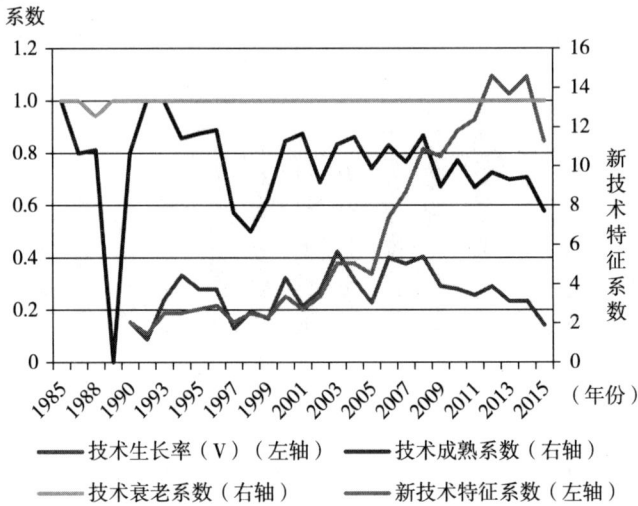

图 7-7　煤焦化技术生命周期指标

线和技术成熟系数曲线缓慢波动，有上升趋势，但不明显。新技术特征系数曲线处于显著增长趋势，说明煤焦化技术的新技术特征逐渐增强。结合技术生命周期专利指标法，煤焦化技术处于技术生命周期中的成长期。

（六）专利法律状态分析

对煤焦化专利的不同法律状态进行分析，通过煤焦化专利的不同法律状态数量统计，可以反映出煤焦化专利的质量。如图 7-8 所示：

从图 7-8 中可以看出，大部分专利都是有效的，有效专利数量为 1399 份，334 份为无效专利。综合来讲，煤焦化的专利申请质量较高。

三、山西专利分析

（一）专利申请机构

图 7-9 给出了山西省煤焦专利所有人的排名情况。按照专利申请数量降序排列，在前 10 名机构当中，赛鼎工程有限公司表现突出，拥有该领域 95 件专利；太原理工大学、中国科学院山西煤炭化学研究所、山西鑫立能

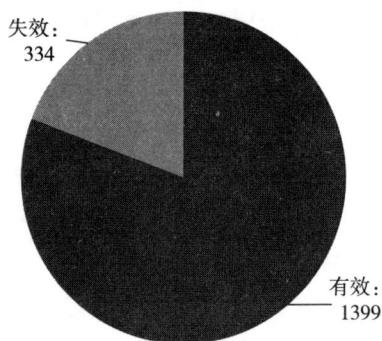

图7-8 煤焦化不同法律状态下专利申请量饼图

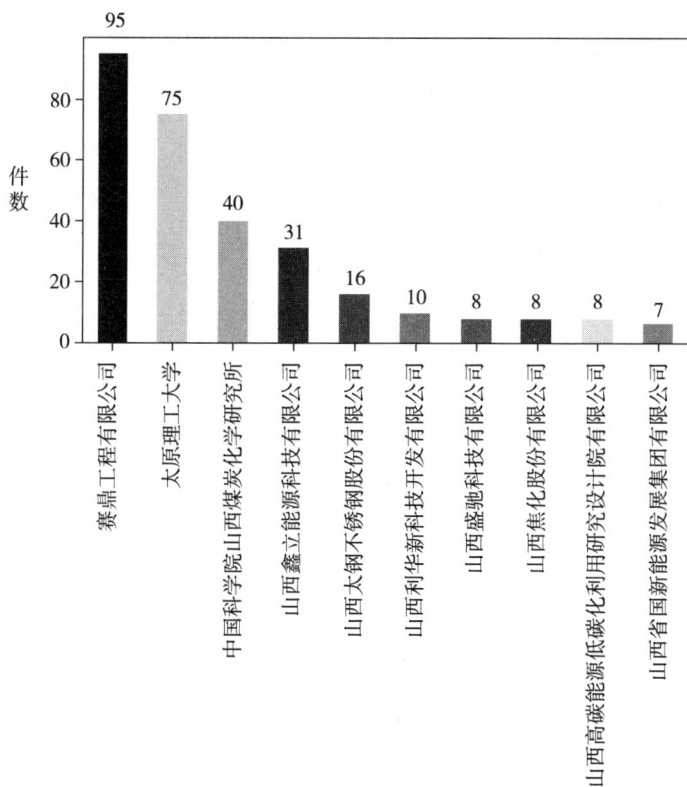

图7-9 山西煤焦专利申请机构（前10名）

源科技有限公司都表现出较强的创新实力，分别申请75件、40件、31件专利。可以看出，在山西煤焦领域的领先机构中，仅有太原理工大学一所高校，从整体上看，煤焦领域是以企业为主要研发力量的产业。

图7-10展示了山西煤焦专利申请机构合作网络。从整体上看，形成了一个大的创新网络。以赛鼎工程有限公司、太原理工大学、内蒙古庆华集团有限公司、中国科学院山西煤炭化学研究所为主的机构形成了最大的合作网络。另外，以山西潞安矿业集团、太原重型机械有限公司、山西煤炭进出口集团科技发展有限公司等为代表的机构也分别形成了各自的合作关系，不过网络节点规模相对较小，合作关系零散。

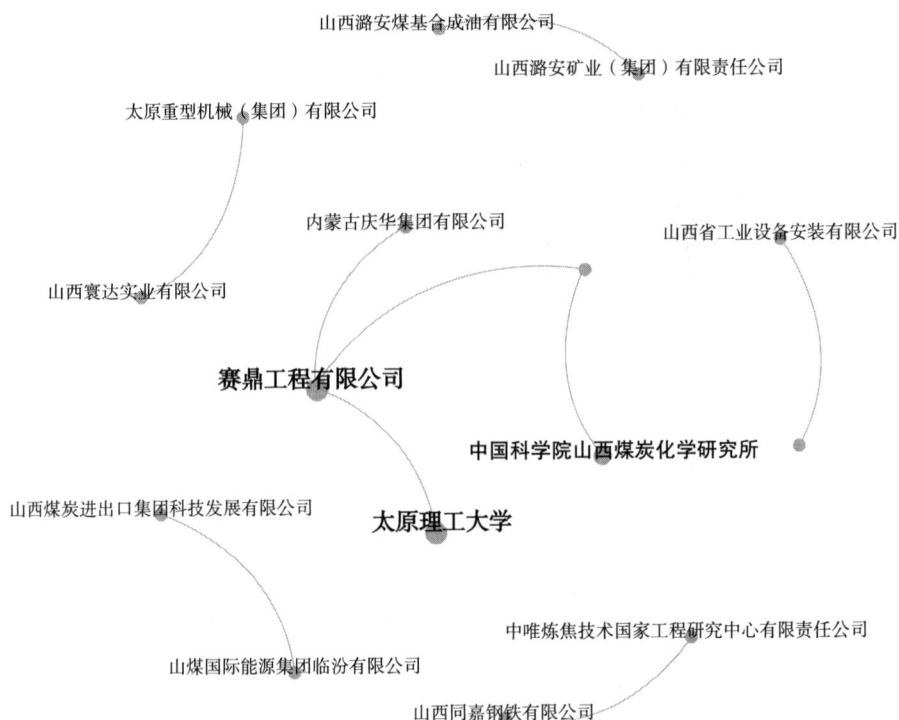

图7-10　山西煤焦专利申请机构合作网络

（二）专利发明人

图 7-11 给出了山西煤焦专利发明人排名情况。按照专利数量降序排列，专利数量在 18~79 件，说明这些发明人具有较强的创新能力。在前 10 名发明人当中，李晓是最高产的专利发明人，是赛鼎工程有限公司的工作人员，另外随后 6 名包括崔晓曦、张庆庚、曹会博、马英民、王贵、王军亭也都是赛鼎工程有限公司的工作人员，反映了赛鼎工程有限公司在煤焦领域的突出创新实力。除此之外，王新民是山西鑫立能源科技有限公司的工作人员，张永发是太原理工大学的老师，可以看出这两个机构在煤焦领域也很有建树。

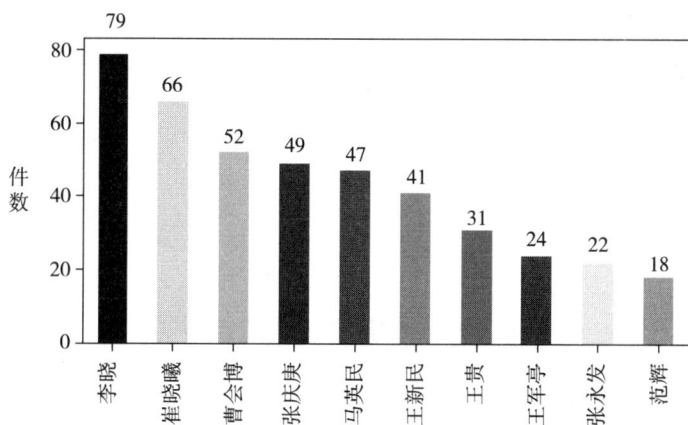

图 7-11　山西煤焦专利发明人（前 10 名）

图 7-12 展示了山西煤焦专利发明人合作网络。整体上，山西省在该领域存在三个规模较大的创新群体。在图形左上方，形成以张继龙、任晓霞、荆洁颖为代表的太原理工大学创新群体；在图形中部，形成以李晓、崔晓曦、曹会博为代表的赛鼎工程有限公司创新群体；图形右下方，形成以王新民、王小群为代表的山西鑫立能源科技有限公司创新群体。这些不同研发机构的创新群体是山西省煤层气创新的中坚力量。另外，其他创新群体则在人数规模、成果产出方面处于劣势。

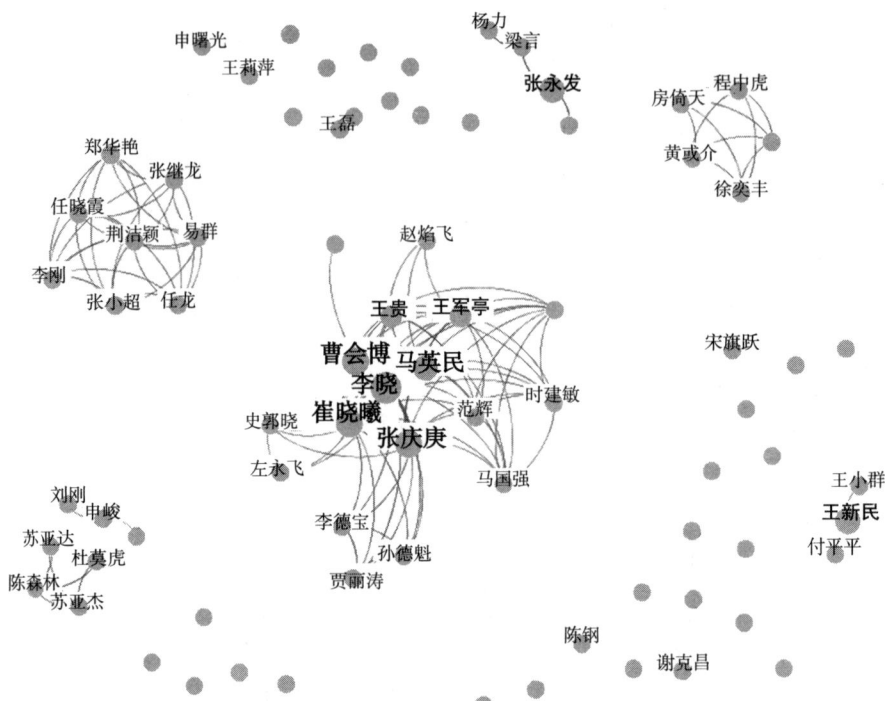

图 7-12　山西煤焦专利发明人合作网络

（三）专利主题词分析

图 7-13 展示了山西煤焦化产业专利主题词关联图谱。图中以技术主题词为节点，主题词在同一专利标题或摘要的共现关系为边，构建主题词关联图谱。节点大小反映了主题词的词频，边的粗细反映了主题词的共现程度。可以看出，整体上形成了完整的技术群落，围绕关键词"煤气"或"焦化"或"天然气"或"焦炉煤气"形成了若干个技术子群。图形左上方，主要集中在煤气、净化、回收和热解技术；图形中部及右上方，主要集中于炼焦技术；图形右下方，集中于天然气和焦炉煤气的生产合成技术。

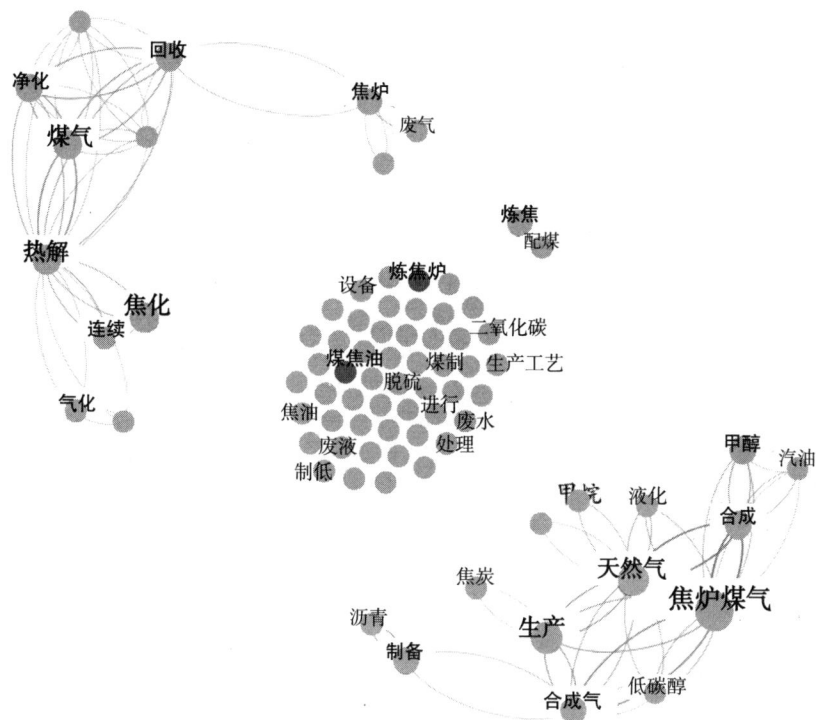

图 7-13 山西煤焦化产业技术关联图

第三节 山西煤焦化产业链微观技术特征

一、产业链关键技术环节比较优势

结合山西煤焦化产业链各环节的专利规模和专利增长速度对各环节的优势进行判别，再结合前面对煤焦化热点技术的分析，如图 7-14 所示。

下面从四种环节具体阐述山西煤焦化产业链技术优势分布结果。

★ 优势环节　⬠ 潜力环节　● 发展缓慢环节　▲ 薄弱环节　✦ 技术热点

A: 山西专利占比　B: 山西专利相对增长率　D: 技术热点的具体技术环节

✦ D: 含碳物料的干馏生产焦炭或类似物

A: 7%
B: 0.9078

A: 13%
B: 0.38

焦炭生产 → ▲ 洗煤配煤 → ● 炼焦

✦ D: 干馏生产煤气或类似物，天然气，可燃气体化学组合物的净化和改性，生产含有一氧化碳和氢气的气体

A: 15%
B: 1.4688

A: 15%
B: 1.7516

焦炉煤气利用 → ★ 煤气净化 → ★ 化产回收

✦ D: 烃油裂化，液态烃混合物的制备，在燃料或火中使用添加剂，引火物

A: 11%
B: 0.9922

粗苯加工 → ● 洗涤精馏

✦ D: 含碳物料的干馏生产焦油或类似物，烃油裂化，焦油、焦油沥青、石油沥青加工

A: 7%
B: 0.92

A: 8%
B: 0.7082

煤焦油加工 → ▲ 蒸馏 → ▲ 精细化加工

山西煤焦化产业链

节能减排 → ● 污染减排

A: 13%
B: 0.9154

节能减排 → ⬠ 产能提效

A: 7%
B: 1.19

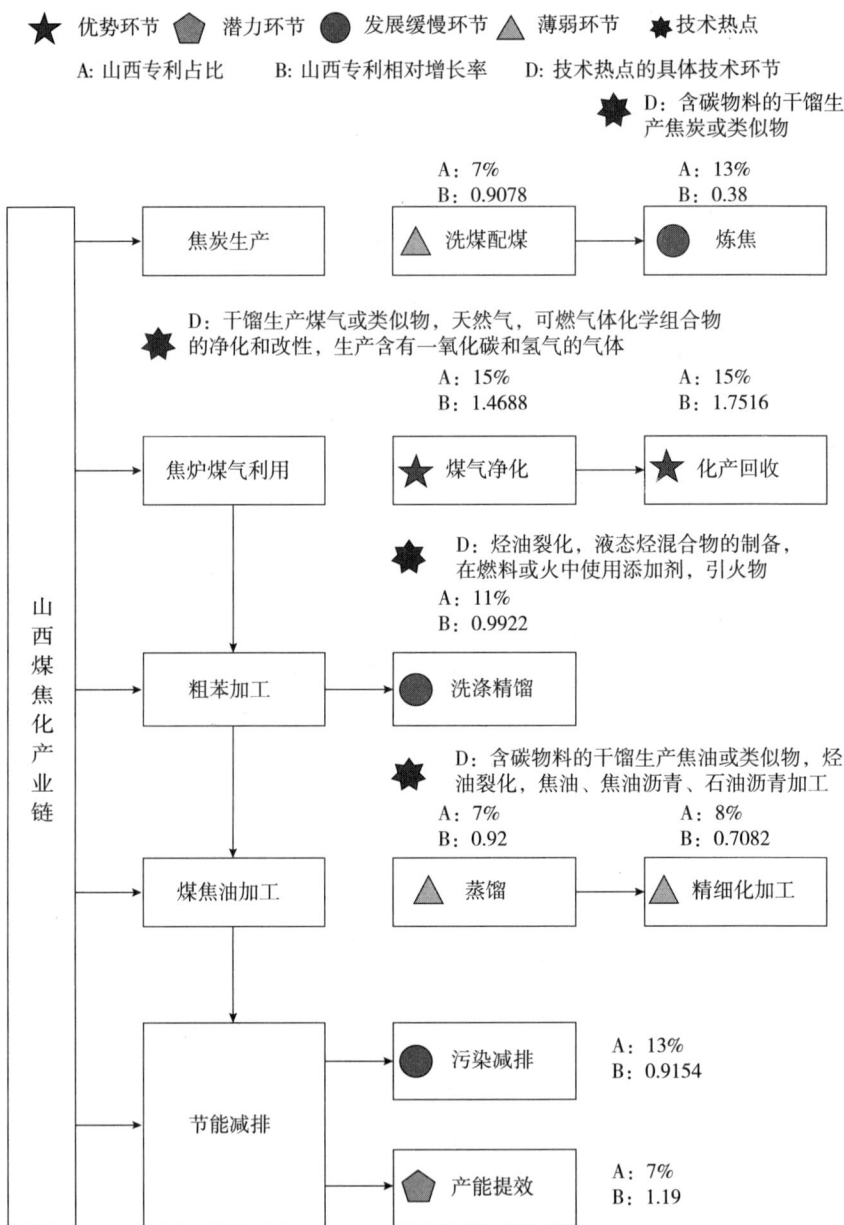

图 7-14　煤焦化产业链技术环节特征

（1）优势环节：焦炉煤气利用链条中的煤气净化、化产回收技术环节的山西专利占比大于10%，并且山西专利相对增长率大于1。这说明这两个环节的研究成果丰富，整体创新实力较强，且近年来的科技成果产出速度较快，高于全国的增长速度，因此这两个环节属于优势环节。

（2）潜力环节：节能减排链条中的产能提效技术环节的山西专利占比小于10%，山西专利相对增长率大于1。这说明，这个环节的科研成果在全国占比较小，研发基础相对薄弱，技术实力弱，但是近年来的科研成果产出速度较快，高于全国的增长速度，因此这个环节属于潜力环节。

（3）衰退环节："焦炭生产链条中的炼焦""粗苯加工链条中的洗涤精馏""节能减排链条中的污染减排"这三个环节的山西专利占比大于10%，山西专利相对增长率小于1。这说明这三个环节的科研产出成果丰富，在全国占有很大的比例，但是近年来的科研成果产出速度较慢，低于全国的增长速度，很可能是遇到了技术瓶颈，需要立刻突破该瓶颈，这样山西煤焦化产业链才能更好地发展，因此这两个环节是衰退环节。

（4）薄弱环节："焦炭生产链条中的洗煤配煤""煤焦油加工链条中的蒸馏和精细化加工"这两个技术环节的山西专利占比小于10%，且山西专利相对增长率小于1。这说明这两个环节的科研产出成果较少，近年来的科研成果产出速度较慢，低于全国的增长速度，技术创新实力较弱，因此这两个环节是薄弱环节。

二、关键技术选择

通过前面的热点技术分布和山西技术优势环节分布得出山西的技术选择有以下方向：

（1）在焦炭生产链条中，随着钢铁企业自配炼焦装置产能、省外炼焦装置产能大幅上升，山西省焦化产量占全国产量的比例逐年下降。针对现阶段，山西省焦化企业的创新主要依靠引入外部技术来实现，创新费用中用于技术引进的比例较高，进行自主研发的比例相对偏低。由传统产业向现代煤化工转型的过程中，需要不断进行技术创新，延伸化工产业链，实现由"以焦为主"向"焦化并举，以化为主"的战略转型。优先发展以下技术：解决炼焦产能过剩，发展下游产业；节约炼焦煤稀缺资源，降低生产成本；提高大型成套设备稳定性、智能化水平。这些技术是山西省发展的最优先技术，应大力进行发展相关技术。

（2）在焦炉煤气利用链条中，焦炉煤气制合成天然气刚刚起步，针对焦炉煤气资源利用现状，还存在对能源节约与资源综合利用的重要性和迫切性还缺乏足够的认识，投入不足，各级政府对资源综合利用项目的资金技术支持不够等问题。焦炉煤气综合利用技术中，产醇醚燃料技术、制氢气技术、合成油技术、直接还原铁技术和制取天然气技术是山西省今后的发展方向，同时该环节是优势环节，并为热点技术，以焦炉煤气和气化气为基础的多联产系统，将会具有更广阔的发展前景。

（3）在粗苯加工链条中，针对粗苯加工领域原料供应受制于焦化产业，粗苯精制产能过剩，粗苯加工企业深加工能力欠缺，规模焦化企业将成为粗苯二级、三级深加工的主体等现状，山西省应走粗苯深加工路线，主要集中在苯乙烯路线、环己酮路线和苯酚路线。发展副产品重苯的高质化利用技术，粗苯加工产品精制及副产品二次加工技术是山西省的技术需求，发展高附加值产品，提取高值化学品。在精制加工粗苯过程中，相对于酸洗蒸馏法而言，催化加氢精制工艺所得到的苯比较好，其收率较高，不会生产出一些难以处理的酸焦油，目前这种技术已经在国内被广泛地应用。企业应该加大技术的创新，借鉴国内外一些优秀工艺，促使我国焦化企业向精细化工方向发展。

（4）在煤焦油加工链条中，针对煤焦油加工成本比较高、煤焦油加工相对分散、煤焦油加工技术有待于提高等问题，以及山西省对于实现煤焦油精细分馏，提取高值化学品，提高粗苯产品二次加工技术的发展需求，不断提高资源的利用率、不断提高产品的附加值，继续加大对洗油、蒽油、萘油和酚油中有价值组分的工业化提取，加大对煤沥青的开发利用，降低生产成本，降低焦油加工过程中的能源消耗，获得显著的环境效益和社会效益。

（5）在节能减排领域中，针对能耗高、污染重、效益差，进而使炼焦产能过剩严重、产业链延伸不足、企业抗风险能力偏弱等问题，以及炼焦化学工业污染物排放标准全面提升，目前绝大部分焦化企业现有装备和技术尚不能全面满足要求的现状，焦化废水深度处理回用技术目前处于研究试验或工程起步阶段和我国焦炉烟道气新排放标准 SO_2 为 50 mg/m³、NO_X 为 400 mg/m³ 的现状，发展焦化废水深度处理回用技术、焦炉煤气的清洁净化技术、废固体脱硫剂资源化，减少碳排放，促进低碳发展。

第四节　山西煤焦化产业链研发策略及政策建议

一、研发策略

焦化工业属于典型的高耗能、高污染及资源型产业，在由传统产业向现代煤化工转型的过程中，需不断技术创新，延伸化工产业链，实现由"以焦为主"向"焦化并举，以化为主"的战略转型。完善焦化工业园区建设，推行清洁生产，加快发展循环经济，但近年来，曾一度辉煌的山西焦化产业，受无序扩张、产能过剩、产业结构和发展方式不合理等问题影响，对山西的焦炭企业而言，企业运营难度高于周边省份，多数企业面临严峻的生存考验，因此，正确选择和创新山西煤焦化发展的战略具有非常重要的意义和作用。

这里借助一个四象限图（见图7-15）对山西煤焦化产业链技术策略进行选择与分析。图7-15中，横坐标为山西专利占比，纵轴为相对增长率，结合优势环节判断方法，得出第一象限中的环节是优势环节，第二象限中的环节是潜力环节，第三象限中的环节是薄弱环节，第四象限中的环节是衰退环节。图中每个圆圈代表一个创新链环节，圆圈的大小代表了该环节的研究热度情况。

按照技术研发策略选择模型，给出各个产业链环节的技术路径。

（1）适合进行技术引进策略的创新链环节是煤焦油加工链条的"蒸馏"环节。蒸馏环节中的"含碳物料的干馏生产焦油或类似物；烃油裂

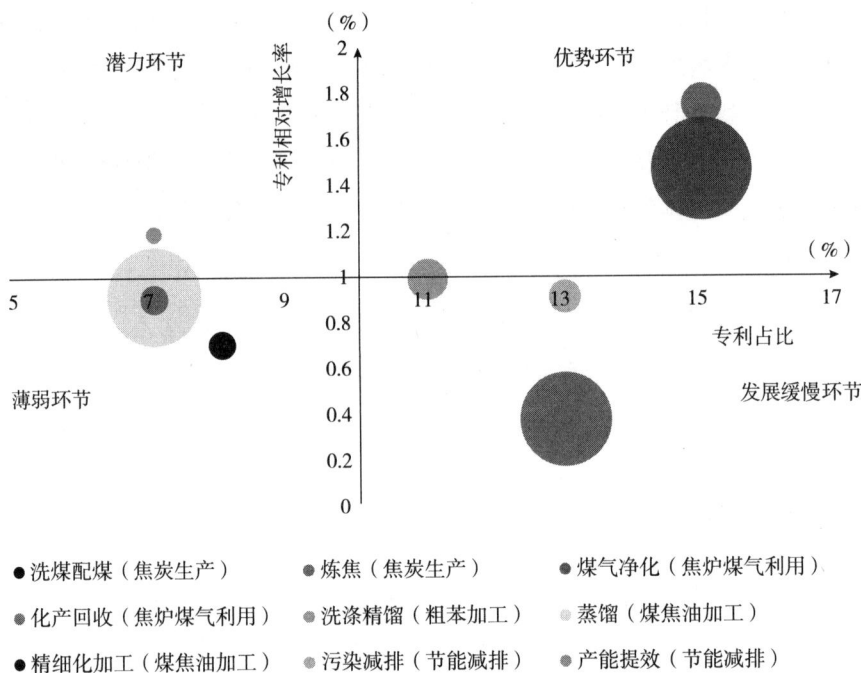

图 7-15　山西煤焦化产业链技术优势四象限

化，液态烃混合物的制备；焦油、焦油沥青、石油沥青、天然沥青的加工"技术是煤焦化领域的技术热点，而山西在此环节是薄弱环节且研究基础不太雄厚，选择该策略可以快速突破该技术瓶颈，促进山西煤焦化产业链整体的发展。焦炭生产链条中的"炼焦"环节、粗苯加工链条中的"洗涤精馏"环节是煤焦化领域的技术热点，然而这两个环节拥有的专利虽然较多，但是近年来发展缓慢，可能遇到了技术瓶颈或减少了此处的研发，如果是遇到了技术瓶颈，考虑到时间紧迫的因素选择技术引进的发展策略较合适。

（2）适合进行自主研发策略的创新链环节有焦炉煤煤气净化气利用链条中的"煤气净化"环节和"化产回收"环节。其中，"煤气净化"环节中的"含碳物料的干馏生产煤气或类似物；天然气；含一氧化碳可燃气体化学组合物的净化和改性"，"化产回收"环节中的"其化合物；由固态含碳物料通过包含氧气或蒸汽的部分氧化工艺生产含有一氧化碳和氢气的气体"是煤焦化领域的技术热点。而且这两个环节在山西煤焦化产业链中为优势环节，技术实力较强。选择自主研发策略既可以提高自我创新能力又可促进山西煤焦化产业链更好地发展，焦炉煤气利用链条在山西煤焦化产业链中具有发展潜力，如果自主研发条件具备，不需要其他企业的帮助，则可以进行自主研发策略。

（3）适合进行合作研发策略的创新链环节有节能减排链条中的"产能提效"环节。"产能提效"环节在山西煤焦化产业链中有发展潜力，虽然专利占比不高，但近年来专利增长较快，说明山西近年来投入了研发且研究成果产出较快，因此具有一定的研发基础。如果研发条件不能满足技术创新需求，选择合作研发策略较合适，通过其他企业的帮助来完成创新链环节的技术创新，实现共赢。而"污染减排"环节中的"水、废水、污水或污泥的处理"是煤焦化领域的技术热点，然而这两个环节虽然拥有的专利较多，但是近年来发展缓慢，可能是遇到了技术瓶颈或减少了此处的研发，如果发展缓慢的原因是减少了此处的研发，考虑到技术实力强和热点技术驱动这两个因素，选择合作研发比较合适。

（4）适合继续进行现有的技术研发策略的创新链环节有焦炭生产链条中的"洗煤配煤"环节和煤焦油加工链条中的"精细化加工"环节，"洗煤配煤"环节中的"借助于测定材料的化学或物理性质来测试或分析材料；从固体材料或制品中消除液体的干燥"技术和"精细化加工"环节中的"用破坏性加氢反应、低聚反应、聚合反应制备；天然沥青的加工、焦木酸"技术是煤焦化领域的技术热点。这两个环节中涉及当前煤焦化技术热点较低的热点，是山西较为薄弱的环节，但近年来的专利相对增长为0.9，增长较快，说明山西已经投入了这四个环节的技术研发，考虑山西煤焦化产业链整体的发展，选择继续进行现有的技术研发策略比较合适。

根据《关于实施煤基科技重大专项和重点研发计划的实施细则》中有关精神，2017 年山西主要围绕煤焦化产业链，进行技术开发，旨在以煤炭"清洁、安全、低碳、高效"利用为主线，重点解决一批重大关键共性技术问题，为山西省煤炭供给侧结构性改革提供技术支撑。结合以上对山西煤焦化产业的技术优势的分析及当前煤焦化产业发展趋势的分析，这里选出几个山西应该优先发展的煤焦化产业技术，分别是"利用低阶粉煤生产气化焦技术""精细化智能配煤技术""热化学熄焦及副产合成气技术""煤焦化废水深度处理及回用技术"，做出以下技术预测：

1. 优先开发"三高"低阶粉煤制气化焦、动力焦产业化技术

就国内来说，2014年，神雾集团的低阶粉煤气化—蓄热式锅炉技术，只需用市场上廉价的低阶粉煤作为煤炭气化原料来生产清洁煤气，完全替代价格昂贵的天然气，同时可比目前燃煤锅炉的效率提高20%以上，大气污染物排放减少70%以上，并能实现每年比采用天然气锅炉节省燃料费用1200多亿元。2016年9月，陕西煤业化工集团低阶粉煤气固热载体双循环快速热解技术（SM-SP）工业试验项目通过国家科技成果鉴定。在山西方面，太原理工大成工程公司及山西省工业设备安装有限公司等联合开发的"利用低阶粉煤生产气化焦技术"，可实现低阶非黏结性劣质粉煤生产优质气化焦，并作为 Lurgi、BGL 等固定床加压气化炉的优质原料，核心技术已获专利。气化冷凝废水中氰化物、硫化物等指标均显示未检出，COD 为2830 mg/L，可直接进行生化处理回用，污水中酚类污染物含量较低，大大降低了环保投资。另外，2016年，临汾市永荣实业有限公司与中国科学院开展战略合作，开发煤热解生产高品质焦油与热解气技术，以形成典型的低阶煤分级利用集成模式和成套技术示范。业内专家指出，开发低阶煤综合利用新技术，积极推动低阶煤高效转化，既可以节约煤炭资源，又可为劣质煤提高附加经济值，形成高效率、低能耗、低投资、环境好的新型产业链，不仅是"气化山西"的一大推动力，也是整个煤炭行业走清洁高效、可持续发展之路的要求。

2. 继续发挥"精细化智能配煤技术"优势，实现精细配煤智能化工业化应用

国际上，以荷兰为代表的筒仓精确配煤技术，处于世界领先地位。鹿特丹 EMO 配煤中心是荷兰配煤技术的体现，该配煤中心1994年开始运营，它是欧洲最大的煤炭终端，每年为德国、荷兰、比利时等国家提供1000万吨的配煤产品。我国的精细化智能配煤系统可确定电厂混煤燃烧的最佳实用配煤比例，同时实现了煤场的智能化管理，以及整个电厂的成本管理。该系

统在大连北方热电股份有限公司的应用中取得了很好的经济效益。在山西方面，2014 年，太钢联合中科院山西煤化所、太原理工大学和山西汾渭能源开发咨询有限公司，成功中标"精细化智能配煤系统开发与示范"项目。2016年 11 月，作为山西省炼焦配煤联合实验室主体部分的太钢炼焦配煤实验室建成投运，标志着山西省煤基重点科技攻关项目——"精细化智能配煤系统开发与示范"项目取得突破性进展。2016 年 10 月，山西焦化集团配煤实验中心在炉焦炭的原料煤中配入了一种弱黏结性的煤种。业界认为，山西焦化的这一科技创新破解了炼焦配煤技术的"达·芬奇密码"。山西焦化吨焦生产成本因此降低了 8~10 元/吨，仅 2015 年为企业创效 5000 余万元。

3. 优先发展"热化学熄焦及副产合成气技术"，加强科技攻关

熄焦技术在我国发展迅速，2015 年底，高温高压干熄焦装置被国家发改委列入《国家重点节能低碳技术推广目录》，截至 2015 年底，中冶焦耐工程技术有限公司利用此项技术建设的干熄焦装置已达 94 套，焦炭处理能力达到每年 11563 万吨，在国内干熄焦市场的占有率达 65%，在钢铁联合企业的市场占有率超过 80%。每年可生产 6244 万吨高温高压蒸汽（按平均值 0.54 计算），折合 462.5 万吨标准煤。中冶焦耐破解干熄焦大型化核心技术，最终开发出具有我国自主知识产权的系列干熄焦成套技术，并实现了干熄焦各专用设备、非标设备及关键耐火材料的国产化。在山西方面，2011 年山西焦化股份有限公司 150t/h 焦炭干熄焦项目成功建成，它采用的是氮气作为惰性气体冷却红焦，并配套 2 座 65 孔的 6 米 JN60 焦炉的干熄焦生产，当干熄焦装置年检或出现故障时，利用新型湿法熄焦作为备用。"热化学熄焦及副产合成气技术研发与工程示范项目"为 2014 年度山西省煤基重点科技攻关项目，项目总投资 1.091 亿元。2015 年 5 月 18 日，山西省煤基重点科技攻关项目"热化学熄焦及副产合成气技术研发与工程示范项目"启动仪式在山西焦煤山西焦化举行，项目责任单位为山西焦煤山西焦化，主要协作单位为太原理工大学。

4. 优先发展"煤焦化废水深度处理及回用技术"，提高节能减排技术水平

在国外，日本对焦化废水的处理大多采用好氧活性污泥生化处理工

艺，由于出水总氮较高，焦化企业会在排海前对出水再次进行稀释处理。韩国应用 BMR 工艺采用高效 BioMTM 微生物膜为载体。欧洲的焦化废水处理工艺普遍采用絮凝、气浮、沉淀、过滤等预处理技术进行除油，汽提法除氨，生化法除酚、氰化物、硫氰化物、硫化物，必要时还会采用深度处理技术。目前国内焦化废水处理应用最为广泛的生化工艺，武钢、杭钢、南昌钢铁、湘钢、重钢、攀钢的焦化废水处理主体工艺为 O/A/O+HSB 高效微生物+混凝沉淀，出水指标可以达到原国家一级排放标准；邢钢、邯钢、唐钢采用的是桑德环保公司的 SDNA/O2 即短程硝化—反硝化工艺，也称节能型生物脱氮工艺，根据焦化废水处理过程分为前置反硝化（A/O/O）和后置反硝化（O/A/O）。包钢的焦化废水处理采用的是同济大学研发的 Q-WSTN 工艺（A2/O2），脱氮反应器采用了生物膜和活性污泥共存的复合反应器，处理后出水达到二级排放标准。鞍钢与中科院过程所合作建成的三期焦化废水处理，采用的"A2/O2+高效混凝+多介质过滤+臭氧多相催化氧化+曝气生物滤池"的处理工艺，其出水 COD 低于 100 mg/L，氨氮低于 10 mg/L，出水总氰低于 0.2 mg/L。在山西方面，山西焦化股份有限公司为适应环保达标的要求，同时也为使企业走上技术化、集约型、高效益、可持续发展之路，山西焦化股份有限公司拟新建焦化废水深度处理站 1 座，将原焦化废水处理系统出水（生化出水）全部进行深度处理，并将产水回用于生产。焦化废水深度处理站设计产能为 300m³/h，所产生除盐水约 200m³/h 用于锅炉补水，浓盐水 66m³/h 用于厂区道路洒扫和绿化，5m³/h 高浓度污水经过处理后回流到原有生化系统前端，29m³/h 低浓度污水回流到原生化系统二沉池。

二、政策建议

结合考虑山西煤焦化产业开发所处的阶段和目前面临的挑战与问题，山西煤焦产业创新发展需加强以下方面。

1. 调整生产形式，加强科学管理

独立焦化厂无论是采用干熄焦还是湿技术均存在资源利用率较低，环保投入大且污染物排放较难达标等问题。只有现代化的钢铁联合企业不仅可大幅降低污染物排放量，实现达标排放，还可实现资源的最大有效利用，创造更大的经济效益。做好焦化行业污染防治工作离不开企业较高的生产管理水平。山西省大型国有焦化企业已形成较为规范、科学的管理模式。局部地区焦化企业密集且距离城区较近，由于生产管理工作到位，污染物排放量较低，对环境影响较小。例如，孝义市焦化产业较集中且产能大，部分焦化企业距离市区不足 5 千米。通过强化污染治理和提高生产管理水平等措施，孝义市污染防治工作取得了较大成效，已成为中国百强县（市）和山西省首个全国生态文明先进市。

2. 化解过剩产能，引导产业链延伸

全面落实国家和自治区有关政策，严格坚持产能置换、市场交易机制。建成环保、节能、高效的现代化大型机焦项目，完成相应置换产能的淘汰工作。目前，传统焦炭产品需求减弱，焦化企业如果想熬过寒冬市场，延长产业链，提高产品附加值是最好的选择。焦炭行业应依托技术创新，实施专业化分工，在焦油、粗苯、炭黑等产品的深加工和焦炉煤气综合利用等方面延伸产业链，扩大高技术、高附加值焦化产品的生产、销售和出口。

3. 完善焦化工业园区建设，推行清洁生产，加快发展循环经济

近年来，按照"减量化、再利用、资源化"的发展原则，山西省焦化产业循环经济发展取得了一定的成绩，但大多是在企业内部采用循环经济模式。要想在发展循环经济的过程中提高质量效益、转变经济结构，仅靠企业内部层面上的小循环是远远不够的。还必须大力加强焦化工业园区建设，打破企业之间各自为政的做法，在地域相邻、产业链相近、资源互补的企业之间连接起来形成生态产业链，以实现物资、能量和信息的共享与集成。这样就可以实现区域层面上的中循环，通过企业和产业间的废物交换、循环利用和清洁生产，提高资源利用和能量转化利用率，减少或杜绝废弃物排放。

例如，在循环工业园区内，通过综合利用焦炉煤气，生产甲醇、化肥等产品；通过推进焦化副产品的回收和综合利用，提高煤焦油加工利用率，对煤焦油进行深加工处理，提取出洗油系列、酚油系列、萘油系列、蒽油系列、沥青系列产品，分别作为各关联企业的原材料等。只有实现资源共享，才能集中发挥各企业间的资金、技术、管理人才和规模化生产优

势，不断提高山西省焦化产业综合利用水平，使工业园区内的经济建设与环境建设共同发展，使焦化产业整体经济、资源和环境实现协调发展。

4. 加大技术改造和人才培养力度

大力扶持骨干企业推广高新技术和先进适用技术，如干熄焦技术、入炉煤调湿技术、优化配煤技术、风动选择粉碎技术、焦炉煤气综合利用技术、焦油深加工技术、粗苯深加工技术和生产过程综合自动化等技术的全面应用，推进技术进步。鼓励骨干企业通过产能置换，加快建设一批国际先进水平的特大型焦化项目，大力提升山西焦化工艺装备水平。加强焦化产业人才队伍建设，建议企业和大专院校合作，选派年轻优秀员工到院校进行定向培训，或者在企业举办专业技术轮训班，聘请高级技术管理专家教授定期授课培训，为提升焦化产业人员素质提供智力支持。

5. 加大对兼并重组的扶持力度

加大资金支持力度，鼓励银行机构从信贷方面支持焦化企业纵向或横向联合，帮助焦化企业建立绿色资金通道，为焦化行业兼并重组提供资金支持。认真清理废止不利于焦化企业兼并重组的规定和做法，积极探索跨地区企业兼并重组地区间的利益共享机制。做好焦化企业兼并重组的指导和服务，及时总结推广焦化企业兼并重组的典型经验和做法，加强在市场信息、职工安置、社会保障方面的服务；行业协会和中介组织要充分发挥熟悉行业、熟悉企业的优势，积极为企业兼并重组提供服务。

6. 加强对焦化产品深加工的规划和产业指导

围绕"焦化并举、上下联产"发展的总体目标，结合各地市、重点焦化园区、主体企业提出的焦化产品深加工发展方案，突出园区产业布局，突出产业链延伸加工，突出差异化开发建设，突出重组企业联合共建，突出引进消化与吸收，对全省以焦化为基础的化产品深加工进行整体规划。同时，结合世界焦化产品开发与生产工艺前沿、国内市场需求和省内焦产业兼并重组整体布局，按照重点支持、鼓励发展、限制发展和关停淘汰四类产业导向，推进一批焦化产品深加工重大项目的实施。

第八章
山西新材料产业链技术评估

第一节　概况

一、产业概况

材料工业是国民经济发展的基础，而新材料是材料工业发展的先导，是最重要的战略新兴产业。新材料种类繁多，品种浩瀚，用途广泛，属于知识密集、技术密集的高科技产品，凝聚并集中展示了当代最高的科技成果，对国民经济、人民生活及国防建设等构成了坚定的基石，是当之无愧的传统工业转型升级以及新兴产业培育繁衍的龙骨与拼图（邵立勤，2004）。

山西省发展新材料产业具有明显的区位优势和资源优势。近年来，省委、省政府高度重视新材料产业发展，将新材料产业作为加速工业结构调整、振兴的关键环节，在全省大力推进。2013年，山西省规模以上材料产业实现销售收入1500亿元，占全省工业总产值的8.5%。新材料产业整体呈现出快速化、规模化的发展态势。但与发达省份相比，山西省新材料产业仍存在高端材料较少、产业聚集度不高、核心技术掌握不足等问题。

2018年，山西发布了《山西省新材料产业发展2018年行动计划》，提出要求加快新型金属材料、新型化工材料、新型无机非金属材料和前沿新材料四大领域108个重点项目建设，立足"项目、企业、技术、产品、园区"五位一体，大力发展新材料产业。

在加快新型金属材料领域项目建设方面，推进太钢集团高端冷轧取向硅钢项目、中铝山西新材料50万吨铝镁合金深加工项目、中条山有色金属年产5000吨延压铜箔200万平方米覆铜板项目、中磁科技年产3000吨高性能钕铁硼磁性材料项目等33个重点项目建设。

在加快新型化工材料领域项目建设方面，推进阳煤太化新材料10万吨/年尼龙6万吨及4万吨/年民用丝项目、山西潞宝兴海己内酰胺聚合切片项目、侨友化工噻吩衍生物及PBS降解树脂项目、青山化工年产3000吨新型高效荧光增白剂FB-351项目等13个重点项目建设。

在加快新型无机非金属材料领域项目建设方面，推进大同新成新材料2万吨超高功率石墨电极项目、晋坤矿产品年产10万吨煅烧高岭土项目、晋投玄武岩年产2万吨岩棉项目、海诺科技年产1万吨高性能空心玻璃微珠100万套汽车用轻质材料及零部件项目等46个重点项目。

在加快前沿新材料领域项目建设方面，推进三元炭素2000吨/年煤基碳纤维生产项目、中国电科（山西）碳化硅材料产业基地项目、山西煤基科技创新成果转化基地项目、中电科新能源300MW多晶铸锭技改项目等16个重点项目。

二、产业链界定

煤基新材料产业在山西省具有明显的区位优势和资源优势，对实现山西煤基产业创新优化意义重大。但目前该产业仍存在高端材料较少、核心技术掌握不足、功能材料缺乏、产业化程度不高等问题。本产业链重点围绕金属和非金属材料进行研究开发。在金属新材料方面，开展高强韧、耐磨、耐热、耐蚀及减量化、低成本、长寿命新材料研发；在非金属新材料方面，开展高性能、高附加值先进新材料关键技术研究和产业化示范，以及煤基固废低碳高效利用技术开发和示范。

借鉴相关文献，在专家咨询的基础上，最终确定了山西新材料产业链，如图8-1所示。山西新材料产业链分为五大链条：煤机装备、优势资源利用、传统材料提升、高端材料产业化、低碳节能。煤机装备链条中细

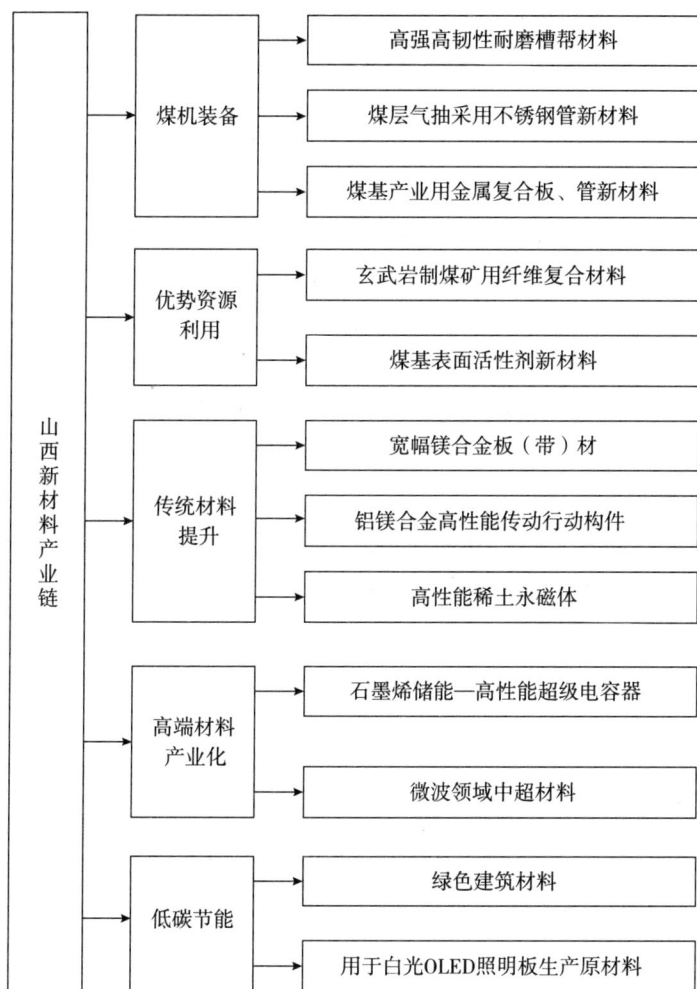

图 8-1　山西新材料产业链

分为高强高韧性耐磨槽帮材料、煤层气抽采不锈钢管新材料、"煤基产业用金属复合板、管新材料"这三个技术环节。优势资源利用链条细分为玄武岩制煤矿用纤维复合材料、煤基表面活性剂新材料这两个技术环节。传统材料提升链条细分为宽幅镁合金板（带）材、铝镁合金高性能传动行动构件、高性能稀土永磁铁这三个技术环节。高端材料产业化链条分为石墨烯储能——高性能超级电容器、微波领域中超材料这两个技术环节。低碳节能链条分为绿色建筑材料、用于白光 OLED 照明板生产原材料这两个技术环节。

煤机装备是指在煤炭机械产业中应用新材料的装备。查找相关资料，再结合当前山西省的实际情况，我们发现，煤机装备中"高强高韧性耐磨槽帮材料""煤层气抽采用不锈钢管新材料""煤基产业用金属复合板、管新材料"是山西省的关键创新点，因此，这里将上述三种新材料定为煤机装备链条的环节。

优势资源利用是指对山西省优势资源进行新材料的研究。山西省具有丰富的煤、粉煤灰、煤矸石及玄武岩等优势资源，充分发挥这些优势资源具有较高的经济、社会价值，其中，"玄武岩制煤矿用纤维复合材料""煤基表面活性剂新材料技术"是最具有代表性的，因此将这两个定为优势资源利用链条的环节。

传统材料提升是依托山西省现有的产业发展基础，针对山西省镁、铝、钕铁硼等传统材料产品相对低端、产业能耗高的特点，开展的相关新材料产品的研究，其中具有代表性的是"宽幅镁合金板（带）材产品开发技术""铝镁合金高性能行动构件成型关键技术""高性能稀土用磁铁体制备技术"，这里将这三个作为传统材料提升链的环节。

高端材料产业化是对石墨烯等前沿材料进行产业化发展，延伸材料的应用范围。山西省在石墨烯、超材料、碳纤维、新能源电池等前沿材料上具有一定的技术优势，但是缺乏前沿材料产业化的关键技术，查找相关资料发现，"石墨烯储能—高性能超级电容器技术研发""微波领域中超材料技术"是关键创新点，因此将这两个定为高端材料产业化链条的环节。

低碳节能是围绕山西省产业发展中的低碳、节能需求，开展绿色建筑材料，高性能 OLED、水基涂装材料等绿色节能材料研究，根据山西省具体的实际情况，"绿色建筑材料技术""用于白光 OLED 照明面板的生产原材料技术"是关键创新点，这里将这两个作为低碳节能链条的环节。

三、数据检索

针对山西新材料产业链环节，分别制定相应的专利检索式，如表 8-1 所示。

表8-1　山西新材料产业链专利检索式

环节	检索式	结果数量
高强高韧性耐磨槽帮材料	槽帮 OR "A-USC" OR （超临界 AND 管材）	924
煤层气抽采不锈钢管新材料	不锈钢管 AND 煤	472
煤基产业用金属复合板、管新材料	（复合板 OR 复合材料）AND 煤 AND 金属	674
玄武岩制煤矿用纤维复合材料	（玄武岩 OR 煤矸石）AND 制备 AND 复合材料	868
煤基表面活性剂新材料	粉煤灰水泥 AND（高掺量 OR 高强度）	11
宽幅镁合金板（带）材	镁合金 AND（宽厚 OR 宽幅）	80
铝镁合金高性能传动行动构件	铝镁合金 AND（传动 OR 传输）	243
高性能稀土永磁铁	稀土永磁体 OR NdFeB 磁体 OR 多极磁环	1244
石墨烯储能——高性能超级电容器	（石墨烯 AND 电容器）OR（石墨烯 AND 电极 AND 电容器）	2028
微波领域中超材料	超材料	2725
绿色建筑材料	（节能 OR 低碳）AND 建筑材料	1688
用于白光 OLED 照明板生产原材料	（发光 OR 载流子传输）AND 材料 AND OLED	3734

第二节　山西新材料产业链宏观技术特征

一、世界专利分析

（一）热点技术分析

对世界新材料领域的热点技术进行识别，可以了解新材料领域的国际前沿技术，掌握全球新材料技术发展趋势，为山西省制定新材料领域相关技术研发提供参考建议，更准确地找出山西新材料产业链具体研发策略。

国际专利分类号 IPC 是国际通用的专利文献分类、文献检索工具，能够很好地反映专利中所涉及的技术。这里采用的世界新材料数据来源于欧洲专利局网站，利用检索词〔（"new materials"）or（"advanced materials"）or（"advanced material"）〕检索出 2284 件专利，将这些专利下载并存入 Excel 表格中。将所有专利的 IPC 分类号信息进行整理，统计每个 IPC 小类的专利数量，统计结果如图 8-2 所示。

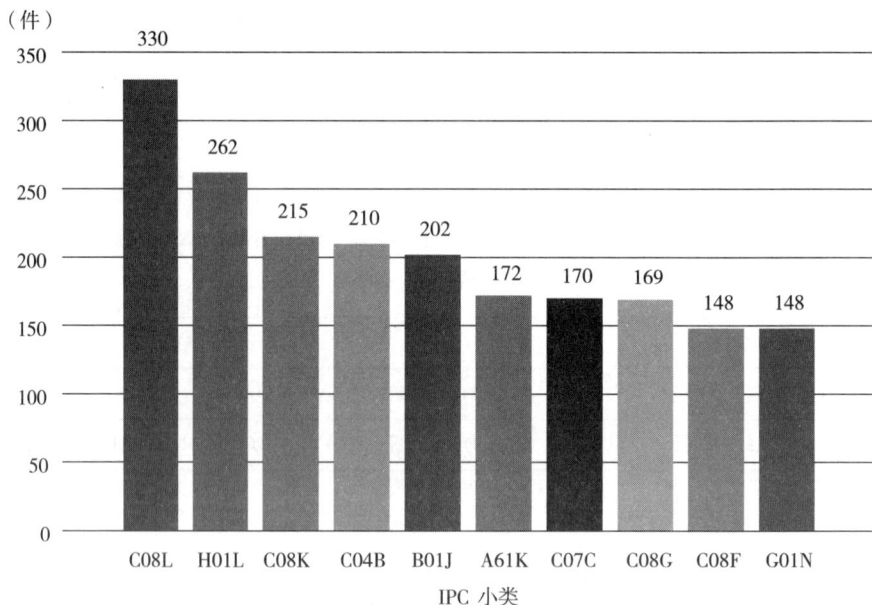

（件）

IPC 小类	C08L	H01L	C08K	C04B	B01J	A61K	C07C	C08G	C08F	G01N
专利数量	330	262	215	210	202	172	170	169	148	148

图 8-2　世界新材料领域专利数量排名前十的 IPC 小类

图 8-2 中，C08L、C08G、C08F 分别表示"高分子化合物的组合物""用碳—碳不饱和键以外的反应得到的高分子化合物""仅用碳—碳不饱和键反应得到的高分子化合物"，均属于"煤基产业用金属复合板、管新材料""玄武岩制煤矿用纤维复合材料""石墨烯储能—高性能超级电容器""微波领域中超材料"这四个环节中的技术。H01L 表示"半导体器件；其他类目中不包括的电固体器件"，属于"用于白光 OLED 照明板生产原材料"环节中的技术。C08K 和 C04B 分别表示"使用无机物或非高分子有机

物作为配料""石灰；氧化镁；矿渣；水泥；其组合物"，均属于"绿色建筑材料"环节中的技术。B01J 表示"化学或物理方法，例如，催化作用、胶体化学；其有关设备"，属于"煤基表面活性剂新材料"环节中的技术。C07C 表示"无环或碳环化合物"，属于"石墨烯储能—高性能超级电容器"环节中的技术。特别的 A61K 表示"医用、牙科用或梳妆用的配制品"，属于高端材料产业化中的纳米技术。

综上所述，根据世界新材料专利数据的 IPC 小类信息统计，得出如下结论：

（1）世界新材料领域的研究成果最多的是新材料产业链的高端材料产业化链条中的"石墨烯储能—高性能超级电容器"环节，具体技术主要涉及"高分子化合物"技术和"无环或碳环化合物"技术。

（2）新材料产业链的优势资源利用链条中的"玄武岩制煤矿用纤维复合材料"、煤机装备链条中的"煤基产业用金属复合板、管新材料"、高端材料产业链条中的"微波领域中超材料"这三个环节的研究成果也较多，具体技术主要涉及高分子化合物技术。

（3）优势资源利用链条中的"煤基表面活性剂新材料""低碳节能链条的绿色建筑材料""低碳节能链条的用于白光 OLED 照明板生产原材料"这三个环节的研究成果也比较多，"煤基表面活性剂新材料"环节涉及的具体热点技术为"化学或物理方法，例如，催化作用、胶体化学；其有关设备"；"低碳节能链条的绿色建筑材料"环节涉及的具体热点技术为"石灰；氧化镁；矿渣；水泥；其组合物""使用无机物或非高分子有机物作为配料""借助于测定材料的化学或物理性质来测试或分析材料"；"低碳节能链条的用于白光 OLED 照明板生产原材料"环节涉及的具体热点技术为"半导体器件；其他类目中不包括的电固体器件"。

（二）技术发展趋势分析

近年来专利数量变化大的热点技术是未来新材料领域的技术发展趋势。表 8-2 为各个热点技术所属的创新链链条情况。

表 8-2　各 IPC 与创新链的对应关系

IPC 小类	热点技术	所属链条
C08L	高分子化合物的组合物	复合板、玄武、石墨烯、超材料
H01L	半导体器件；其他类目中不包括的电固体器件	白光 OLED
C08K	使用无机物或非高分子有机物作为配料	绿色建筑材料
C08B	石灰；氧化镁；矿渣；水泥；其组合物，例如：砂浆、混凝土或类似的建筑材料；人造石；陶瓷	绿色建筑材料
B01J	化学或物理方法，例如，催化作用、胶体化学；其有关设备	活性剂
A61K	医用、牙科用或梳妆用的配制品	纳米材料
C07C	无环或碳环化合物	石墨烯
C08G	用碳—碳不饱和键以外的反应得到的高分子化合物	复合板、玄武、石墨烯、超材料
C08F	仅用碳—碳不饱和键反应得到的高分子化合物	复合板、玄武、石墨烯、超材料
G01N	借助于测定材料的化学或物理性质来测试或分析材料	绿色建筑材料

从热点技术的专利平均增长率结果中，我们发现近五年专利数量平均增长率排在前三位的热点技术分别为"使用无机物或非高分子有机物作为配料""高分子化合物的组合物""石灰；氧化镁；矿渣；水泥；其组合物"，它们的增长率数值分别为 0.26、0.21、0.15。"高分子化合物的组合物"技术是一个综合性的技术，涉及复合板、玄武、石墨烯、超材料这四个环节，综合性特征的热点技术成为当今新材料领域的发展趋势。另外，低碳节能链条的绿色建筑材料环节的"使用无机物或非高分子有机物作为

配料"技术和"石灰；氧化镁；矿渣；水泥；其组合物"技术同样以其高平均增长率成为当今世界新材料领域的发展趋势。

根据当前世界新材料领域的热点技术的近年专利变化情况，我们可以很清楚地知道世界新材料领域的发展趋势。"使用无机物或非高分子有机物作为配料""高分子化合物的组合物""石灰；氧化镁；矿渣；水泥；其组合物"这三个技术是未来新材料产业链的发展趋势。另外，优势资源利用链条煤基表面活性剂新材料环节中的"化学或物理方法，例如，催化作用、胶体化学；其有关设备"技术也是未来的新材料产业链技术发展趋势。新材料领域的相关科研人员和政策制定者在进行工作时应该考虑以上新材料热点技术和发展趋势技术，使新材料产业链更好地发展，促进新材料产业链整体效益的最大化。

二、国内专利分析

（一）专利申请时间趋势分析

未来几年，新材料领域的专利处于一个上升的状态。如图 8-3 所示，从图中我们可以明显看出，在 2011 年新材料领域的专利申请量有了一个飞跃式提升，原因是深圳光启高等理工研究院这一年的专利有一个爆发式的申请量。深圳光启高等理工研究院成立于 2010 年，主要研究石墨烯、超材料和智能光子等一系列的新材料技术。还有从 2011 年之后的专利申请量大于之前的申请量，这也说明了超材料这几年发展速度开始增加。从总体上来看，新材料领域的专利处于一个上升的状态，而且近五年上升的态势比之前更加明显。尤其是近几年随着石墨烯等一系列新材料的发现和合成，为新材料领域的发展注入了新的活力。

（二）专利申请地区分析

山西省在新材料领域还不具有相应的竞争优势。从图 8-4 中看，广东、江苏、北京、浙江和上海的数据都超过了 200 件。北京是我国的科技中心，所以其申请数量远远高于其他地区。前 5 名都是南方沿海地区，南方沿海地区的科技实力非常强，在新材料领域的专利申请量也是非常高

（件）

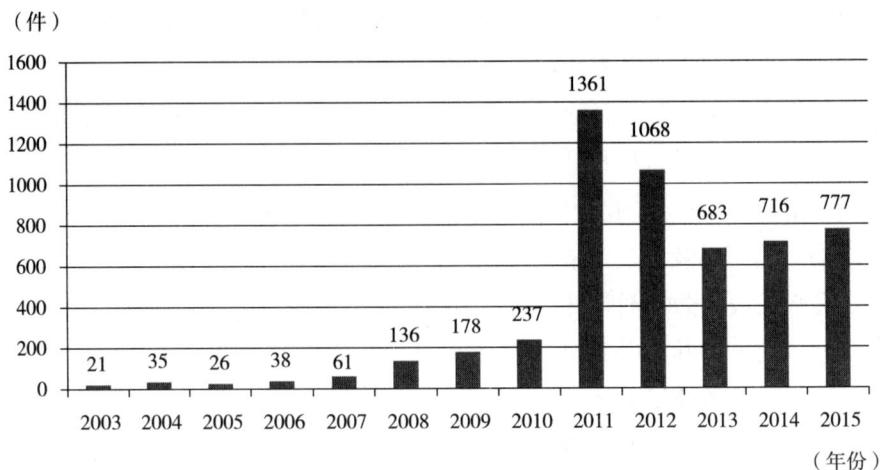

图 8-3　新材料产业相关专利申请数量变化

的。山西地区新材料产业相关专利申请数量为 18 件，处于中低水平。由此可见，山西地区如果要发展新材料产业还需要进行相关的技术攻关。

（件）

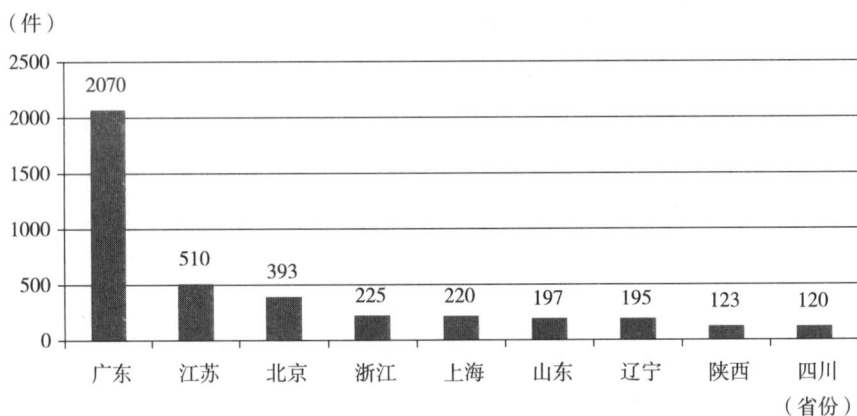

图 8-4　新材料专利申请量排名前九的中国省份

三、专利申请 IPC 分析

通过对图 8-5 的分析，我们可以发现 H02Q15/00 的数量明显高于其他的 IPC 分类号的情况，申请量高达 831 件。通过查阅相关资料，可知 H02Q15/00 专利分类号的含义为：用于对天线辐射波进行反射、折射、绕射或极化的装置，例如准光学装置。

（件）

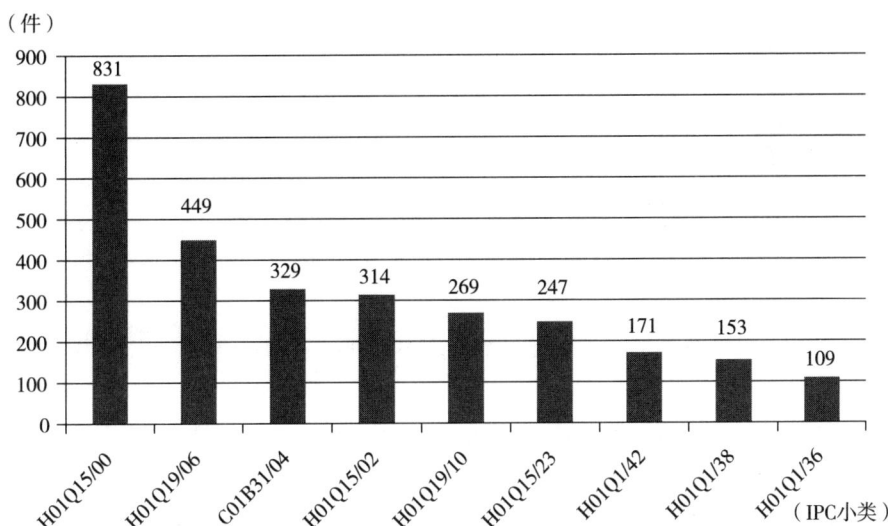

图 8-5　新材料产业相关专利排名前九的 IPC 分类号

从 IPC 的小类角度来看，图 8-6 中 H01Q 的数量非常高，达到了 3372 件，是 H01L 的六倍。从数据中我们可以得到，新材料领域的 IPC 申请基本上都在 H 类、C 类和 B 类。H 类是电学类，H01Q 表示天线，H01L 表示半导体器件；其他类目中不包括的电固体器件。这些都属于 H01 基本电气元件的范畴。C 类是化学、冶金类，C01B 表示非金属元素；其化合物，C08B 表示的是多糖类；其衍生物。B 类是作业运输类，B32B 表示层状产品，即由扁平的或非扁平的薄层，例如：泡沫状的、蜂窝状的薄层构成的产品，B29C 表示塑料的成型或连接；塑性状态物质的一般成型；已成型产品的后处理，如修整。

（四）专利申请主体类型分析

我们将申请人大致分为公司、研究所、个人、大学四类。如图 8-7 所

（件）

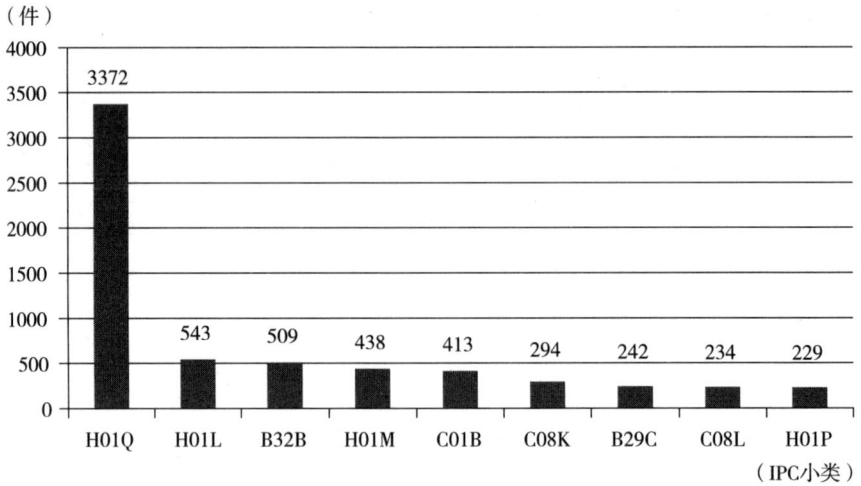

图8-6　新材料产业相关专利排名前九的IPC小类

示，这四类中企业的申请数量最多的达到了53%，由此可以看出，企业对于新材料领域的关注度远高于其他三种机构。大学和研究所的数量不分伯仲，因为大学和研究所研究的比一般公司研究的要前沿得多，这导致了大学和研究所的专利申请数量不如公司的数量多。

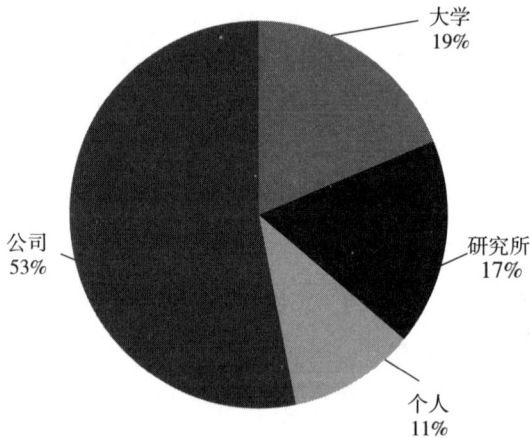

图8-7　四种研究机构的新材料专利申请量

（五）技术成熟度分析

利用专利指标法对新材料领域的专利进行分析，通过计算技术生长率、技术成熟系数、技术衰老系数和新技术特征系数四个指标的历年值，生成图标并观察数据变化趋势，并判断技术所处的生长周期。新材料技术生命周期指标如图 8-8 所示。

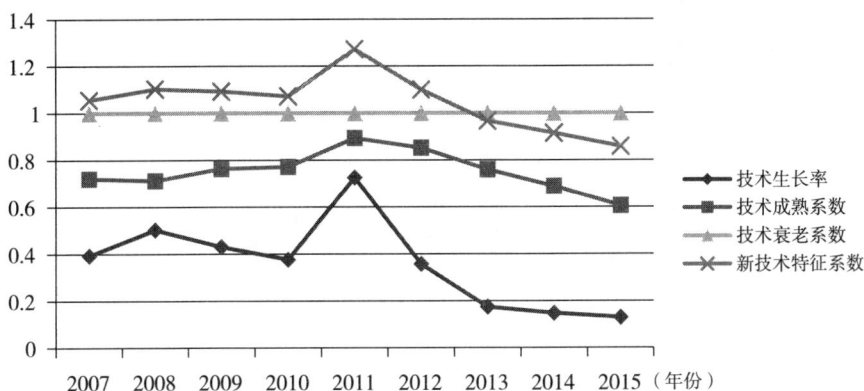

图 8-8　新材料技术生命周期指标

从图 8-3 中可以看出，新材料产业专利的技术生长率处于一个稳定状态，技术成熟度稍微下降，技术衰老系数没变，新技术特征系数处于不变趋势。这说明新材料产业已经处于技术生命周期的成长期。从全国的范围来看，深圳光启创新技术有限公司在 2011 年左右的申请量居多，然后数量出现平稳的下降趋势。

三、山西专利分析

（一）专利申请机构

图 8-9 给出了山西省新材料专利所有人的排名情况。按照专利申请数量降序排列，在前 10 名机构当中，太原理工大学表现突出，拥有该领域 51 件专利，中北大学、中国科学院山西煤炭化学研究所、太原科技大学都

表现出较强的创新实力,分别申请 16 件、16 件、15 件专利。虽然太原理工大学、中北大学和太原科技大学作为高校代表,具有活跃的创新表现,但整体上,仍以企业为主要的研发力量。

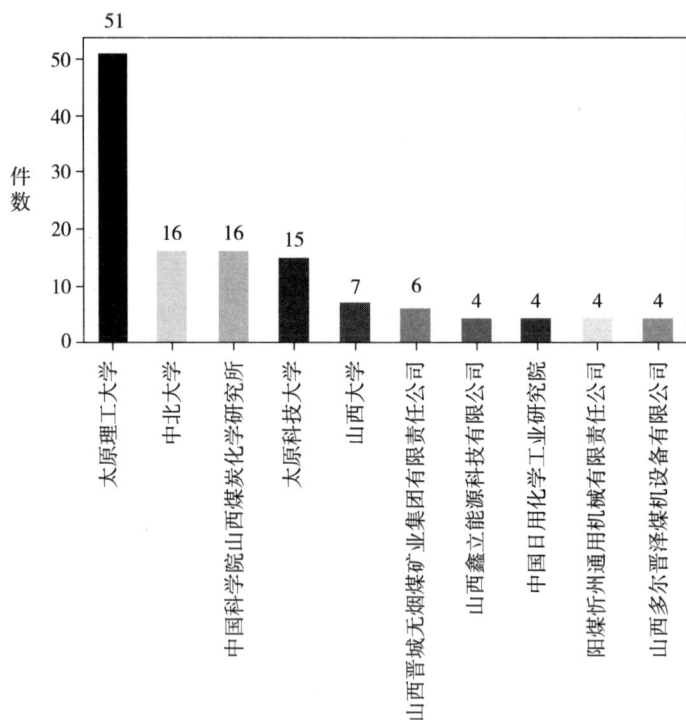

图 8-9　山西新材料专利申请机构（前 10 名）

图 8-10 展示了山西新材料专利申请机构合作网络。从整体上看,形成了两个大的创新网络。以中国煤炭科工集团太原研究院、山西天地煤机装备有限公司为主的机构形成了最大的合作网络;北京理工大学、山西宇翔信息技术有限公司、北京宇翔科创投资有限公司合作较为紧密的网络。另外,山西潞安环保能源开发股份有限公司网络节点规模相对较小,合作关系零散。

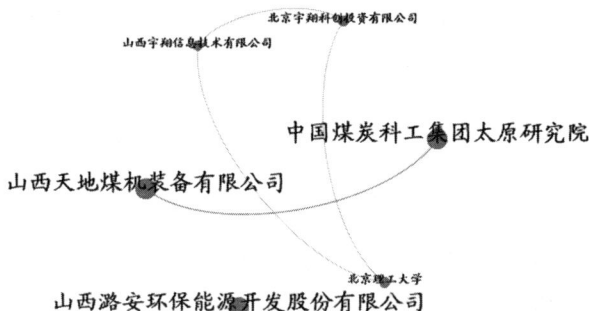

图 8-10　山西新材料专利申请机构合作网络

（二）专利发明人

图 8-11 给出了山西新材料专利发明人排名情况。按照专利数量降序排列，专利数量在 7~9 件之间，说明这些发明人具有较强的创新能力。在前 10 名发明人当中，程凤岐、王东彬、柳意安、胡梁的专利发明有 9 件，研究领域是一种硅铝复合材料制成的仿涂料墙体，另外随后 3 名包括王凯悦、郝建英、力国民也都是太原科技大学的人员，反映了太原科技在新材料领域的突出创新实力。

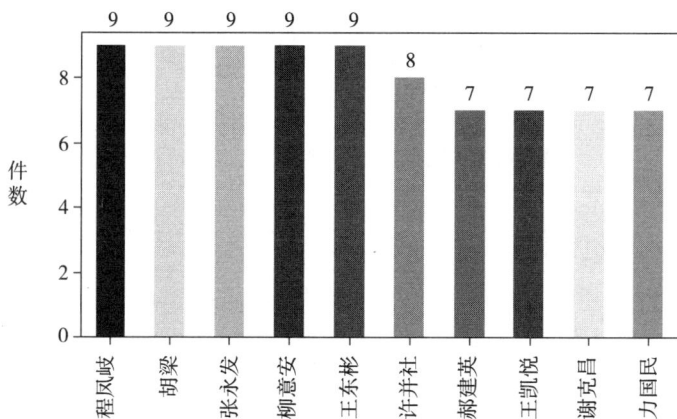

图 8-11　山西新材料专利发明人（前 10 名）

图 8-12 展示了山西新材料专利发明人合作网络。整体上，我省在该领域存在两个规模较大的创新群体。在图形左上方，形成以王凯悦、力国民为代表的太原科技大学创新群体；在图形中部，形成以张晶、庞建英为代表的太原理工大学创新群体；还形成了两个规模较大的创新群体。图形左上方，形成以朱平、蔡婷为代表的中北大学的创新群体；图形右下方，形成以黄志权、刘光明为代表的太原科技大学创新群体。这些不同研发机构的创新群体是山西省新材料领域创新的中坚力量。另外，其他创新群体则在人数规模、成果产出方面处于劣势。

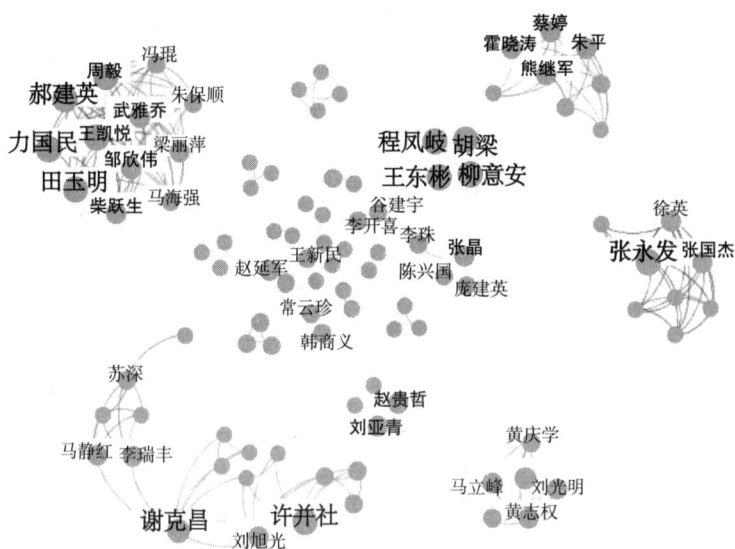

图 8-12　山西新材料专利发明人合作网络

(三) 专利主题词

图 8-13 展示了山西新材料专利主题词关联图谱。图中以技术主题词为节点，主题词在同一专利标题或摘要的共现关系为边，构建主题词关联图谱。节点大小反映了主题词的词频，边的粗细反映了主题词的共现程度。可以看出，整体上形成了完整的技术群落，围绕关键词“制备”或“材料”或“复合材料”形成了若干个技术子群。图形左上方，主要集中

在材料的复合技术；图形中部，主要集中于电极和纳米技术的应用及处理；图形右下方，集中于复合材料的制备技术和催化剂的研究；图形右方，主要为混凝土、沥青等具体材料的制备技术的研究。

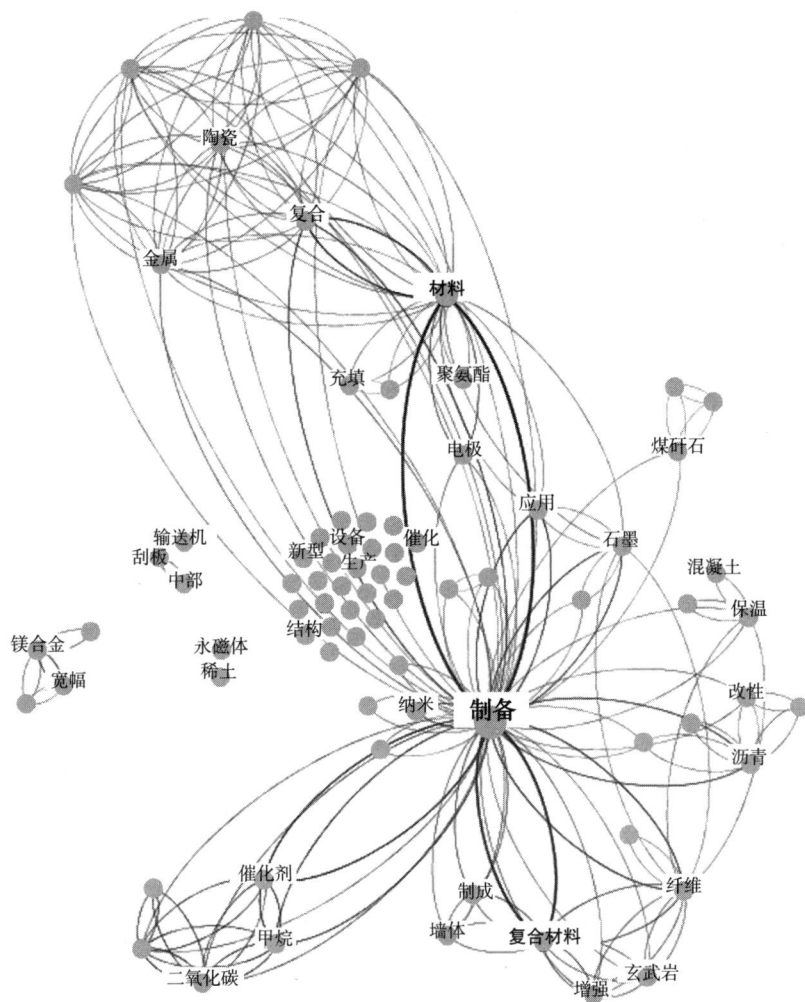

图8-13 山西新材料专利主题词关联图谱

第三节　山西新材料产业链微观技术特征

一、产业链关键技术比较优势

结合山西新材料产业链各环节的专利规模和专利增长速度对各环节的优势进行判别，再结合前面对新材料热点技术的分析，这里形成了一个山西新材料产业链优势分布图，如图8-14所示。

下面从三种环节具体阐述山西新材料产业链技术优势分布结果。

（1）优势环节：传统材料提升链条中的宽幅镁合金板（带）材环节的山西专利占比大于10%，并且山西专利相对增长率大于1。这说明这个环节的研究成果丰富，整体创新实力较强，而且近年来的科技成果产出速度较快，高于全国的增长速度，因此宽幅镁合金板（带）材环节属于优势环节。

（2）潜力环节：煤机装备链条中的"高强高韧性耐磨槽帮材料、煤层气抽采用不锈钢管新材料"、优势资源利用链条中的"玄武岩制煤矿用纤维复合材料、煤基表面活性剂新材料"、高端材料产业化链条中的"石墨烯储能—高性能超级电容器、微波领域中超材料"、低碳节能链条中的"绿色建筑材料"这四个环节的山西专利占比小于10%，山西专利相对增长率大于1。这说明，这四个环节的科研成果在全国占比较小，研发基础相对薄弱，技术实力弱，但是近年来的科研成果产出速度较快，高于全国的增长速度，因此这四个环节属于潜力环节。

（3）薄弱环节：煤机装备链条中的"煤基产业用金属复合板、管新材料"、传统材料提升链条中的"铝镁合金高性能传动行动构件"和"高性能稀土永磁铁"、低碳节能链条中的"用于白光OLED照明板生产原材料"这四个环节的山西专利占比小于10%，且山西专利相对增长率小于1。这说明，这四个环节的科研产出成果较少，近年来的科研成果产出速度较慢，低于全国的增长速度，技术创新实力较弱，因此这四个环节是薄弱环节。

★ 优势环节　⬠ 潜力环节　● 发展缓慢环节　▲ 薄弱环节　✦ 技术热点

A: 山西专利占比　　　　B: 山西专利相对增长率

	⬠ 高强高韧性耐磨槽帮材料	A: 4.65%　B: 1.30	
煤机装备	⬠ 煤层气抽采用不锈钢管新材料	A: 4.24%　B: 1.73	
	▲ 煤基产业用金属复合板、管新材料	A: 2.23%　B: 0.42	✦
优势资源利用	● 玄武岩制煤矿用纤维复合材料	A: 4.44%　B: 3.25	✦
	⬠ 煤基表面活性剂新材料	A: 3.82%　B: 1.36	✦
传统材料提升	★ 宽幅镁合金板（带）材	A: 13.75%　B: 10.00	
	▲ 铝镁合金高性能传动行动构件	A: 0　B: 0	
	▲ 高性能稀土永磁体	A: 1.69%　B: 0.25	
高端材料产业化	⬠ 石墨烯储能—高性能超级电容器	A: 0.89%　B: 1.40	✦
	⬠ 微波领域中超材料	A: 0.47%　B: 4.12	✦
低碳节能	⬠ 绿色建筑材料	A: 2.19%　B: 2.04	✦
	▲ 用于白光OLED照明板生产原材料	A: 0.24%　B: 0.25	✦

山西新材料产业链

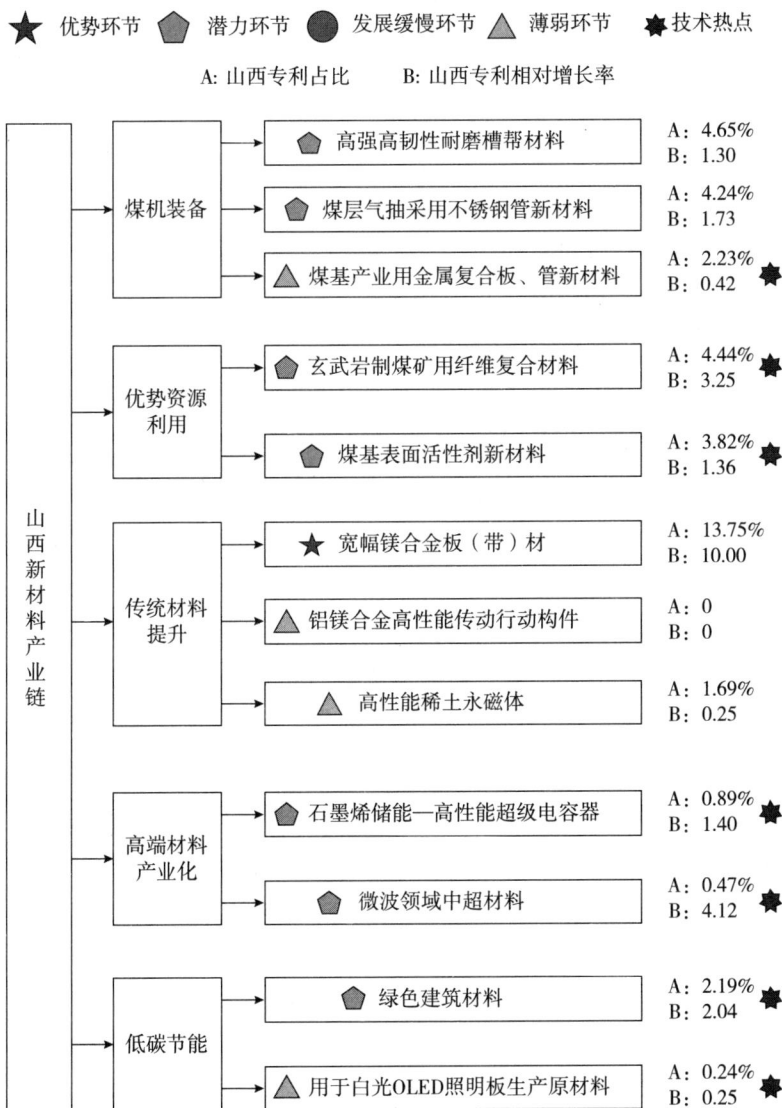

图 8-14　新材料产业链技术环节特征

二、关键技术选择

通过前面的热点技术分布和山西技术优势环节分布得出山西的技术选择有以下方向：

（1）在煤机装备链条中，主要结构材料及功能材料的供应，仍被省外乃至国外企业垄断。在煤矿主要采掘运装备中，缺乏能够有效提升装备稳定性及寿命的金属结构材料，在煤层气等煤基产业装备中，缺乏高可靠性、耐腐蚀、低成本的材料。针对山西省煤机装备产业发展中材料方面的重大需求及问题，开展相关结构材料、功能性材料的研究，提升现有装备性能及使用寿命，进一步提高山西省煤机关键装备整体技术水平。例如，高强高韧性耐磨槽帮材料、煤层气抽采用不锈钢管新材料环节在山西地区都属于比较有潜力的环节，应该大力发展处于该环节的相关技术。

（2）在优势资源利用链条中，山西省丰富的煤、粉煤灰、煤矸石及玄武岩等资源的综合利用技术水平仍然偏低，相关产品附加值不高，产业链延伸较短，不能充分发挥这些优势资源的经济、社会价值。依托山西省丰富的煤、粉煤灰、煤矸石及玄武岩等优势资源，应开展高附加值材料研究，延伸相关资源产品产业链，充分发掘煤矸石、玄武岩等优势资源的经济、社会价值。例如，山西在该链条中的玄武岩制煤矿用纤维复合材料、煤基表面活性剂新材料这两个环节均属于比较有潜力的技术，政府应鼓励其发展。

（3）在传统材料提升链条中，山西省镁、铝、钕、铁、硼等传统材料产业绝大部分产品处于产业链低端位置，产业整体能耗偏高，亟须开发高附加值产品，开展低能耗生产技术研究。宽幅镁合金板（带）材山西是有一定技术优势的，铝镁合金高性能传动行动构件、高性能稀土永磁铁是山西的薄弱技术环节，山西应该攻克铝镁合金高性能传动行动构件、高性能稀土永磁铁技术的研发。

（4）在高端材料链条中，山西省在石墨烯、超材料、碳纤维等前沿材料上已具有一定技术领先优势，但相关材料产业化道路仍未打通，亟须解决相关材料产业化过程中的关键技术瓶颈，延伸材料的应用范围，从而真正将技术优势转化成产业优势。

（5）在低碳节能链条中，在山西省"以煤为基，低碳发展"的道路中，对于绿色节能材料技术需求迫切，亟须开展多种类、高性能节能材料研究，以及开发高能耗、高污染产业用节能、环保型新材料及技术。

查阅新材料相关文献，结合前面对新材料的分析结果及相关专家问题的咨询，这里选出几个山西可以优先发展的新材料技术，它们分别是"微波领域超材料""石墨烯储能—超级电容器""玄武岩制煤矿用纤维复合材料"。"微波领域超材料""石墨烯储能—超级电容器""玄武岩制煤矿用纤维复合材料"均是当前热点技术，山西专利占比分别为 0.47%、0.89%、4.44%，山西相对增长率分别为 4.12、1.4、3.25。

（1）用于微波器件设计和制作的超材料，可以制作成宽带相移器、功率分配器、平板聚焦透镜、带通滤波器、高指向天线、耦合器等元器件，并广泛应用于电磁波防护、电磁隐身等领域。通过分析全球重点研究机构超材料研究的最新动态，我们发现，超材料制造、激光器和光子晶体谐振器是研究机构和企业比较关注的应用研究领域（杜兴林等，2012）。此外，佳能株式会社还关注将超材料用于微结构制造和发光器件的研究；日本电报电话公司还关注将其用于天线装置和光谐振器的研究；深圳光启研究院还关注将其用于封装夹具、集热器等方面的研究；三星电子还关注将其用于射频识别系统、光纤等的研究；中国科学院还关注将其用于可集成量子行走器件等的研究；京都大学还关注将其用于光电转换元件和太阳能电池等的研究；麻省理工学院还致力于将超材料用于陀螺仪和光纤波导等领域的研究。近两年，韩国、德国、法国和俄罗斯的超材料领域研究也快速发展，世界超材料领域研究竞争更加激烈。因此，结合山西省的实际环境特点，山西省应该提早布局新材料微波领域的研究。

（2）石墨烯作为目前发现的最薄、强度最大、导电导热性能最强的一种新型纳米材料，被称为"黑金"，是"新材料之王"，科学家甚至预言石墨烯将"彻底改变 21 世纪"（徐秀娟等，2009）。据国外媒体报道，俄罗斯、法国、瑞典和希腊科学家合作开发出一种工业技术来提纯石墨烯。科学家使用高温碳化硅的升华物，成功得到了拥有高度稳定性的石墨烯。这种石墨烯与臭氧接触超过 10 分钟性能不变；而普通石墨烯在同样的环境下 3～4 分钟就会性能受损。美国国家实验室 LLNL 和加州大学分校科学家们宣布，首次使用超轻的石墨烯凝胶 3D 打印出可以保留能量的超级电容，比当前使用电极制造的同类电容薄 10～100 倍。国内两家电池企业先后宣布成功将石墨烯应用于铅酸蓄电池。上海海宝特种电源有限公司宣布研发出中国首辆电动车和首块电动车电池的海宝电池发布石墨烯"黑金王"电池。西北大学在石墨烯研究与产业化方面获得突破，使电池体积缩小、容量增加成为可能。目前该课题组完成了批产量 500 千克的石墨烯改性石墨锂电负极材料工业化放大试验，产品性能达到了国标高性能石墨负极材料指标。山西近年石墨烯材料研究成果丰富，2014 年，中科院山西煤炭化学研究所联合山西三维集团股份有限公司，通过公开招标共同承担了"石墨烯储能—高性能超级电容器技术开发"煤基低碳重点科技攻关计划项目。项目立项以来，煤化所与晋能集团产研合作，开发了石墨烯低成本可控生产技术，突破氧化石墨可控合成、纯化和热还原技术难题，研制出高效纯化和连续膨化炉等专用设备。产品经清华大学和中科院电工所第三方检测，石墨烯粉体比表面积 $>600m^2/g$、纯度 $>99.9wt\%$，技术指标在国内遥遥领先，引领了中国高品质石墨烯生产技术。因此，山西可以利用自己在石墨烯材料的技术优势，将石墨烯技术做大做强，由技术优势向产业优势发展。

（3）玄武岩纤维系列材料是一种新型、环保高性能无机材料，具有高的拉伸强度、良好的化学稳定性和热稳定性，抗老化、耐酸碱、耐高温和低温、绝热和电绝缘，提高和改善混凝土抗渗、抗裂性能等物理力学性能，同时和混凝土具有良好的亲和力，产品可在 RPC 盖板、声屏障、铁路路基工程以及小型构件、隧道喷锚挂网、护栏、安全隔离防护栅栏等工程中应用。"玄武岩纤维系列材料在铁路工程局部应用"专题评审会近日在太原召开，各个专家和领导均认同了玄武岩纤维系列材料在铁路应用上的价值。建议加强玄武岩纤维系列材料在铁路、地铁等工程中的推广应用。

第四节　山西新材料产业链研发策略及政策建议

一、研发策略

这里借助一个四象限图（见图 8-15）对山西新材料产业链技术策略进行选择与分析。图 8-15 中，横坐标为山西专利占比，纵轴为相对增长率，结合优势环节判断方法，得出第一象限中的环节是优势环节，第二象限中的环节定是潜力环节，第三象限中的环节是薄弱环节，第四象限中的环节是衰退环节。图中每个圆圈代表一个创新链环节，圆圈的大小代表了该环节的研究热度情况。

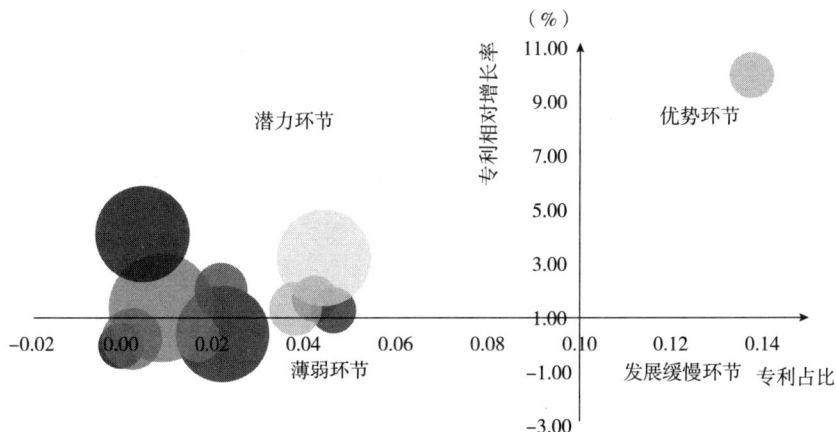

● 槽帮材料（煤机装备）　　● 不锈钢管（煤机装备）　　● 玄武岩（优势资源利用）

● 复合板（煤机装备）　　● 活性剂（优势资源利用）　　● 宽幅镁合金（传统材料提升）

● 镁铝合金（传统材料提升）　　● 永磁体（传统材料提升）　　● 石墨烯（高端材料产业化）

● 超材料（高端材料产业化）　　● 绿色建筑材料（低碳节能）　　● 白光OLED（低碳节能）

图 8-15　山西新材料产业链技术优势四象限

按照技术研发策略选择模型，给出各个产业链环节的技术路径。

（1）适合进行技术引进策略的创新链环节有"煤基产业用金属复合板、管新材料""铝镁合金高性能传动行动构件""高性能稀土永磁铁""用于白光 OLED 照明板生产原材料"。"煤基产业用金属复合板、管新材料"环节中的"高分子化合物"，"用于白光 OLED 照明板生产原材料"环节中的"半导体器件；其他类目中不包括的电固体器件"技术是新材料领域的技术热点，而山西在这几处是薄弱环节且没有研究基础，选择该策略可以快速突破该技术瓶颈，促进山西新材料产业链整体的发展。"铝镁合金高性能传动行动构件""高性能稀土永磁铁"这两处是薄弱环节，虽然不是新材料领域热点技术环节，但是考虑到整体创新链的发展，选择技术引进策略较合适。

（2）适合进行自主研发策略的创新链环节有"玄武岩制煤矿用纤维复合材料""煤基表面活性剂新材料""石墨烯储能—高性能超级电容器""微波领域中超材料""绿色建筑材料"。其中，"玄武岩制煤矿用纤维复合材料""微波领域中超材料"这两个环节中的"高分子化合物"，"煤基表面活性剂新材料"环节中的"化学或物理方法，例如，催化作用、胶体化学；其有关设备"，"石墨烯储能—高性能超级电容器"环节中的"无环或碳环化合物"和"高分子化合物"，"绿色建筑材料"环节中的"石灰；氧化镁；矿渣；水泥；其组合物"和"使用无机物或非高分子有机物作为配料"以及"借助于测定材料的化学或物理性质来测试或分析材料"是新材料领域的技术热点。并且这五个环节在山西新材料产业链中具有发展潜力，虽然专利占比不高但近年来专利增长速度较快，说明山西近年来投入了研发且研究成果产出较快，因此具有一定的研发基础。如果自主研发条件具备，不需要其他企业的帮助，则可以进行自主研发策略。如果不具备，则需要选择合作研发策略较合适，通过其他企业的帮助来完成创新链环节的技术创新，实现共赢。

（3）适合继续进行现有的技术研发策略的创新链环节有"高强高韧性耐磨槽帮材料""煤层气抽采不锈钢管新材料"。这两个环节中不涉及当前新材料技术热点，但是山西的潜力环节，近年来的专利增长速度较快，说明山西已经投入了这四个环节的技术研发，考虑山西新材料产业链整体的发展，选择继续进行现有的技术研发策略比较合适。

（4）适合进行保持技术优势策略的创新链环节有"宽幅镁合金板（带）材"。这个环节中不涉及当前新材料技术热点和前沿，但确是山西的优势环节，山西在这两处具有较强的研发基础，选择保持技术优势策略较合适。保持技术优势并不是不进行任何研发工作，而是要在目前的研究基础上继续研发，保持山西在环节处的优势地位。

二、政策建议

（一）完善部门协调机制，形成推进新材料产业发展的合力

建立新材料产业发展联席会议制度，强化政府对新材料产业发展的宏观指导。加强相关部门在重大项目审批、政府资金投放等方面的协调配合，形成合力联合推动新材料产业的发展。组建山西省新材料产业协会，或改组和充实目前相关的行业协会，充分发挥协会的桥梁和纽带作用，维护市场秩序和公平竞争环境，引导和促进新材料企业健康发展。同时，建立新材料领域专家委员会，聘请国内著名专家出任顾问，由省内知名专家和骨干企业领导组成委员会，辅助政府作好决策，形成新材料领域政府工作支撑平台。

（二）加大政府扶持力度，营造新材料产业发展的良好条件

新材料研究开发需要政府在资金和政策方面给予大力支持。设立扶持新材料产业发展专项资金，每年省级财政安排一定数量的资金，通过贷款贴息、补助和奖励等方式，加大对新材料产业重点领域的技术创新和重点项目建设。加大金融信贷支持力度，提高对新材料生产企业授信额度；支持金融机构开展知识产权质押贷款业务，鼓励和引导各类金融机构、风险投资、创业投资基金及民间资本加大对新材料产业的投入；支持企业上市融资，支持设立中小企业互助担保公司，解决中小企业贷款担保难问题。落实各项新材料税收扶持政策。通过政府采购扶持企业开拓市场，支持鼓励公共设施建设积极采用新材料产品，在同等条件下，提倡优先选购和使

用省内新材料产品，引导新材料产业应用市场发展。

(三) 加快新材料研发平台建设，提高产业创新能力

加强以企业为主体、产学研相结合的新材料产业技术创新体系建设。积极推进国内外科技合作，吸引省内外高等院校、科研机构和大企业参与新材料产业创新平台的建设，共同设立省级新材料重点实验室和技术转化基地。鼓励高等院校与企业联合培养研究生，在企业设立实习基地，合作建立博士后科研流动站。鼓励组建新材料相关领域的技术创新战略联盟加快突破产业各领域的核心及关键技术，研发一批具有自主知识产权的产品，尽快实现技术和产品的升级。

(四) 采用灵活多样的方式，培养和吸引人才

对产业发展中急需的高层次优秀人才，要有"争抢"意识，可采取高薪聘请、优厚待遇等办法引进到重点企业，根据《山西省引进优秀人才暂行办法》，设立新材料产业关键人才引进专项资金，由省财政列入年度预算，专项用于补助由省外和国外引进的关键人才。倡导大专院校、科研部门与企业联合，加强对企业现有工程技术人员的再培训，提高职工实际操作水平。鼓励技术要素参与收益分配，支持科技人员用科技成果入股创办科技型企业。进一步推进科技型中小企业的注册登记制度改革，促进全国各地科技人员和留学人员前来独资或合伙创办企业。

(五) 强化知识产权意识，加强知识产权创造、应用和保护

引导企业加大知识产权工作经费投入，允许企业将当年实际发生的知识产权经费全额计入管理费用。允许在课题经费预算中，将专利申请、维持等费用列入预算，并在下达的科技计划项目经费中专项列入专利申请经费，以鼓励具有自主知识产权的技术创新。建立奖励机制，加大职务发明奖励力度。鼓励企业制定新材料产品企业标准，提高企业技术创新水平；引导企业积极参与国际标准、国家标准和行业标准制定，掌握市场竞争的主导权。强化企业的品牌意识，不断提升山西新材料企业品牌的国内认知度和行业影响力。建立完善的区域知识产权保护协调机制和行业自律机制，加大知识产权保护力度。

（六）新材料产业必须走循环经济之路

要按照资源充分利用、"吃干榨尽"以及加工过程废料综合利用、"变废为宝"等一系列要求，注重科技创新在发展循环经济中的支撑作用，积极推广高新技术和先进适用技术，提高能源和资源的综合利用率；重点开发镁合金及钕铁硼回收利用技术、各种废渣综合回收利用技术、资源循环过程中环境治理技术等，形成原料、中间原料及废弃物互供互用的良好生态循环。着力打造"低消耗、少排放、能循环、可持续"的新材料产业新格局。

参考文献

［1］［美］约瑟夫·熊彼特. 经济发展理论［M］. 何畏译. 北京：商务印书馆，1990.

［2］Arrow K.. The Economic Implication of Learning by Doing［J］. Review of Economic Studies, 1962 (29): 155-173.

［3］Romer P. M.. The Origins of Endogenous Growth［J］. Journal of Economic Perspectives, 1994, 8 (1): 3-22.

［4］Porter A. L., Rossini F., Mason T. W., Banks J., Roper T.. Forecasting and Management of Technology［M］. USA: Wiley, 1991.

［5］朱东华，袁军鹏. 技术监测指标研究及其实证分析［J］. 科学学研究，2003，21 (4): 419-422.

［6］Lichtenthaler E.. Third Generation Management of Technology Intelligence Process: A Case Study［J］. Journal of Engineering and Technology Management, 2003 (21): 331-348.

［7］Porter A. L., Detampel M. J.. Technology Opportunities Analysis［J］. Technological Forecasting and Social Change, 1995 (49): 237-255.

［8］Bright J. R.. Practical Technology Forecasting: Concepts and Exercise［M］. Austin: The Industrial Management Center, 1978.

［9］谢菲，朱东华，任智军. 面向国防文献情报的技术监测分析研究［J］. 情报杂志，2006 (11): 48-51.

［10］孙宏元，黄德云，朱东华. 科技评价的智能信息处理方法研究［J］. 预测，2002，21 (4): 28-59.

［11］郭颖，苏源，朱东华. 面向科技奥运的投入产出体系结构研究
［J］. 科技管理研究，2008（9）：27-30.

［12］张诚，朱东华，徐志军. 监测分析在高新技术产业技术创新中的
应用研究［J］. 情报分析与研究，2008（6）：56-60.

［13］张丽玮. 基于专利分析的高新技术项目风险评估方法［D］. 北
京：北京理工大学硕士学位论文，2009.

［14］Ernst H.. Patent Portfolios for Strategic R&D Planning［J］. Journal
of Engineering and Technology Management，1998，15（4）：279-308.

［15］谭思明. 基于专利地图技术的中、美微流控专利竞争情报研究
［J］. 情报杂志，2005（5）：33-35.

［16］雷迪. 专利地图在我国高校专利技术研发中的应用［J］. 科技管
理研究，2011（6）：175-178.

［17］瞿丽曼. 利用专利地图提升企业自主研发能力研究［J］. 图书情
报工作，2010，54（20）：76-80.

［18］杨吉生. 吉林省汽车产业专利战略研究［J］. 情报科学，2010，28
（6）：956-960.

［19］于晓勇，赵晨晓，马晶，彭茂祥，杜云生. 基于专利分析的我国电
动汽车技术发展趋势研究［J］. 科学学与科学技术管理，2011，32（4）：
44-51.

［20］汪雪锋，朱东华，胡望斌. 促进技术监测在政府科研管理中的应
用：纳米技术监测应用研究［J］. 科研管理，2006，27（3）：123-134.

［21］顾震宇，路炜，肖沪卫. 燃料电池机动车辆专利地图研究［J］.
汽车工程，2010，32（2）：173-182.

［22］潘雄锋，张维维，舒涛. 我国新能源领域专利地图研究［J］. 中
国科技论坛，2010（4）：41-45.

［23］段庆锋. 基于指数随机图模型的专利技术扩散机制实证研究［J］.
科技进步与对策，2018，35（22）：23-29.

［24］段庆锋. 我国"985工程"高校科研绩效的影响因素——基于
Dea-malmquist 的实证研究［J］. 大连理工大学学报（社会科学版），2013

（3）：114-119.

[25] J. Bugge, S. Kjaer, R. Blum. High－efficiency Coal－fired Power Plants Development and Perspectives [J]. Energy, 2006 (31): 1473-1475.

[26] K. Schumacher, R. Sands. Innovative Energy Technologies and Climate Policy in Germany [J]. Energy Policy, 2006 (34): 3929-3941.

[27] A. Franco, A. Diaz. The Future Challenges for "Clean Coal Technologies": Joining Efficiency Increase and Pollutant Emission Control [J]. Energy, 2009 (34): 348-354.

[28] Zhao Yuemin, Liu Jiongtian, Wei Xianyong, et al.. New Progress in the Processing and Efficient Utilization of Coal [J]. Mining Science and Technology (China), 2011 (21): 547-552.

[29] Xiaoye Liang, Zhihua Wang, Zhijun Zhou, et al.. Up-to-date Life Cycle Assessment and Comparison Study of Clean Coal Power Generation Technologies in China [J]. Journal of Cleaner Production, 2013 (39): 24-31.

[30] J. Pires, F. Martins, M. Alvim-Ferraz, et al.. Recent Developments on Carbon Capture and Storage: An Overview [J]. Chemical Engineering Research and Design, 2011, 89 (9): 1446-1460.

[31] J. Serpa, J. Morbee, E. Tzimas. Technical and Economic Characteristics of a CO_2 Transmission Pipeline Infrastructure [R]. European: European Commission, Joint Research Centre, Institute for Energy, 2011.

[32] Hengwei Liu, Kelly Sims Gallagher. Catalyzing Strategic Transformation to a Low-carbon Economy: A CCS Roadmap for China [J]. Energy Policy, 2010, 38 (1): 59-74.

[33] Zuo Jun Wang. Strategic Path of China's Low-carbon Technology Development [J]. Procedia Environmental Sciences, 2011 (8): 90-96.

[34] W. M. Budzianowski. Value-added Carbon Management Technologies for Low CO_2 Intensive Carbon Based Energy Vectors [J]. Energy, 2012 (41): 280-297.

[35] Linbo Yan, Boshu He, Lele Ma, et al.. Integrated Characteristics

and Performance of Zero Emission Coal System ［J］. Hydro-gen Energy，2012 （37）：9669-9676.

［36］ P. Rochedo，A. Szklo. Economic Analysis under Uncertainty of Coal Fired Capture-ready Power Plants ［J］. International Journal of Greenhouse Gas Control，2013 （12）：44-55.

［37］赵克孝，上官科峰，卢熹. 低碳经济背景下的煤炭地下气化技术 ［J］. 洁净煤技术，2011 （6）：1-4.

［38］黄温钢，王作棠，辛林. 从低碳经济看我国煤炭地下气化的前景 ［J］. 矿业研究与开发，2012 （4）：32-36，50.

［39］田振林. 煤炭企业开展清洁能源生产的实践与探索 ［J］. 中国矿业，2012 （8）：205-209.

［40］樊亚明. 煤炭的清洁高效利用初探 ［J］. 阜阳师范学院学报（自然科学版），2012 （6）：91-94.

［41］赵金鹏. 冀中能源洁净煤技术发展与管理措施 ［J］. 煤炭工程，2012 （9）：90-92.

［42］ Duan Q. F.. A Novel Approach of Feature Selection Based on Decision - theoretic Rough Set Model ［J］. Information Technology Journal，2013，12 （19）：5226-5230.

［43］段庆锋. 基础研究绩效评价方法研究 ［M］. 太原：山西经济出版社，2011.

［44］刘润生. 围绕产业链建立创新链 ［J］. 唯实（现代管理），2014 （2）：35.

［45］ S. Banales-Lopez，V. Norberg-Bohm. Public Policy for Energy Technology Innovation a Historical Analysis of Fluidized Bed Combustion Development in the USA ［J］. Energy Policy，2002 （30）：1173-1180.

［46］ Yu Qi，XiaoBo Wu. Low - carbon Technologies Integrated Innovation Strategy Based on Modular Design ［J］. Energy Procedia，2011 （5）：2509-2515.

［47］ Yue Li. Dynamics of Clean Coal-fired Power Generation Development in China [J]. Energy Policy, 2012 (51): 138-142.

[48] M. Kotchen, J. Boyle, A. Leiserowitz. Willingness-to-pay and Policy-instrument Choice for Climate-change Policy in the United States [J]. Energy Policy, 2013 (55): 617-625.

[49] Hong Huo, Yu Lei, Qiang Zhang, et al.. China's Coke Industry: Recent Policies, Technology Shift, and Implication for Energy and the Environment [J]. Energy Policy, 2012 (51): 397-404.

[50] Chunjie Chi, Tieju Ma, Bing Zhu. Towards a Low-carbon Economy: Coping with Technological Bifurcations with a Carbon Tax [J]. Energy Economics, 2012 (34): 2081-2088.

[51] R. Lohwasser, R. Madlener. Relating R&D and Investment Policies to CCS Market Diffusion Through Two-factor Learning [J]. Energy Policy, 2013 (52): 439-452.

[52] 张秋明. 英国政府的公路运输生物燃料战略 [J]. 国土资源情报, 2005 (9): 11-13.

[53] 张朝丹. 煤炭产业绿色技术创新分析——以平朔煤炭工业公司为例 [D]. 天津: 天津大学硕士学位论文, 2008.

[54] 王显政. 关注煤炭工业的"十二五"规划 [J]. 中国产业, 2011 (4): 34-35.

[55] 张会新, 高超. 低碳约束下的煤炭产业政策选择 [J]. 经济导刊, 2011 (2): 54-55.

[56] 赵淑英, 程光辉. 煤炭企业低碳技术创新动力的博弈分析及政策取向 [J]. 学习与探索, 2011 (3): 203-205.

[57] 杨光, 温波. 我国能源低碳化发展途径分析与政策建议 [J]. 中国经贸导刊, 2011 (5): 55-57.

[58] 常兵, 邱天怡. 基于科学发展观理论的煤炭产业低碳化发展途径探讨 [J]. 煤炭技术, 2012 (10): 3-4.

[59] 赵子铭. 特色园区与阜阳煤基产业经济发展研究 [D]. 北京: 中国地质大学 (北京) 博士学位论文, 2013.

［60］丁华，姜英.煤基产业链循环经济标准综合体初步构建研究［J］.中国标准化，2013（10）：80-84.

［61］张军.构建煤基绿色能源系统的战略思考［J］.神华科技，2013，11（5）：3-5.

［62］李芳.山西省煤基产业低碳科技创新的资金投入效率研究［D］.太原：太原理工大学硕士学位论文，2017.

［63］Berkhout F..Technological Regimes，Path Dependency and the Environment［J］.Global Environmental Change，2002，12（1）：1-4.

［64］何建坤.发展低碳经济，关键在于低碳技术创新［J］.绿叶，2009（1）：46-50.

［65］蔡林海.低碳经济：绿色革命与全球创新竞争大格局［M］.北京：经济科学出版社，2009.

［66］刘立，陆小成，李兴川.科学发展观视野下的低碳技术创新及其社会建构［J］.中国科技论坛，2009（7）：48-52.

［67］IEA.Energy Technology Roadmaps：Charting a Low-carbon Energy Revolution［R］.Paris：IEA，2009.

［68］姜克隽等.中国的低碳发展情景和技术路线图［A］.中国科学院可持续发展战略研究组.2009中国可持续发展战略报告：探索中国特色的低碳道路［C］.北京：科学出版社，2009：132-171.

［69］中国科学院能源领域战略研究组.中国至2050年能源科技发展路线图［M］.北京：科学出版社，2009.

［70］国家技术前瞻课题组.中国技术前瞻报告2006~2007：国家技术路线图研究［M］.北京：科学技术文献出版社，2008.

［71］A. L. Porter，W. B. Ashton. Foresight in the USA in The Handbook of Technology Foresight［M］.Edward Elgar Publishing Ltd，2008：154-169.

［72］T. Kuwahara，K. Cuhls，L. Georghiou. Foresight in Japan in the Handbook of Technology Foresight［M］.Edward Elgar Publishing Ltd，2008：170-183.

［73］Jin Woo Lee，Soung Hie Kim. Using Analytic Network Process and

Goal Programming for Interdependent Information System Project Selection ［J］. Computers and Operations Research，2008，27（4）：367-382.

［74］ Tugrul U. Daim，Guillermo Rueda，Hilary Martin，Pisek Gerdsr. Forecasting Emerging Technologies：Use of Bibliometrics and Patent Analysis ［J］. Technological Forecasting and Social Change，2012，73（8）：981-1012.

［75］ 傅毓维，尹航，杨贵彬. 船舶工业科技成果转化项目评价指标体系研究 ［J］. 技术经济，2015（5）：92-95.

［76］ 黄鲁成，王吉武，卢文光. 基于 ANP 的新技术产业化潜力评价研究 ［J］. 科学学与科学技术管理，2010（4）：122-125.

［77］ 王吉武，黄鲁成，卢文光. 基于文献计量的新兴技术商业化潜力客观评价研究 ［J］. 现代管理科学，2013（5）：69-70.

［78］ 黄鲁成. 辨别新技术商业化潜力的思路 ［J］. 科学学研究，2010，26（2）：231-236.

［79］ Shin，Juneseuk，Park，et al.. Brownian Agent-based Technology Forecasting ［J］. Technological Forecasting & Social Change，2009，76（8）：1078-1091.

［80］ Gordon T. J.. A Simple Agent Model of an Epidemic ［J］. Technological Forecasting & Social Change，2003，70（5）：397-417.

［81］ Potter，Ian J，Heidrick，et al.. Technology Futures Analysis Methodologies for Sustainable Energy Technologies ［J］. International Journal of Innovation and Technology Management，2007，4（2）：171-190.

［82］ 朱毅麟. 开展技术成熟度研究 ［J］. 航天标准化，2008（2）：11-13.

［83］ 钱东，崔立，肖昌美. 技术成熟度评估方法及其在水下战装备上的应用 ［J］. 鱼雷技术，2006，14（1）：1-7.

［84］ Porter A. L.，Roper A. T.，Mason T. W.，et al.. Forecasting and Management of Technology ［M］. New York：Wiley，1991.

［85］ Godin B.. Research and the Practice of Publication in Industries

〔J〕. Research Policy, 1996, (25)：587-560.

〔86〕 Martino J. P.. A Review of Selected Recent Advances in Technolog- ical Forecasting 〔J〕. Technological Forecasting & Social Change, 2013（70）： 719-733.

〔87〕 Daim T. U., Rueda G. R., Martin H. T.. Technology Forecasting Us·ing Bibliometric Analysis and System Dynamics. In：Proc·Technology Man- agement·A Unifying Discipline for Melting the Boundaries 〔Z〕. 2014：112-122.

〔88〕 Michael W. Frauens. Improved Selection of Technically Attractive Projects Using Knowledge Management and Net Interactive Tools 〔Z〕. Thesis, MIT, 2008（6）.

〔89〕 Severine Gahide. Application of TRIZ to Technology Forecasting Case Study 〔Z〕. Yarn Spinning Technology, 2000（7）.

〔90〕 Nathan Gibson. The Determination of the Technological Maturity of Ultrasonic Welding 〔EB/OL〕. http：//www. triz-journal. com, 1999（7）.

〔91〕 Sanjana Vijayakumar. Maturity Mapping of DVD Technology 〔EB/ OL〕. http：// www. triz-journal. com, 1999（9）.

〔92〕 Michael S. Slocum. Technology Maturity Using S-curve Descriptors, First Published in the Proceedings of the Altshuller Institute 〔Z〕. TRIZCON99, 1998（12）.

〔93〕 马苏常, 刘学斌, 基于 TRIZ 的技术成熟度预测研究及应用 〔J〕. 天津工程师范学院学报, 2013, 17（3）：15-18.

〔94〕 王秀红, 周九常. TRIZ 原理在产品技术成熟度预测中的应用 〔J〕. 科技进步与对策, 2013, 25（3）：15-17.

〔95〕 段庆锋. 科学引文形成机制：学术性与社会性因素的交织 〔J〕. 情报理论与实践, 2018, 41（11）：63-68.

〔96〕 段庆锋, 汪雪锋, 朱东华等. 国家自然科学基金合作与交流类项目绩效评估方法研究 〔J〕. 科学学与科学技术管理, 2010（9）：5-8.

〔97〕 Yoon, Byungun, Park, et al.. A Text－mining－based Patent Network：Analytical Tool for High-technology Trend 〔J〕. Journal of High Technology Management Research, 2004, 15 (1)：37-50.

[98] Lee S. Yoon, Byungun P, et al.. An Approach to Discovering New Technology Opportunities：Keyword-based Patent Map Approach [J]. Technovation, 2014, 29 (6)：481-497.

[99] Sang S. P., Sunghae J., Dong S. J.. Technology Forecasting Using Matrix Map and Patent Clustering [J]. Industrial Management& Data Systems, 2012, 112 (5)：786-807.

[100] Wu H. Y., Taghaboni D., Fataneh, et al.. Using Patent Data for Technology Forecasting：China RFID Patent Analysis [J]. Charles V Advanced Engineering Informatics, 2015, 25 (1)：53-56.

[101] Kajikawa Y., Takeda Y.. Structure of Research on Biomass and Biofuels：A Citation-based Approach [J]. Technological Forecasting and Social Change, 2014, 75 (4)：1349-1359.

[102] Kajikawa Y., Usui O., Hakata K., et al.. Structure of Knowledge in the Science and Technology Roadmaps [J]. Technological Forecasting and Social Change, 2014, 75 (4)：1-11.

[103] Byungun Y., Yongtae P., Yoon, et al.. Development of New Technology Forecasting Algorithm：Hybrid Approach for Morphology Analysis and Conjoint Analysis of Patent Information [J]. IEEE Transactions on Engineering Management, 2007, 54 (3)：588-599.

[104] 段庆锋, 朱东华, 汪雪锋. 基于改进 pagerank 算法的引文文献排序方法 [J]. 情报理论与实践, 2012, 35 (1)：115-119.

[105] 曾志伟. 中国新能源汽车产业的技术路径选择研究 [J]. 公路与汽运, 2012 (4)：5-9.

[106] 王晖. 数字信息长期保存的技术策略 [J]. 情报探索, 2008 (10)：111-114.

[107] 杨小莉. 智慧图书馆建设技术策略与案例分析 [J]. 农业图书情报学刊, 2016, 28 (12)：54-57.

[108] 丁翔, 盛昭瀚, 李真. 基于计算实验的重大工程决策分析 [J].

系统管理学报，2015，24（4）：545-551.

［109］段庆锋，汪雪锋．项目资助与科学人才成长——基于国家自然科学基金与973计划的回溯性关联分析［J］．中国科技论坛，2011（11）：5-10.

［110］段庆锋，朱东华．基于合著与引文混合网络的协同评价方法研究［J］．情报学报，2012，31（2）：189-195.

［111］段庆锋．我国科研人员在线学术社交模式实证研究：以科学网为例［J］．情报杂志，2015（9）：97-101.

［112］段庆锋，汪雪锋，申炎波．国家自然科学基金合作与交流资助模式研究［J］．北京理工大学学报（社会科学版），2010（5）：55-58.

［113］段庆锋，潘小换．利用社交媒体识别学科新兴主题研究［J］．情报学报，2017，36（12）：1216-1223.

［114］段庆锋，潘小换．文献相似性对科学引用偏好的影响实证研究［J］．图书情报工作，2018，62（4）：97-106.

［115］段庆锋．基于两阶段DEA的科学基金项目产出评价研究［J］．统计与信息论坛，2012（11）：87-91.

［116］段庆锋，蒋保建．基于ERGM模型的技术合作网络结构效应研究［J］．现代情报，2018，38（8）：83-89.

［117］段庆锋．我国省域全要素碳排放绩效比较研究——基于Malmquist指数分解方法［J］．技术经济，2012（02）：68-74.

［118］段庆锋，汪雪锋，朱东华．基于数据挖据的科学基金资助监测方法研究［J］．情报杂志，2010（8）：1-4.

［119］段庆锋，潘小换，蒋保建．面向产业创新链的技术策略选择模型构建及实证研究［J］．科技管理研究，2018，38（1）：134-140.

［120］段庆锋，冯珍．多级学科视角下我国在线学术社交模式实证研究：以科学网为例［J］．图书情报工作，2018，63（6）：85-97.

［121］段庆锋．我国林业经济研究知识图谱分析［J］．林业经济，2013（4）：115-119.

［122］段庆锋，潘小换．组织间技术扩散网络对双元创新的影响研究

[J].研究与发展管理，2018，30（5）：27-37.

[123] 段庆锋.我国科研投入的空间创新效应研究 [J].科技和产业，2014（5）：59-62.

[124] 田玉兰，霍冠禹，张景玲，赵立权，杨小红.中国低阶煤分质利用技术专利分析 [J].广州化工，2016，44（16）：23-25，54.

[125] 汪寿建.现代煤气化技术发展趋势及应用综述 [J].化工进展，2016（3）：653-664.

[126] 唐宏青.合成气化工如何向前推进——煤制油的新思路 [J].中氮肥，2015（3）：1-3.

[127] 李婕.山西省煤化工产业发展研究与探索 [J].山西焦煤科技，2015（5）：35-39.

[128] 徐叶君.煤化工废水回用技术的应用分析 [J].化工设计通讯，2015（2）：41-43，50.

[129] 张国昀.低阶煤分质利用的前景展望及建议 [J].当代石油石化，2014（9）：19-23，36.

[130] 李克健，吴秀章，舒歌平.煤直接液化技术在中国的发展 [J].洁净煤技术，2014（2）：39-43.

[131] 苏学军.大唐克旗煤制气废水处理项目后评价研究 [D].北京：华北电力大学硕士学位论文，2014.

[132] 马兆芳，徐厚斌，单颜闻，张继宏.气流床气化技术的现状及对比 [J].中氮肥，2005（6）：10-14.

[133] 任照彬，宋甜甜，路文学.粉煤与水煤浆加压气化技术的技术评价 [J].四川化工，2004（2）：17-20.

[134] 郭淑芬，张倩.中国煤机装备市场竞争态势研究 [J].现代工业经济和信息化，2011（16）：7-9.

[135] 赵波.我国煤机装备制造产业现状及发展趋势探讨 [J].煤矿现代化，2011（6）：4-6.

[136] 龚莹莹.山西煤机装备制造业发展浅析 [J].山西财经大学学报，2010（s1）：96.

［137］王海涛.山西省煤机技术与装备现状及发展趋势［J］.中外企业家，2014（26）：220-221.

［138］郭淑芬，张倩."煤机装备"国内研究综述［J］.工业技术经济，2012，31（2）：55-59.

［139］张倩.基于破坏性创新的山西煤机装备制造业竞争优势构建研究［D］.太原：山西财经大学硕士学位论文，2012.

［140］褚洁华.煤机装备及煤机企业的现状和发展［J］.中国煤炭，2003（2）：5-7.

［141］黄学文，陈兵奎，陈保宗.煤机装备关键零部件再制造工程和产业化［J］.中国设备工程，2010，31（1）：51-53.

［142］钟龙俊.山西煤机装备产业技术路线图研究［D］.太原：山西财经大学硕士学位论文，2012.

［143］范建，曾琳，颜瑞.煤机装备再制造性评估实证研究［J］.煤炭工程，2014，46（12）：123-125.

［144］叶春.完善我国煤电产业链的对策［J］.经济研究参考，2008（48）：4-7.

［145］许世森.IGCC与未来煤电［J］.中国电力，2005，38（2）：13-17.

［146］焦树建.整体煤气化燃气—蒸汽联合循环：IGCC［M］.北京：中国电力出版社，1996.

［147］乌若思.超超临界发电技术研究与应用［J］.中国电力，2006，39（6）：34-37.

［148］刘建成.我国超临界发电技术发展前景分析［J］.东方电气评论，2005，19（2）：84-89.

［149］陈孟伯，陈舸.煤电基地燃煤固废资源化的探讨［J］.粉煤灰综合利用，2009（6）：47-50.

［150］张文亮，刘壮志，王明俊等.智能电网的研究进展及发展趋势［J］.电网技术，2009（13）：1-11.

［151］肖世杰.构建中国智能电网技术思考［J］.电力系统自动化，2009，33（9）：1-4.

［152］谢克昌. 新一代煤化工和洁净煤技术利用现状分析与对策建议
［J］. 中国工程科学，2003，5（6）：15-23.

［153］于泳波，徐凤菊. 基于循环经济的铸造企业节能减排模式研究
［J］. 武汉理工大学学报，2010（4）：91-94.

［154］李玉林，胡瑞生，白雅琴. 煤化工基础［M］. 北京：化学工业
出版社，2006：1-50.

［156］郑明东. 煤焦化可持续发展的新技术研究进展［R］. 苏、鲁、
皖、赣、冀五省金属学会焦化学术年会，2010.

［157］邵立勤. 新材料领域未来发展方向［J］. 新材料产业，2004
（1）：25-30.

［158］杜兴林，彭实，徐仲有. 绿色新材料产业战略决策与实施［R］.
2012 年煤炭工业节能减排与循环经济发展论坛，2012.

［159］徐秀娟，秦金贵，李振. 石墨烯研究进展［J］. 化学进展，2009，
35（12）：2559-2567.

［160］吴昌华. 低碳创新的技术发展路线图［J］. 中国科学院院刊，
2010，25（2）：138-145.